최성규 허명진 박찬희 김정규 박찬영 김미희 박은주
송혜경 이수연 이정우 정승희 주미영 박비주 신지현 공저

쉽게 풀어가는

청각학과 언어

Audiology and Language for Easy Solving

양서원

머리말

사회의 제반 현상은 시대정신의 영향을 받는다. 인간의 평균수명 증가, 전자공학의 발달, 청각장애학생 교육환경의 변화 등은 청각학 발전의 당위성을 견인하고 있다. 대학교에서 시작된 청각학 강의는 50여 년을 넘기고 있다. 교수의 개인 강의 노트에 의존한 청각학은 오늘날 다양한 교재를 검토할 수 있는 기쁨과 마주하고 있다. 특수교육과를 중심으로 강조된 청각학의 필요성이 이제는 언어치료학과 및 청각학과의 개설과 함께 급물살을 타고 있다. 학문적 요구의 필요성에 따라서 청각학을 바라보는 시간에 다소 차이가 있을지라도 사람을 위한 학문이라는 관점에는 이견이 없을 것이다.

학문은 사람의 살아가는 이야기를 논리적이고 체계적으로 정리하는 과정이라고 정의할 때, 청각학 역시 우리의 이야기를 설명하기 위한 노력이 담겨 있어야 한다. 우리는 청각학을 배우는 사람일 수 있으며, 청각학의 발전을 절실히 기다리는 수혜자일 수 있다. 학문의 발전을 위한 초석으로 존재하는 학생과 진일보한 지식의 힘으로 수혜를 보는 사람의 입장은 주고받는 상대가 아닌 주는 사람이기도 하고, 받는 사람이기도 한 동일한 인물로 이해된다. 청각학은 사람을 위한 학문이라는 점에서 이와 같은 논리에 쉽게 동의할 수 있다.

미래의 학문은 융합이 주도할 것이라는 시각이 지배적이다. 그리고 진정한 융합은 인간의, 인간에 의한, 그리고 인간을 위한 노력의 결실이므로 청각학 역시 이와 같은 본위론에 지배될 것이다. 또한 융합은 초학문적 배경을 지지하므로 청각학을 전공하는 전문가의 남다른 노력이 요구된다. 수학, 공학, 의학, 생리, 교육, 복지 등과 관련되는 학문적 융합을 초학문적으로 접근하기란 쉬운 일이 아니다. 그러나 인간을 사랑하는 마음이 우선이면, 청각학의 융합적 학문의 발전을 위한 초석을 마련하기란 어렵지만은 않을 것이다.

과거에 비하여 청각학 교재가 많이 개발되고 있다. 이 책을 저술하기에 앞서 기존의 교재와 차별성을 제안하기 위하여 여러 차례 논의되었다. 사람을 사랑하는 마음이 잘 드러날 수 있는 방법이 무엇인가에 대하여 골똘하게 생각해 보았다. 학문에 대한 진솔한 접근과 사람을 위한 청각학이 그 해답을 가지고 있다. 물론 물음에 대한 해답은 하나일 필요가 없지만, 집필진은 사람이 중심이 되는 교재가 될 수 있도록 '쉽게 풀어가는 청각학과 언어'라는 제목에 동의하였다.

청각학은 언어와 밀접한 학문이다. 청각적 정보가 언어발달을 촉진하고 나아가 언어는 사고를 투영한다. 청각학은 언어와 사고의 발달을 설명하는 주요 동기변인이다. 언어와 사고의 관계를 설명하는 데 청각학 시각이 함께 잘 드러날 수 있도록 노력하였지만, 독자의 입장에서는 여전히 어렵고 흥미를 유발하는 데 한계가 있음을 느낄 것이다. 앞으로 보다 좋은 교재가 나올 수 있도록 지도 편달에 귀 기울이는 집필진이 되도록 노력하겠다. 또한 이 교재로 강의를 하면서 경험할 다양한 수업사태를 진솔하게 기록하여 보다 좋은 교재로 재탄생될 것을 기대해본다.

이 책의 출판을 위해 노력하신 여러 집필자의 노고에 진심으로 감사드리며, 허명진 교수의 리더십에 경의를 표한다. 끝으로 이 책의 출판을 위해 도움을 주신 박철용 회장님과 직원 여러분께 감사드린다.

2015년 2월

집필진 대표 최성규 드림

차 례

chapter

01 청각학 개요

집필자 : 최성규

1. 청각학의 역사

Audiology는 라틴어의 'to hear'과 그리스어의 'logia'에서 유래되었다. 즉, 들을 수 있도록 하는 학문이라는 의미를 내포하고 있는 청각학은 청력, 청각적 감각과 인지, 신경학적 경로 등과 관련된 과학이다. 청각학의 기원에 대한 역사는 2가지 시각에서 접근된다. 하나는 인류의 역사와 함께 시작되었다는 견해이고, 다른 하나는 과학기술의 발달로 이루어졌다는 주장이다.

히포크라테스가 살았던 시대의 의학을 오늘날 의학의 기원으로 인식하는 것과 같이 청각적 감각에 대한 고대의 기록은 청각학의 기원에 대한 재조명을 요구하고 있다. 비록 청각학이라는 용어의 조어가 최근에 공식적으로 통용되었다 하더라도 청각적 감각에 대한 의학적 논의는 오랜 역사적 배경을 가지고 있다(Mudry, 2001). 이와 같은 주장의 근거로 고대 이집트의 문헌에 기록된 귀에 대한 언급, 귓병, 귀의 통증 등이 있다. 그래서 Mudry(2001)는 고대 이집트의 귀에 대한 기록이 청각학에 대한 최초의 문헌이라고 주장한다. 물론 당시의 귀에 대한 기록이 눈 또는 치아 등에 대한 학문적 가치로 접근하기에 부족한 면이 있으나, 귀를 '청각적 기능', '삶의 기능', '종교적 기능' 등으로 세분화하고 있다는 점에서 고찰의 의미가 요구된다. '청각적 기능'은 귀의 기능, 구조, 조직, 청력, 청력손실, 농(deafness), 청각장애의 증상 등을 포함하고 있다. '삶의 기능'은 사람들의 삶 속에서 두 귀의 필요성에 대한 내용을 언급하고 있다. 고대 이집트에서 우측 귀는 삶을 의미하며, 좌측 귀는 죽음과 관련된다는 시각이다. 이것은 고대 이집트의 신, 삶, 죽음이라는 삼부작(trilogy)으로 묘사하는 사회의 구조적 관점에서 볼 때, 귀를 신을 제외한 2개의 역할로 설명하고 있다는 점에서 귀의 중요성을 가늠할 수 있다. 끝으로 고대 이집트의 '종교적 기능', 특히 주술은 의학과 직결된다는 점에서 귀에 대한 관심은 신과의 소통을 의미한다고 볼 수 있다. 이와 같이 고대 이집트의 역사를 통해 청각과 관련된 인식을 살펴보았을 때 인력의 시작되는 시점에서도 귀에 대한 중요성을 강조하는 것을 알 수 있었다.

시대적 과학기술의 발달에 근거한 청각학을 정리해 보면, 청각학 또는 청각사라는 용어가 언제부터 사용되었는가에 대한 의견은 다양하지만, 1946년에 『*Audiology*』라는 저서가 계기가 되었다는 점에서 근대 청각학의 역사를 1920년대라고 주장할 수 있다(Berger, 1976). 이는 청력검사기의 개발 등과 같은 과학기술과 관련된다. 그러므로 청각학의 사회적 필요성과 발전이 제1차 세계대전이 아니라, 제2차 세계대전과 직결된다는 주장에 초점을 두어야 한다. 제2차 세계대전 참전용사의 총상과 폭발음으로 인한 청각기관의 수술 등을 직간접적으로 지원할 수 있는 의료장비의 개발과 관련되고 외과적 손상은 없으나 심리적 후유증과 스트레스가 원인이 되어 치료의 필요성이 증가하였기 때문이다. 청력검사, 청각재활, 보장구발달, 독화훈련, 청각사교육 등의 필요성이 고조되면서 청각학의 학문적 정체성이 요구되었다. 따라서 1940년대와 1950년대는 청각기관, 청력손실 유형과 정도, 청각재활 등에 대한 연구의 필요성이 대두된 결정적 시기로 이해된다.

2. 청각학과 관련된 과학기술의 발전

1) 청력검사

청각학과 가장 밀접한 관련이 있는 과학기술은 청력검사기의 개발이고 청력검사 결과를 기재하는 청력도의 표준화이다. 청력도는 1920년대에 청각사 Fowler에 의해 제안되었다가, 물리학자 Fletcher에 의해 오늘날 사용되는 가로와 세로의 모양으로 정립되었다(Jerger, 2013).

청력검사는 Rochester에 소재한 Mayo클리닉에서 1930년도에 처음으로 실시되었다. 그 당시에 사용한 청력검사기는 약 3,500불이었는데, 오늘날 약 40,000불 정도의 가치를 가진다. 의료진과 실습생들은 1930년대에 청력검사 방법에 대한 교육을 받았으며, 1940년대에 간호사를 대상으로 교육이 실시되었다. 1949년에

Mayo클리닉에서는 최초로 청력검사기를 대여하였는데, 이 시기가 청각학의 초기 발달기에 해당하는 시기이다. 최근에는 청력검사를 필요로 하는 수요의 증가, 전문성 신장, 개인의 다양한 요구, 공간에 따른 크기의 선호도 등의 영향으로 다양한 청력검사기가 개발·보급되고 있다(Olsen, Rose, & Hedgecock, 2003). 청각학의 발전과 관련된 과학기술의 발전 개요를 요약하면 표 1-1 과 같이 정리할 수 있다.

표 1-1 청각학의 발전과 관련된 과학기술의 발전 개요

이름	연도	기여내용
Schwartz	1920	청력검사기 제작
Fowler, Weigel, & Fletcher	1922	청력도 양식 개발 및 발전
Fletcher	1926	청력검사기 제작
Fletcher & Steinberg	1929	어음청력검사기 개발
Wever & Bray	1930	와우의 미세 음성 인지 가능성 최초 연구
Bekesy	1947	소리인지이론 증명(1928), 자동청력검사기 개발
Mendel & Goldstein	1969	Auditory Latency Response(ALR) 증명
William House	1969	인공와우 성인용 착용 및 유아용 프로그램 개발
Jewett	1970	Evoked Auditory Potentials 개발
James Jerger	1970	Tympanometry A, B, C형 분류
Portmann & Arran	1971	Transtympanic Electrocochleography 소개
Kemp	1978	Otoacoustic Emission 소개

2) 보청기

1995년까지 보청기의 음성신호 처리장치는 아날로그 체계였다. 1995년을 기점으로 디지털보청기가 개발되었고, 최근에는 마이크로폰에 여러 개의 배열(array)

을 장착하여 방향성 향상과 소음 제거에 효율성을 입증하고 있다. 전자공학이 발전하기 전부터 보청기의 역사는 시작되었다. 오늘날 보청기가 개발되기까지의 노력에 대한 역사적 자료를 연대기로 정리하면 표 1-2 와 같다.

표 1-2 보청기 개발에 대한 연대기

연도	보청기 개발 내역
1796	대화 튜브
1800	Rein이 런던에서 보청기 회사 건립
	트럼펫 형태 보청기 개발
1830	인공외이(concha) 개발
1840	청진기형 보청기 개발
1875	데스크톱 형태의 보청기 개발
1900	전자공학을 적용한 보청기 개발(Alt)
1906	보청기 튜브 개발
1925	다양한 보청기 개발

3) 인공와우

달팽이관에 위치한 청신경유모세포의 손상은 감음신경성 장애를 유발한다. 과거 보청기 착용효과를 기대하기 어려운 감음신경성 청각장애아의 경우, 수화가 주된 의사소통 수단이 되었다. 그러나 2005년부터 시행된 건강보험 혜택으로 고도이상의 감음신경성 청각장애아의 인공와우 시술은 꾸준히 증가하고 있는 추세이다. 달팽이관에 삽입되는 인공와우에 대한 연구는 호주, 미국, 오스트리아 등을 중심으로 활발하게 진행되고 있다.

인공와우에 대한 최초의 연구는 1790년에 수행된 것으로 보고된다. Volta는 전지를 개발하여 약 50볼트의 전압을 귀에 제공하는 데 성공하였다. 전자장치를 귀에 연결한 최초의 시도였다. 그리고 1855년 청각적 전자장치를 이용한 시뮬레이션이 수행되었다.

인공와우에 대한 최초의 사례는 1957년 Djournio와 Eyrices에 의해 수행되었는데, 농인 2명에게 고실계 전극 삽입과 자극을 제공하여 음을 인지시켰다. 1961년에 Dr. House는 3명의 청각장애인에게 전자 인공와우장치를 시술하여 효과를 입증하였다. 그리고 1964년에서 1966년 사이에 인공와우에 전극을 배열시키는데 성공하게 된다. 전극 배열방법과 배열위치 등에 대한 연구가 만족스러운 수준이라고 평가되었다. 달팽이관에 전자장치를 삽입하는 연구는 1970년대부터 1990년대까지 꾸준히 수행되었다.

1982년도에 Clark과 Pyman은 22개의 채널로 구성된 인공와우이식기를 개발하여 오늘날 가장 일반적으로 사용되는 24개 채널 개발을 가속시켰다. 1984년 1월 1일 호주의 Nucleus사는 다채널 인공와우, 즉 Nucleus Multi-channel Cochlear Implant를 개발하는 데 성공하였다. 미국 FDA에서는 1984년 11월 1일 3M/House 인공와우장치의 시술을 승인하였다. 최근에는 인공와우장치인 speech processor가 소형화되면서 귀걸이형으로 개발되었다(http://deafness.about.com/cs/cochlearfeatures/a/cihistory.htm). 미국은 단채널에서 현재 120채널로 구성된 인공와우기기를 개발하여 자연음에 가까운 소리를 들을 수 있도록 지속적으로 연구하고 있다. FDA에서는 2010년을 기준으로 인공와우 시술을 받는 사람의 숫자가 세계적으로 219,000명 이상이라고 하였다(Henkel, 2013). 국내의 인공와우 시술은 1988년에 시행되었으며, 다양한 인공와우기기로 시술되고 있다. 또한 인공와우이식자의 만족도, 어음 처리능력, 어음 처리방식, 말소리인지력 등에 대한 연구가 활발히 수행되고 있다(김리석, 1997).

달팽이관에 삽입된 전극에서 인지하는 소리의 반응에 대한 초기 연구는 연사론에 기초하여 전압이 발생하도록 개발하였다. 그러나 연사론에 의해 발생되는 여러 전압을 통합하는 데 어려움을 보임에 따라 오늘날 인공와우의 소리에 대한 전극의 반응은 장소론으로 처리하고 있다. 건청인의 경우 소리에 대한 청신경유모세포의 반응은 연사론과 장소론이 함께 구동되고 있다. 그래서 인공와우 시술을 하여도 여전히 30dB 정도의 청력손실이 존재하는 것은 장소론에 한정된 결과로 이해된다. 인공와우의 소리에 대한 전극의 반응이 연사론과 장소론을 동시에 수용할 수 있다면 0dB의 정상적인 청력을 보장받을 수 있을 것이다. 또한 뇌간이식형 와우 등의 개발은 인간의 삶의 질과 관련된다. 전자공학과 의료공학의 발달은 사회의 인식과 사고의 변화를 견인하는 역할을 담당할 것이다.

4) 음성과학

음성과학은 음성의 생산과 인지, 발성 등을 말하는데, 음성발성과 관련된 생리학, 음성음향과 관련된다. 음성발성을 위한 생리학은 안면, 후두와 인두, 호흡기 근육 등이 협응하여 일정한 시간을 기준으로 폐에서 공기가 호기되면서 성대 구조를 지나 4대 공명강에 영향을 받는 과정과 결과에 관심을 가진다.

음성음향은 청각과 시각적 인지로 구분된다. 발성된 소리를 청각적으로 인지하는 것은 hearing과 listening으로 나눌 수 있지만 소리의 특성을 시각적으로 인지하기에 한계가 있다. 그러나 축음기가 발명되면서 소리에 대한 시각적 인지가 가능하게 되었다. 음성에 대한 시각적 특성을 제시할 수 있었기에 청각장애아의 발성에 대한 피드백 제공이 가능하도록 벨 전화연구소에서 연구와 지원을 담당하였다. 1976년 Stewart, Larkin, House는 스펙트로그램을 활용하여 사람음성을 주파수로 분석하여 표준화하는 작업을 수행하였다(http://www.spectrogramsforspeech.com/background/history-of-spectrograms/).

오늘날 음성과학은 음성분석 및 음성합성 등을 위하여 컴퓨터 프로그램을 이용하고 있다. 이것을 가장 잘 대변하고 있는 시대적 소산물이 우리가 매일 소지하는 휴대폰이라 생각된다. 휴대폰의 음성전송 등과 같은 신호 처리방식은 음성과학에 기초한 수학, 물리, 공학 등의 학문적 융합으로 완성된 사물이다.

3. 청각학의 미래와 과제

1) 청각학의 미래

최근의 학문 추세는 융합을 지향하고 있다. 청각학의 미래 역시 융합을 중심으로 발전하리라 기대된다. 학문이 존재하는 가치는 인간과 함께 한다는 점이며 삶의 질과 관련되기 때문이다. 청각학이 청각학의 가치만을 논하기보다 삶의 질에 대한 고찰이 근본적으로 요구되는 시대정신과 함께 해야 한다.

학문적 융합이라 함은 학문의 벽을 허문다는 의미이지만, 모든 학문이 하나의 학문으로 융해되거나 새로운 학문이 출현하는 것이 아니다. 모든 학문이 한 방향으로 수렴된다는 의미로 해석해야 한다. 따라서 청각학을 포함한 모든 학문은 인간 본연을 지원하기 위한 학문의 가치로움에 의미를 두고 노력해야 한다.

인공와우는 청각학의 최근 동향에서 자주 언급되는 주요 논제이다. 그러나 인공와우 시술을 통하여 듣고 말하기의 효율성뿐만 아니라, 인성발달 등을 지원하기 위한 방안이 함께 고려되어야 한다. 인공와우 시술을 통한 듣고 말하기 능력 신장이 일차적 목적이라면 인공와우 시술을 받은 청각장애아의 인성발달을 지원하기 위한 노력이 학문본위론으로 위치해야 한다. 따라서 청각학의 융합을 위한 초석에 다음과 같은 시각이 고려되어야 한다.

첫째, 협력이다. 청각학전문가, 이비인후과의사, 청각장애학교교사, 언어치료사, 보청기판매사 등은 자신의 분야에서 전문성을 가지고 있다. 각 분야의 전문가가 자신의 전문성을 한 방향으로 수렴시킬 때 학문의 가치로움이 인간 중심으로 재탄생될 수 있다.

둘째, 수직 간의 위계성을 초월해야 한다. 학문의 위계성은 발전을 전제로 존재의 가치가 있다. 이는 학문에 대한 겸손과 끊임없이 노력하는 자세의 필요성을 강조하는 것인데, 학문 간의 우월과 선후배 간의 질서를 유지시키는 것으로 오해해서는 안 된다. 자신의 삶에 대한 가치와 노력이 타인에게 진정성으로 평가되어야 수직 간의 위계성이 수평적 관계로 전이되는 가치로움으로 존재할 수 있다.

셋째, 삶과 삶의 질은 차이가 있음을 알아야 한다. 청각장애아의 삶과 청각장애아의 삶의 질은 근본적으로 차이가 있다. 청각장애와 관련된 여러 전문가의 전문성은 청각장애아의 삶을 지원하기 위한 배려가 아니라, 삶의 질을 보장하기 위한 책무성이 보다 우선이라는 인식이 요구된다. 청각장애아의 삶의 질을 지원하기 위한 책무성이 보장될 때, 우리는 또한 삶의 목표에 존재의 가치를 인식하는 기쁨을 만끽할 수 있다(최성규, 2013). 그러므로 청각학은 사람을 위해 존재하는 학문이다. 청각학의 발전이 단순히 학문의 발전이 아니라 사람을 위해 존재한다는 사실에 기초해야 한다.

2) 청각전문가

청각학은 청각과 관련된 과학이며, 청각사(audiologist)는 청각학 분야의 업무를 수행하는 전문가이다. 청력손실과 부가적인 청력손실 등을 예방하기 위한 지원이 청각사에 의해 수행된다. 청각사는 청각장애가 있어도 정상적인 청력범위에서 청취할 수 있는 효율적 지원방안을 연구한다. 특히 가정주파수와 가청음압 등을 결정하기 위한 노력은 과학적이고 증거 기반에 기초해야 한다.

미국의 청각사 양성과정은 1946년 Northwestern University의 Carhart에 의해 시작되었다(http://www.library.northwestern.edu/archives/findingaids/raymond_carhart.pdf Accessed 2006-07-31.). 청각사의 구체적인 업무는 청각과 관련된 진단, 처치, 모니터링, 관리, 보청기 피팅과 인공와우 맵핑 등 재활과 관련된 것이며, 전문성이 요구된다. 또한 청각사는 유아, 아동기, 청소년기, 노년기까지의 다양한 연령층을 대상으로 업무를 수행해야 한다. 나아가 청각장애와 재활 등에 대한 연구에도 충실성이 보이도록 과학적 소양을 갖추어야 한다.

3) 청각학의 과제

(1) 신호 처리 알고리즘

진공관과 트랜지스터에 이어 오늘날 DSP(Digital Signal Processor)가 개발되었다. 그러나 적응 알고리즘의 사용에 따라서 DSP의 역할이 달라진다. DSP는 하드웨어이지만, 적응 알고리즘은 소프트웨어 이상의 역할을 담당한다. 알고리즘은 프로그램에 따라서 계산방식을 수행하지만, 적응 알고리즘은 처리한 결과를 재수행하여 최적의 조건을 찾아가는 능동적 산출을 수행한다. 음성신호에서 일반적으로 사용된 알고리즘인 LMS(Least Mean Square)는 음성신호의 오차를 최소화시키는 계산방식이지만, LMS 적응 알고리즘은 음성신호의 고유값을 최대한 수용하기 위하여 반복 계산이 수행되므로 수렴속도에 문제점이 나타난다. LMS 적응 알고리즘의 수렴속도에 대한 문제점을 보완하기 위하여 FLMS(Frequency Least Mean Square)가 개발되었다.

최근에 음성신호 처리에서 사용되었던 주파수영역 알고리즘은 프랑스의 수학자이며, 물리학자인 Fourier(1768~1830)에 의해 제안되었던 DFT(Discrete Fourier Transform)방식이었다. 음성신호의 수렴속도 향상과 계산량 감소를 위하여 최근에 이산웨이브렛(Discrete Wavelet Transform; DWT)과 빠른 이산웨이브렛(Fast Discrete Wavelet Transform; FDWT) 기반 적응 알고리즘이 개발되었다. 오늘날 디지털보청기의 음성신호 처리는 DWT방식 또는 FDWT방식을 사용하고 있다.

또한 디지털보청기의 적합검사에서 사용되는 공식인 DSL(Desired Sensation Level), Fig 6(Figure 6), IHAFF(Independent Hearing Aid Fitting Forum) 등은 고유의 알고리즘을 가지고 있는데, DSP에 의해 수행된다. 즉, DSP는 고유의 알고리즘을 수행하는 역할을 담당한다. 따라서 DSP의 개발과 알고리즘 또는 적응 알고리즘이 함께 연구되어야 한다. 이와 같은 원리는 인공와우기기에서 음성신호를 처리하는 speech processor에도 동일하게 적용되고 있다.

따라서 청각학은 통섭에 기초한 학문인 것이다. 청각학의 기초가 되는 음성신호 처리의 미래는 청각장애를 극복하기 위한 최적의 수학과 물리이론에 기초한 공학의 상용화가 함께 실행되어야 함을 알 수 있다.

(2) 배열 마이크로폰의 개발

마이크로폰은 보청기에서 소리를 모으는 송화기이다. 과거와는 달리 하나의 마이크로폰이 아니라, 2개 또는 3개 이상의 마이크로폰을 장착한 효과를 제공하기 위한 연구가 진행 중이다. 이를 배열(array) 마이크로폰이라고 한다. 실제로 1개의 마이크로폰 안에 여러 개의 단자를 배열하여 여러 개의 마이크로폰을 장착한 효과를 제공한다.

음의 인지는 화자의 인원, 소음의 방향, 배열신호의 개수와 배치방법, 그리고 SNR(Speech to Noise Ratio)의 정도에 따라서 달라진다. 음의 인지에 영향을 미치는 변인을 분석하여 배열의 개수와 위치 등에 따른 소음의 방향인지 및 소음제거, 방향성, 후방신호 제거 결정, 명료도 등에 대한 연구를 지속적으로 수행하여야 한다. 또한 배열 마이크로폰의 원리는 인공와우기기의 장소론에 기초한 음성신호 처리방식에 연사론의 원리를 적용할 수 있는 계기를 제공할 수 있다.

(3) 표본화 비율과 에일리어싱현상

달팽이관 청신경유모세포의 개수가 약 1만 5,000개에서 2만 개이고 인간의 가청역치가 20000Hz까지이다. 달팽이관 청신경유모세포의 개수와 가청역치는 매우 높은 상관성을 가진다. 달팽이관 청신경유모세포에 문제가 있는 감음신경성 청각장애아의 경우는 음의 왜곡현상에 노출된다. 이와 같은 원인을 표본화 비율의 문제라고 한다.

달팽이관 청신경유모세포 개수의 부족은 생리적으로 손상된 결과이거나 활성도가 떨어져 제 역할을 못하는 경우로 설명된다. 이런 경우에 저주파수보다 고주파수에 해당하는 자음인지에 어려움을 경험한다. 500Hz의 소리를 인지하기 위해서는 500개의 청신경유모세포 개수가 필요하고, 4000Hz의 소리는 4,000개 이상의 청신경유모세포가 요구된다. 즉, 인간은 소리의 주파수와 청신경유모세포 개수가 1 : 1로 대응하지만, 스마트폰 등과 같은 전화기는 공학적으로는 2배 이상의 표본화가 요구된다. 예를 들면, 1000Hz의 소리를 2,000번을 표본화해야 한다. 인간은 소리를 인지하는데 장소론과 연사론이 함께 작용하지만, 휴대폰은 연사론만으로 소리를 처리해야 하므로 2배의 노력이 요구된다.

아날로그신호를 디지털 체제로 변환하는 가장 이상적인 표본화 비율은 해당 주파수의 2배, 즉 2B로 정의한다. 표본화 비율이 낮으면 저주파수보다는 고주파수대역에서 음의 왜곡현상이 일어나는데, 이를 에일리어싱(aliasing)현상이라고 한다. 전음성 청각장애는 소리의 크기인 음압과 관련되지만, 달팽이관 청신경유모세포는 주파수와 관련되므로 감음신경성 청각장애는 음의 왜곡현상에 노출된다. 따라서 감음신경성 청각장애가 저주파수보다 고주파수의 소리를 이해하는 데 어려움이 있는 이유는 에일리어싱현상 때문이다.

미래 지향적으로 감음신경성 청각장애를 지원하기 위해서는 에일리어싱현상을 근본적으로 해결하기 위한 방안이 요구된다. 현재의 인공와우는 장소론으로 음성신호를 처리하므로 연사론과 관련되는 에일리어싱현상과는 무관하다. 이는 에일리어싱현상을 최소화하여 음성신호를 처리할 수 있는 방안이 현실화되어야 인공와우기기의 무결점을 보장할 수 있다는 의미로 해석해야 한다.

확인학습

1. 시대정신이란 무엇을 의미하는가?
2. 학문융합이란 무엇을 의미하는가?
3. 연사론과 장소론에 대한 의미를 다른 장에서 찾아보시오.
4. 에일리어싱현상이 발생하면 어떤 결과에 노출될지 설명하시오.

참고문헌

김리석 (1997). 인공와우 이식. **대한의사협회지**, 40(11), 1526-1531.

최싱규 (2013). 학문의 통섭과 청각장애교육의 정체성. **한국청각·언어장애교육연구**, 4(2), 87-100.

Berger, K. W. (1976). Genealogy of the words "audiology" and "audiologist". *Journal of the American Audiology Society, 2*(2), 38-44.

Hayes, H. (2010). Washington University School of Medicine: A distinctive program in deaf education studies at the Program in Audiology and Communication Sciences (PACS). *Volta Review, 110*(2), 271-278.

Henkel, G. (2013). History of the cochlear implant. *ENT Today, April*, 2013.

Jerger, J. (2013). Why the audiogram is upside-down. *International Journal of Audiology, 52*(3), 146-150.

Mudry, A. (2001). Historical note: Audiology in ancient Egypt. *Journal of Audiological Medicine, 10*(3), 210-213.

Olsen, W., Rose, D., & Hedgecock, L. (2003). A brief history of audiology at Mayo clinic. *Journal of the American Academy of Audiology, 14*(4), 173-180.

http://www.library.northwestern.edu/archives/findingaids/raymond_carhart.pdf Accessed 2006-07-31.

http://www.spectrogramsforspeech.com/background/history-of-spectrograms/

chapter

02 소리의 이해

집필자 : 최성규, 박비주

우리는 일상에서 많은 소리를 듣는다. 그러나 소리는 임의의 물리적 특성을 가지고 있다. 소리에 대한 특성을 알게 되면 청각학과 음성학, 음향학, 물리학 등에 대한 학문적 배경을 이해하는 데 도움이 될 것이다. 이 장에서는 먼저 소리의 기초가 되는 제반사항에 대하여 서술하고, 소리의 특성 및 유형, 말소리의 특성 등으로 연계하고자 한다. 청각장애의 이해, 소리의 이해와 적용방법 탐색, 음성 산출과 인지 등과 관련된 내용은 청각학을 이해하는 데 기초적인 이론적 배경이 될 것이다.

1. 소리의 기초

지구상에 존재하는 소리는 함수로도 표현할 수 없는 다양한 형태를 가진다. 우리가 지각할 수 있는 소리를 살펴보면, 말소리, 빗소리, 자동차 소리, 무너지는 소리, 소음 등처럼 다양하다. 소리를 지각하며 이해하는 것은 소리가 가지는 음파의 특성을 기억하기 때문이다. 이 기억은 음파를 정현파에 의한 파동과 연관된다. 따라서 파동의 특징을 먼저 이해하기 위해서는 정현파를 먼저 설명해야 한다.

1) 파동의 특징

누구나 호수에 한 번쯤 돌을 던진 적이 있을 것이다. 잔잔한 호수에 돌을 던지면 물결이 동심원으로 퍼져가는 것을 볼 수 있다. 그러나 시간이 경과되면서 에너지의 소멸로 파동은 점점 약화되면서 급기야 사라진다. 이렇듯 물결이 파장으로 전달되는 것처럼 공기 중의 소리 역시 파동을 가진다. 이 파동으로 소리가 전달되며 사인곡선과 같은 정현파를 이룬다. 파동은 물리적 힘에 의해 생긴 진동으로 동심원 구조로 퍼져나간다. 일반적으로 지구의 대기에서 나타나는 파동은

2의 배수로 증폭되면서 동심원으로 진행된다. 음성의 주파수는 이론적으로는 계속해서 전달되고 대기에 존재해야 하지만, 소리의 약화와 소멸로 먼 곳에서는 나타나지 않는다.

파동의 전달은 매질에 의해 전파된다. 소리, 지진파, 수면파의 매질에 대한 설명은 다음과 같다. 소리는 공기, 물, 금속 등의 탄성체를 매개로 전파된다. 우리의 일상적인 환경에서의 소리는 공기에서 전달되는 것으로 생각한다. 가끔 신문과 방송에서 보도되는 지진파는 지각을 통해 전달된다. 지진대의 움직임으로 형성되는 지진은 지각변동을 유발하는 원인에너지로 작용한다. 그리고 수면파가 있다. 물을 통해 전달되는 수면파는 해일 또는 쓰나미 등으로 에너지가 전달되면서 높은 파도가 나타난다. 또한 물속에서 어뢰가 폭발하면서 수면파가 나타나기도 한다. 한편, 파동을 전달하는 매질은 제자리에서 진동만 하고 이동하지는 않는다. 즉, 에너지만 이동되는 것이지 매질 자체가 이동하는 것은 아니다.

파동은 운동방향에 따라 종파와 횡파로 구분된다. 종파는 파의 진행방향과 매질의 운동방향이 같은 파인데, 용수철을 당겨서 놓게 되는 장면을 연상하면 쉽게 이해된다. 그리고 횡파는 파의 진행방향과 매질의 운동방향이 수직으로 나타나는 파인데, 수면파와 전파 등이 좋은 예이다. 종파와 횡파에 대한 파의 진행방향과 매질의 운동방향의 차이에 대한 설명은 그림 2-1 과 같다.

종파와 횡파의 파의 진행방향은 동일하여도 매질의 운동방향은 차이가 있음을 알 수 있다.

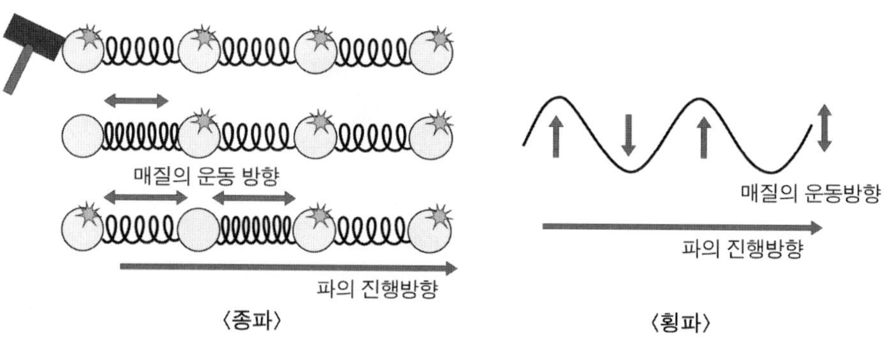

그림 2-1 종파와 횡파의 파의 진행방향과 매질의 운동방향의 차이

2) 파장의 특징

파동에 의해 생성된 동심원 구조는 마루와 골을 이루면서 계속해서 진행한다. 일반적으로 마루는 +로 나타나고, 골은 −로 표기한다. 마루와 다음 마루 또는 골과 다음 골을 1주기라고 한다. 파장은 1주기의 +와 + 또는 1주기의 −와 −의 길이, 즉 1주기의 마루와 마루, 1주기의 골과 골의 길이 또는 거리를 의미한다.

+소리는 고막에 압력을 전달하는 형태이며, −는 고막이 다시 자기 자리로 돌아가는 과정에서 나타나는 형태로 이해될 수 있다. 화자의 말이 청자에게 전달될 때 청자의 고막은 계속해서 전진과 후퇴를 거듭하는 움직임을 보인다. 이와 같은 현상이 나타나는 것은 소리의 파동에 의해 형성되며 마루와 골의 영향으로 설명된다. 파동의 마루와 골의 이해를 돕기 위하여 그림 2-2와 같이 제시하였다.

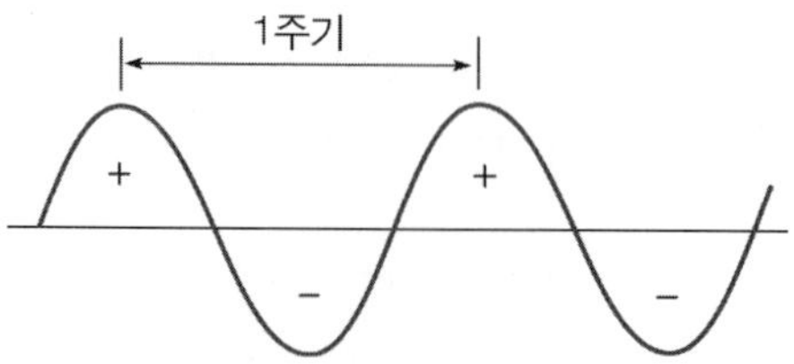

그림 2-2 파동의 마루와 골

파장은 길이에 따라서 명명을 달리한다. 일상에서 사용하는 파장의 길이에 대한 예는 표 2-1 과 같다.

●●● 표 2-1 파장의 길이

구분	전파	전자레인지	적외선	가시광선	자외선	X-레이
파장의 길이	1mm 이상	1mm~ 1m	750nm~ 1mm	400~ 760mm	100nm~ 380nm	37.5nm~ 0.051nm

* nm(nanometer) = mu
* 1nm(mu) = 10억분의 1m = 100만분의 1nm

파장의 속도는 광속도와 같아서 1초에 3×10^8m를 이동한다. 즉, 전파의 속도 $v=3\times10^8$m/s이다. 그리고 파장 $\lambda=v/f$이므로 파장은 $3\times10^8/f$이다. 주파수에 따라서 파장은 1mm에서 30,000m로 구분하여 전자파는 8개로 구분하고 있다.

파장은 주파수와 반비례관계이다. 주파수가 높으면 자연히 파장이 짧아지고, 반대로 주파수가 낮으면 파장이 길어진다. 또한 속도는 파장과 비례관계에 있음을 알 수 있다.

가시광선에서 프리즘을 통과하는 색깔에서 빨강의 파장이 가장 길고, 보라색이 가장 짧다. 태양광선에서 흰색이 희게 보이는 이유는 모든 색을 반사하기 때문이며, 노랑이 노랗게 보이는 이유는 가시광선 중에서 노랑만을 반사하기 때문이다. 색깔에 대한 주파수의 범위는 표 2-2 와 같다.

●●● 표 2-2 색깔에 대한 주파수의 범위

색깔	빨강	주황	노랑	초록	파랑	보라
파장(nm)	700~610	610~590	590~570	570~500	500~450	450~400

또한 파동의 속도는 '주파수×파장'이다. 파동의 굴절이 일어나도 주파수는 바뀌지 않지만, 파장과 속도에 변화가 생길 뿐이다. 즉, 파장과 속도는 비례관계에

있다. 동일한 조건에서 파장이 넓으면 속도가 빠르고, 파장이 좁으면 속도가 느리다. 그래서 파장이 넓고 속도가 빠른 경우가 상대적으로 그렇지 않은 경우에 비하여 깊은 물임을 알 수 있다.

3) 소리의 속도

소리의 속도는 음속으로 나타내는데, 매질의 탄성률이나 밀도, 온도 등의 환경 조건에 따라서 소리의 속도는 변한다. 일반적으로 소리의 속도가 1초에 340m가 전달된다는 것은 1기압에서의 섭씨 20도를 기준으로 설정하고 있다. 그래서 온도에 따라서 음속이 변화한다. 공기 중의 음속은 주로 온도에 의해 결정되는데, 온도가 올라가면 음속은 빨라진다. 기온이 높아지면 분자운동이 빨라져서 인접 분자들 간의 충돌이 빈번해져 빠른 속도로 전파된다. 공기의 온도가 1도 올라가면 0.6m/s씩 음속이 빨라지므로, 음속=331.5+0.6t (t: 섭씨 0도를 기준으로 상승한 온도)라는 공식이 설정된다.

또한 매질에 따라서 음속은 변화한다. 대체적으로 매질이 단단한 물체일수록 음속이 빨라진다. 즉, 매질의 탄성률이 높을수록 음속이 빨라진다. 그리고 체적탄성률이라는 것은 물체에 균일한 압축력이 가해졌을 때, 압축되지 않으려고 저항하는 정도를 나타내는 값이다. 체적탄성률이 높을수록 음속은 빨라진다.

4) 소리의 성질

소리의 성질은 3요소, 즉 크기, 높이, 지속시간(리듬)으로 설명된다.

(1) 크기

소리는 물체의 진동에서 발원된다. 물체의 진동은 대기압의 변화를 유도하여 전달을 촉진시키는 역할을 담당하고, 결과적으로 소리는 청자의 고막을 진동시킨다. 청자에게 전달되는 소리의 크기는 진폭으로 설명되고 소리의 크기는 진폭의 크기에 따라서 달라짐을 알 수 있다. 진폭은 일반적으로 dB로 표시하지만 진폭은 주파수와는 별개의 단위이다. 즉, 주파수는 진폭과는 관계없이 1초에 진동하는 횟수를 의미한다. 주파수가 동일해도 진폭은 달라질 수 있고 진폭이 동일해도 주파수는 달라질 수 있다. 즉, 소리의 크기인 진폭과 이를 나타내는 dB은 소리의 진동과 관련되는 주파수와는 별개의 단위이다.

진폭이 큰 음은 큰 소리라고 하며, 진폭이 작은 음은 작은 소리라고 한다. 진폭이 큰 음(큰 소리)과 진폭이 작은 음(작은 소리)에 대한 차이를 설명하면 그림 2-3과 같다.

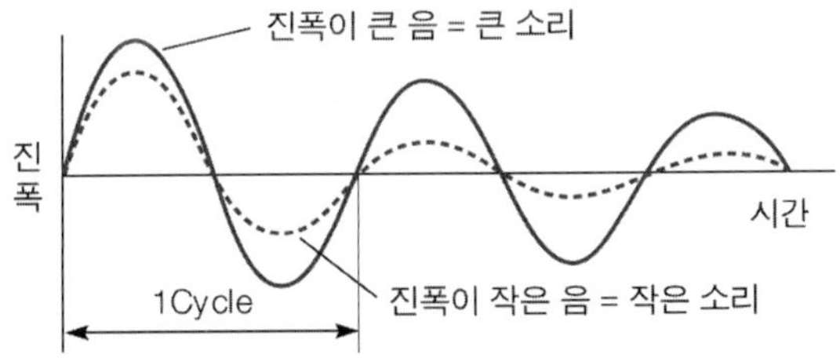

그림 2-3 진폭이 큰 소리와 작은 소리

소리의 크기는 음압으로 표현한다. 음압은 대기압의 압력이 변화하는 변동분을 의미하며 단위는 Pa을 주로 사용한다. 앞에서 언급한 dB(decibel)은 음의 크기를 인간의 청각과 일치시켜서 제안한 단위이다. Bell의 업적을 기리기 위하여 B를 대문자로 표기하고 있다. dB은 두 음의 압력이나 힘의 비율을 나타내는 단위로 Bel의 10/1이다. 그리고 Bel의 단위는 상용 로그함수의 비율을 나타낸다. dB은 필요에 따라서 다양한 단위로 설명된다(최성규, 1996에서 인용).

① dB의 종류

소리의 단위는 소리의 힘(intensity, power)과 소리의 압력(pressure)으로 구분된다. 소리의 힘은 구면적 단위이며, 소리의 압력은 평면적 단위라는 차이가 있다. 소리의 힘을 나타내는 dB IL은 단위면적당 가해지는 힘이 기준이 되는 소리의 강도이다. 공식으로는 dB IL=10×log(Io/IR)로 나타낸다. 소리의 압력인 dB SPL은 dB SPL=20×logPI/PO의 공식으로 설명된다. 소리의 강도에 대한 힘과 압력의 절대단위와 상대단위는 표 2-3 과 같다.

표 2-3 소리의 단위

소리의 강도	절대단위(energy)	상대단위(amplitude)
힘	watt/cm^2, μPa, μBar	dB IL
압력	dyne/cm^2	dB SPL, dB HL, dB SL

dB을 나타내는 다양한 단위에 대한 설명은 다음과 같다.

- dB HL(Hearing Level) : 평균가청역치 위에 있는 dB수치이다. 일반적으로 순음청력검사의 가청역치를 대표하는 수치이다. 90dB의 청력손실을 가졌다고 표현할 때 일반적으로 HL단위를 생략한다.
- dB IL(Intensity Level) : 정해진 면적에 대한 압력으로 dB SPL과 같은 수치이다.
- dB SPL(Sound Pressure Level) : 소리의 압력을 나타내는 수치로 dB로 나타내며 20μPa과 같다. dB SPL과 dB HL은 서로 다른 의미의 압력이다. dB SPL은 발성과 관련되는 음압으로 이해되며 dB HL은 고막에서 인지하는 음압으로 설명된다.
- dB SL(Sensation Level) : 가청역치와 소리의 압력 차이를 인지하는 정도를 의미한다. 40dB의 청력손실을 가진 청각장애학생의 70dB의 소리를 듣게 되면, 30dB SL을 가진다고 표현한다. 0dB의 청력손실을 가진 건청인은 0dB에서 소리를 느끼게 되므로 dB HL과 dB SL은 동일하다.

dB SPL과 dB HL은 다른 단위임을 알아야 한다. 이해를 돕기 위하여 쉽게 설명하면, dB SPL은 헤드폰에서 출력되는 음압이며, dB HL은 청각적으로 인지되는 음압이다. 그러나 소리는 다양한 주파수로 구성되어 있으므로 각 주파수에 따라서 dB SPL과 dB HL은 차이가 있다.

표 2-4 는 각 주파수의 0dB HL에 대한 임의의 dB SPL을 제안하는 것이다. 즉, 0dB HL에 대한 각 주파수별 표준음차로 설정하여 미국표준공업청과 국제표준기구에서 제안하고 있다. ANSI-1969(ISO-1964)의 W.E. 705A를 기준으로 dB SPL과 dB HL에 대한 산출 계산은 표 2-4 와 같이 설명된다.

표 2-4 각 주파수의 0dB HL에 대한 표준음차

주파수(Hz)	ASA-1951 W.E. 705A	**ANSI-1969 (ISO-1964) W.E. 705A**	ANSI-1969 (ISO-1964) TDK-39	TDH-49
125	54.5	**45.5**	45.0	47.5
250	39.5	**24.5**	25.5	26.5
500	25.0	**11.0**	11.5	13.5
1000	16.5	**6.5**	7.0	7.5
1500	16.5+	**6.5**	6.5	7.5
2000	17.0	**8.5**	9.0	11.0
3000	16.0+	**7.5**	10.0	9.5
4000	15.0	**9.0**	9.5	10.5
6000	17.5+	**8.0**	15.5	13.5
8000	21.0	**9.5**	13.0	13.0

1000Hz를 기준으로 설정했을 때, 0dB HL은 6.5dB SPL(IL)과 동일함을 의미한다. 청력검사에서 0dB HL은 6.5dB SPL의 순음에 대한 반응으로 해석된다.

② dB과 Bel의 관계

dB과 Bel의 관계는 표 2-5 에서 찾아볼 수 있다. 표 2-5 를 참고할 경우 재미있는 식의 원리를 찾아볼 수 있다. 다음의 식을 계산해 보자.

$$0dB + 0dB = (\qquad\qquad)dB$$

일반적으로 0dB의 환경에서 0dB의 소음이 더해졌기 때문에 위 식의 결과를 0dB로 생각할 수 있다. 그러나 표 2-5 에서 볼 수 있듯이 0dB의 힘의 비율은 1이므로 0dB+0dB의 힘의 비율은 1+1인 2가 된다. 따라서 힘의 비율 2는 3dB이므로 정답은 3dB이 된다.

또 다른 예를 들어보면, 버스 1대에서 나오는 소음이 40dB이라고 했을 때, 버스 10대가 동시에 내는 소음은 40dB×10이 된다. 그러나 실제로 힘의 비율에 근거한 dB을 계산하면, 40dB에 대한 힘의 비율은 10,000/1이므로 10,000×10=100,000이 된다. 그러면 힘의 비율 100,000에 해당하는 dB은 50dB이다. 따라서 버스 10대가 생성하는 소음은 50dB이 된다. 여기서 알 수 있는 것은 40dB의 소음이 10대가 있다고 하여 소음 역시 10배가 되는 것이 아니라 힘의 비율에 따라 10dB의 소음이 증가하게 되는 것이다.

표 2-5 소리의 힘과 압력의 비율 도표

힘 비율(power ratio)	압력(dB)
100,000,000,000,000/1	140
10,000,000,000,000/1	130
1,000,000,000,000/1	120
100,000,000,000/1	110
10,000,000,000/1	100
1,000,000,000/1	90
100,000,000/1	80
10,000,000/1	70
1,000,000/1	60
100,000/1	50
10,000/1	40

〈표 계속〉

힘 비율(power ratio)	압력(dB)
1,000/1	30
100/1	20
10/1	10
8.07/1	9
6.31/1	8
5.01/1	7
3.98/1	6
3.18/1	5
2.52/1	4
2.00/1	3
1.59/1	2
1.26/1	1
1/1	0

(2) 높이

소리의 높이는 소리가 1초당 진동하는 횟수로 나타낸다. 일반적으로 cps(cycle per second) 또는 Hz로 나타낸다. 1초에 1,000번을 진동하면 1000Hz 또는 1,000cps라고 한다. 그리고 1/1,000초를 msec로 표현하는데, 1msec에 1회 진동하게 되면 1000Hz가 된다. 그러나 앞에서도 언급했듯이 주파수와 소리의 크기는 관계가 없다. 1000Hz를 기준으로 이보다 낮으면 저주파수, 높으면 고주파수라고 한다. 사람이 들을 수 있는 주파수영역을 가청주파수라고 하는데, 20Hz에서 20000Hz까지이다. 반면 사람이 발성하는 음성주파수는 500Hz에서 4000Hz에 대부분이 분포된다. 따라서 음성주파수가 가청주파수 내에 포함되어 있음을 알 수 있다. 20000Hz를 초과하면 초음파라고 한다. 그런데 일반적으로 이야기하는 주파수는 대역의 의미를 가진다. 1000Hz가 사람의 음성에서 가장 중요한 주파수라고 하는 것보다 가장 중요한 '주파수대역(wide band)'이라고 표현하는 것이 보다 바람직하다. 임의의 라디오 방송국 주파수가 1000MHz라고 가정할 때, 995MHz에서도 소리가 들리기 시작하며, 1010MHz에서도 역시 들을 수 있다. 따라서 1000MHz는 1000MHz만을 의미하는 것이 아니라 1000MHz 근처를 모두 포함하는 대역의 의미를 내포하고 있다.

옥타브와 주파수의 관계를 살펴보면, 대기상에서 소리의 주파수는 배로 증가하고 옥타브는 주파수가 배로 증가하는 것을 의미한다. 옥타브는 1865년 영국의 화학자 Newlands에 의해 일반화되었다. 화학원소의 원자량 증가에서 나타나는 규칙을 의미하는데, 음계처럼 8번째마다(도, 레, 미, 파, 솔, 라, 시, 도) 비슷한 성질의 원소가 놓이게 된다는 법칙에서 유래되었다. 음악에서의 옥타브는 낮은음과 높은음의 진동수 차이가 2배가 될 때, 한 옥타브가 높다고 한다. 그러나 음향적 특성으로 낮은 도와 높은 도는 청각적으로 같은 음으로 인지하게 된다. 가청주파수 20~20000Hz는 약 10옥타브와 관계가 있는 것으로 설명될 수 있다.

음성을 시각적으로 표현하는 방법이 최근에 음성과학(speech science)에서 많이 연구되고 있다. 소리의 높이를 나타내는 방법은 2가지가 있는데, 하나는 X축에, 다른 하나는 Y축에 나타낸다. X축에 나타내는 방법은 스펙트로그래프(spectrograph) 방식이고, Y축에 표현하는 방법은 스펙트로그램(spectrogram)방식이다. 보다 자세한 설명은 3장에서 찾아볼 수 있다.

(3) 지속시간

소리의 지속시간이 다르면 다른 음으로 들린다. 즉, 같은 크기와 같은음의 높이를 가진 소리라고 해도 지속시간(리듬)이 다르면 다르게 들린다. 한국어의 음소적 특성에서도 시간적인 차이로 말소리를 다르게 인식하는 것을 알 수 있다. 예를 들면 양순음인 /파, 바, 마/를 들었을 때 이 차이를 지각하는 것은 각 자음 음소의 시간 차이로 지각하게 된다. 이렇듯 소리의 지속시간에 따라 말소리를 전혀 다르게 지각할 수 있다. 이외에 청각적 피드백이 부족한 청각장애아의 경우에는 /아/, /아, 아, 아/, /아 —/ 등의 발성에서도 다른 특성을 가진 음으로 산출한다. 이는 발성을 결정하는 호흡에서 적절하게 조절할 수 있는 능력의 부족함을 쉽게 인지할 수 있다. 그래서 청각장애학생을 위한 청능훈련과 발성훈련에서 복식호흡과 호기를 조절하는 방법 등을 지도하게 된다.

2. 소리의 특성

소리의 특성은 매우 다양하다. 이 절에서는 소리의 반사, 회절, 굴절, 간섭, 맥놀이 등에 대하여 설명하고자 한다.

1) 반사

소리의 반사는 진행하는 입사각과 반사되는 반사각이 있다. 메아리는 소리의 반사에 의해 생성된다. 소리의 반사는 물체의 크기에 따라서 달라진다. 물체의 크기가 파장의 1/4보다 작을 때는 반사가 거의 일어나지 않지만 물체의 크기가 파장과 유사할 때는 입사파의 50% 정도가 반사파로 전달되고 물체의 크기가 파장의 4배 이상이 될 때는 입사파의 100%가 반사파로 진행된다.

2) 회절

소리는 동심원 구조로 전달된다. 그래서 아파트 내의 테니스장에서 발생하는 공 치는 소리는 1층과 10층에 유사하게 전달된다. 그러나 공 치는 소리가 물체를 만나게 되면 구부러지는 현상이 나타난다. 이를 회절이라고 한다. 그림 2-4 와 같이 자동차의 경적 소리가 벽 뒤에서 들려도 소리를 인지할 수 있는 것은 소리의 회절현상이 일어나기 때문이다.

그림 2-4 회절현상

파장이 길면 길수록 회절현상이 잘 나타나지만, 파장이 짧으면 회절현상이 나타나지 않는 경우도 있다. 파장이 짧아서 회절현상이 나타나지 않는 경우를 소리그림자라고 한다. 소리그림자는 그림 2-5 와 같이 설명된다.

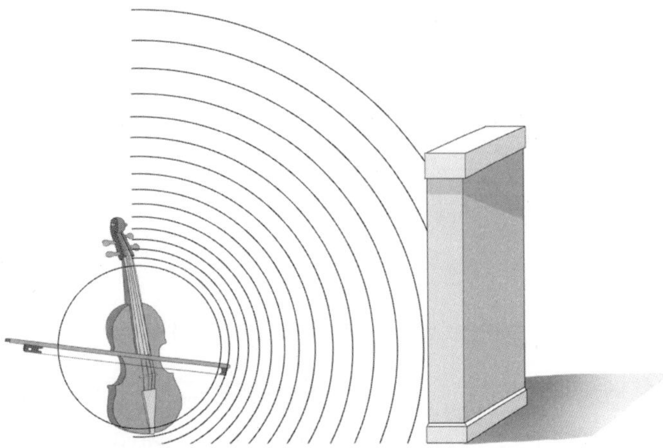

그림 2-5 소리그림자

3) 굴절

온도는 소리 전달에 영향을 미치는 요인 중의 하나이다. 해가 있는 낮에는 온도가 올라가면서 소리 역시 위로 상승하는 현상이 나타난다. 땅부터 온도가 올라가서 소리가 동심원을 그리면서 상승(발산)하므로 소리그림자가 생길 수 있다. 반대로 밤에는 온도가 내려가면서 상층보다 하층의 공기가 상대적으로 낮은 온도를 보이므로 동심원 구조가 하강(수렴)되는 특성을 보인다. 낮과 밤에 따라서 나타나는 온도의 차이는 소리그림자를 생성하는 원인이 된다. 즉, 낮에는 소리그림자가 형성되지만, 밤에는 소리그림자가 형성되지 않아서 지면 멀리까지 소리가 잘 전달되는 현상이 나타난다. 그림 2-6 과 같이 설명된다.

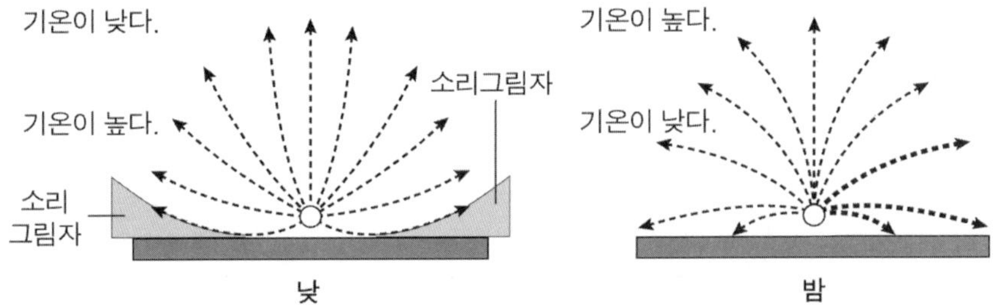

그림 2-6 낮과 밤의 소리 굴절에 대한 이해

낮에는 소리의 파동이 올라가고, 밤에는 아래로 내려가게 되는 현상은 고기압과 저기압 구조에서도 유사하게 나타난다. 고기압의 압축과 저기압의 팽창이 소리의 파동에 영향을 미친다.

4) 간섭

소리의 정현파는 사인곡선으로 설명된다. 그래서 +위상과 −위상으로 구성되는데, 2개의 소리가 만날 때, 중첩되는 부분의 + 또는 −위상에 따라서 소리에 변화가 생긴다. 이를 간섭효과라고 한다. 2개의 음이 +위상으로 만나면 소리가 강해진다. 반대로 +와 −위상이 만나게 되면 음압이 약해지거나 상쇄되기도 한다.

보청기는 소리의 증폭과 관련된다. 그러나 소음이 큰 공항의 활주로 또는 비행기 엔진을 정비하는 사람의 경우는 반대로 소리를 감소시키는 장치가 필요하다. 이런 경우에 소리를 상쇄시키는 보장구를 착용하면 된다. 단순히 고막에 전달되는 소리를 막아주는 솜 또는 헤드폰 착용이 아니라, 소리를 약화 또는 상쇄시켜서 큰 소리를 작은 소리로 변형하여 전달하는 보장구가 이와 같은 간섭효과를 적용하고 있다. 그림 2-7 은 소리의 위상에 따라서 소리가 증폭 또는 상쇄되는 과정을 설명하고 있다.

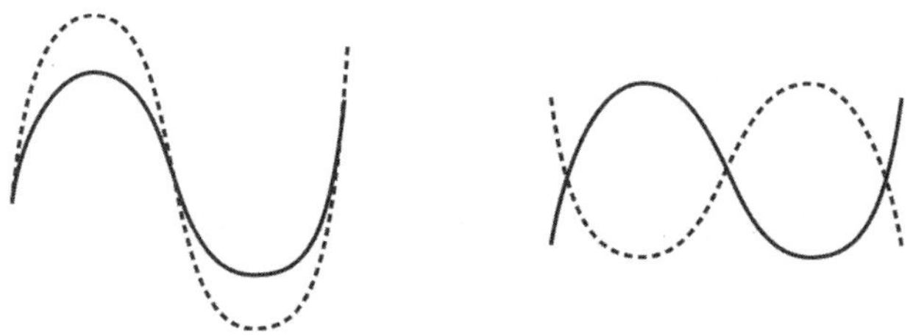

그림 2-7 위상차에 따른 소리의 증폭과 상쇄현상

5) 맥놀이

2개의 유사한 주파수가 간섭효과로 나타날 때, 위상이 합해지거나 약해지는 현상으로 인하여 소리의 크기가 달라지는 현상을 맥놀이라고 한다.

3. 소리의 유형

1) 기본주파수와 공명주파수

사람의 말소리, 즉 음성주파수는 기본주파수와 공명주파수가 함께 혼재되어 있다. 기본주파수는 성문에서 나오는 성문주파수이다. 성문의 길이와 두께의 차이가 성문주파수를 결정한다. 일반적으로 아동이 여성보다, 여성이 남성보다 기본주파수가 높은 것은 성문의 길이가 짧고, 두께가 얇기 때문이다. 일반적으로 아동은 350Hz, 여성은 250Hz, 남성은 150Hz의 기본주파수를 가진다. 그리고 기본주파수의 표준편차는 50Hz이다.

반면 공명주파수는 4대 공명강(인두강, 구강, 비강, 순강)에 의해 생성되는 소리이다. 4대 공명강은 그림 2-8과 같이 설명된다.

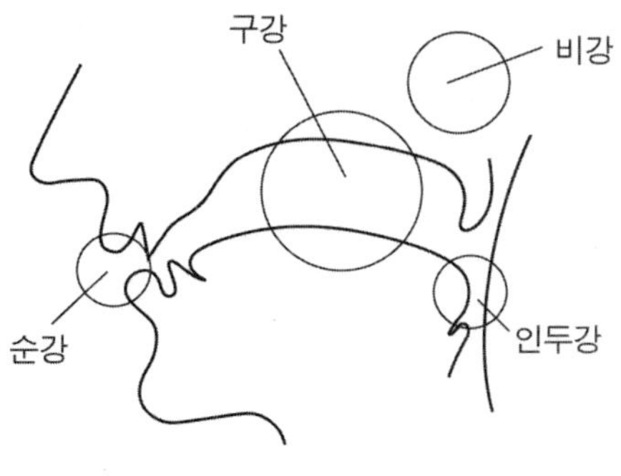

그림 2-8 4대 공명강

모음의 특성에 따라서 공명주파수가 달라진다. 공명주파수는 음형대(formant)로 표기한다. 첫 번째 공명주파수는 F1, 두 번째 공명주파수는 F2, 세 번째 공명주파수는 F3 등으로 표기한다. 이론적으로는 F4, F5 등이 존재하지만, 소리의 쇠약으로 F4 이상의 주파수는 존재하지 않는다. 청각적으로 알아듣기 쉬운 소리는 F1과 F2가 가까이 존재하는 /아/와 /우/ 등과 같은 소리이며, 청각적으로 인지하기 어려운 /이/ 등은 F1과 F2의 거리가 상대적으로 멀리 떨어져 있는 특성을 보인다. 자음은 hub로 음형대를 설명한다. 모음과 자음의 음형대는 표 2-6 과 표 2-7 에 제시하였다.

F2/F1, 즉 F2÷F1은 음성의 이해에 대한 또 다른 중요한 시사점을 제공한다. /아/의 경우는 F2/F1=1100/800=1.375이다. 반면, /이/의 경우는 F2/F1=2700/300=9이다. /아/ 등과 같은 발성이 /이/ 등과 같은 발성에 비하여 상대적으로 쉽게 인지되는 이유는 F1과 F2의 비율에 따른 차이로 설명되기도 한다. 즉, F1과 F2의 비율이 낮을수록 인지하기가 쉽고, 상대적으로 비율이 높으면 인지하기가 어렵다는 것으로 해석된다.

모음과 자음에 대한 공명주파수의 정확한 수치에 대한 자세한 내용은 여러 서적에서 제안하고 있다. 아동, 여성, 남성, 그리고 기본주파수와 공명주파수에 대한 차이를 자세하게 제시하고 있다(출처: Ross, Brackett, & Maxon, 1991: 185). 그러나 여기에서는 1 또는 10단위의 차이를 제안하지 않고, 아동과 성별 등에 대한 차이보다는 100단위에 기초한 성인 남성의 공명주파수를 제안하면서 기초적인 내용을 이해시키는 데 주력하고자 한다.

표 2-6 모음의 공명주파수

모음	F1	F2	F3	모음	F1	F2	F3
아	800	1100	2700	오	600	900	2700
애	600	2200	3000	우	400	1000	2700
이	300	2700	3300	으	400	1200	2700

출처: 최성규, 2004.

F2는 F1과 F3에 비하여 모음의 공명주파수 급간이 매우 넓다. 이와 같은 F2의 특성으로 말소리인지에 가장 중요한 역할을 담당한다고 할 수 있다. 청각장애학생의 보청기 착용을 위한 피팅 과정에서 F2에 해당하는 주파수영역에 중요도를 두고 있는 이유도 여기에 있다.

표 2-7 자음의 hub에 대한 주파수

자음	hubs(Hz)		
	F1	F2	F3
/t/, /d/, /s/, /z/	500	1800	2800
/k/, /g/, /ʃ/, /ʤ/	500	2700	3500
/p/, /b/, /f/, /r/, /v/	500	1000	2500
/m/	300	900	2000
/n/	300	1000	2200
/l/	500	1500	3000

출처: 최성규, 2004.

자음의 hub는 모음과 연결하는 특성을 가진다. 자음의 hub에 대한 주파수의 특성을 제시하면 표 2-7 과 같다. 말소리가 발성될 때, 음성분석기에서 모음의 음형대와 자음의 hub가 연결되는 모양을 볼 수 있다. 음성분석기에서 말소리를 분석하는 방법은 2가지가 있다. 하나는 스펙트로그래프이고, 다른 하나는 스펙트로그램이다. 스펙트로그래프는 2차원적 특성, 즉 주파수(X축)와 강도(Y축)만을 나타낸다. 스펙트로그램은 시간(X축)과 주파수(Y축)를 나타내고, 강도는 진하기(굵기)로 표시한다. 스펙트로그램은 스펙트로그래프와는 달리 말소리의 3차원적 특성을 나타내고 있다.

2) 순음, 복합음, 잡음, 악음

소리는 순음, 복합음, 잡음, 악음 등이 있다. 순음은 소리굽쇠의 진동으로 발생된다. 대기에서는 소리의 진동이 배수로 증가한다고 하였다. 그래서 소리는 1, 2, 4, 8, 16, 32, 64, 128, 256, 512, 1024, 2048, 4096, 8192Hz 등으로 증폭된다. 순음 청력검사를 할 때, 측정하는 주파수가 125, 250, 500, 1000, 2000, 4000, 8000Hz로 결정하는 이유도 여기에 있다.

순음은 청력검사 등을 위하여 기계에서 생성하는 순수한 음이다. 그러나 사람의 말소리는 순음이 아니고 복합음이다. 이와 같은 이유는 4대 공명강과 관련된다. 말소리가 성문에서 생성되어 입 밖으로 터져 나오는 과정에 4대 공명강에 의해 새로운 주파수가 생기게 된다. 말소리는 성문주파수와 공명주파수가 함께 합성되어 나타나므로 복합음이라고 한다.

잡음은 파형이 주기적으로 나타나지 않으므로 소리의 변화가 불규칙하게 나타난다. 악음은 악기에서 생성되는데 도, 레, 미 등의 소리에 대한 차이는 특정 주파수의 정점에서 달라지므로 계명의 구분이 가능하다.

3) 아날로그와 디지털 소리

아날로그는 자연의 현상으로 설명된다. 온도와 빛, 소리 등은 아날로그의 특성을 가진다. 그러나 아날로그로 설명되는 말소리의 복합음은 일반적인 함수로 설명이 불가능하다. 최근의 휴대폰 등과 같은 기기가 개발되면서 아날로그 소리를 디지털 소리로 변환해야 할 필요성이 있었다. 아날로그의 1000Hz 정현파를 2,000번으로 나누게 되면 1Hz당 2회로 세분하는 것이다. 이를 미분 또는 표본화(sampling)한다고 한다. 표본화한 소리는 삼각형 모양으로 변환된다. 즉, 사인곡선의 2차 함수는 아날로그 소리이며, 변환된 1차 함수는 디지털 소리이다. 2차 함수 또는 고차함수를 1차 함수로 변환하는 이유는 소리를 전달하기 위한 계산속도를 줄이기 위함이다.

아날로그보청기는 직선형 구조로 되어 있다. 즉, 소리의 입력과 출력이 직선형으로 이루어진다. 그래서 일정 이상의 음압이 입력되면 더 이상의 소리가 증폭되지 않도록 절단(clipping)하는 특성을 보인다. 일반적으로 귀를 보호하기 위하여 125dB 내외의 소리가 최대출력음압이 된다.

그러나 디지털보청기는 입력음압을 임의의 음압에서 압축을 시키므로 최대출력음압이 125dB을 초과하지 않는다. 따라서 디지털보청기는 큰 소리가 들어와도 절단할 필요 없이 원음의 성격을 동일하게 전달할 수 있는 장점이 있다. 반면, 청력손실 정도가 높은 청각장애학생일수록 디지털보청기의 압축에 따른 효과를 보장받기에는 한계가 있다. 압축이 시작되는 시점이 너무 높기 때문에 디지털보청기의 장점을 보장받는 데 한계가 있다.

4. 말소리의 음성적 발성과 청각적 인지

소리 중에서 말소리는 인간의 의사소통에서 가장 일반적으로 사용되는 매체이다. 말소리는 음성주파수로 설명되며 복합음이다. 음성이 복합적인 주파수로 구성되는 이유는 음성주파수의 생성과 관련된다. 즉, 음성주파수는 성문주파수와 공명주파수가 함께 합쳐진 소리이다. 성문주파수는 성대의 진동으로 생성되는 주파수이며, 공명주파수는 4대 공명강이라고 하는 인두강, 비강, 구강, 순강 등에 의해 새롭게 생성되는 주파수이다. 따라서 음성주파수는 성문의 진동에 의해 생성되는 기본주파수(배음주파수)와 4대 공명강에 의해 새롭게 생성되는 주파수가 함께 구성된다. 이와 같이 생성되는 음성주파수의 음성적 발성과 함께 청각적 인지에는 독특한 특성이 있다.

음성에서 1000Hz의 주파수대역을 기준으로 저주파수와 고주파수로 구분된다고 하였다. 또한 저주파수는 모음에 해당하는 음성음향적 특성이 강하며, 고주파수는 자음에 해당하는 경우가 많다고 하였다. 그러나 음성적 발성과 청각적 인지에서는 상보적 관계를 가진다.

1) 음성적 발성

말소리가 발성될 때, 모음과 자음이 함께 구성된 복합음이 산출된다. 그러나 모음은 자음보다 상대적으로 음압이 강하다. 음압이 강하다는 것은 소리가 빠르게 전달된다는 의미로 해석된다. 가장 기본적인 속도와 거리, 질량 등의 관계를 나타내는 공식은 S(거리)=V(속도)×T(시간), F(힘)=m(질량)×a(가속도)이다. 이와 같은 공식에 기초할 때 음압이 강한 모음이 자음보다 강한 힘을 가지게 된다. 1000Hz보다 낮은 주파수대역인 모음은 전체 발성음압의 95%를 가지며, 자음은 5%의 상대적으로 낮은 음압을 가진다. 즉, 모음과 자음의 발성에서 나타나는 음압의 비율은 95 : 5가 된다.

2) 청각적 인지

청각적 인지에는 양적 인지와 질적 인지가 있다. 양적 인지는 소리의 크기와 관련되지만, 질적 인지는 소리의 질을 결정한다. 즉, 귀의 중이를 구성하는 주요 기관인 이소골(청소골)은 추골, 침골, 등골로 이루어지며, 소리의 전달을 담당하는 양적 인지에 해당한다. 반면, 내이의 달팽이관은 소리의 질을 결정하는 역할을 담당한다. 표본화를 결정하는 역할이 달팽이관에 존재하는 청신경유모세포에 의해 수행되기 때문이다. 달팽이관에서 소리를 인지하기 위해서는 2가지 기능이 요구된다.

첫째, 특정 소리의 주파수를 인지할 수 있는 장소에 존재하는 청신경유모세포의 활성도이다.

둘째, 소리의 주파수를 인지할 수 있도록 도와주는 주변의 청신경유모세포의 활성도와 개수이다.

첫째를 '장소론'이라고 하며, 둘째는 '연사론'이라고 한다. 따라서 달팽이관에서 소리를 인지하는 이론은 장소론과 연사론이 함께 반응하는 '복합론' 과정으로 이해된다.

장소론에 대한 기본적인 설명을 보면 달팽이관의 전방 부위는 고주파수를 담당하고, 달팽이관 안으로 들어갈수록 저주파수를 담당한다. 즉, 달팽이관의 길이가 약 3cm인데, 전방에서 안으로 진행할수록 담당하는 주파수가 점차 낮아짐을 알 수 있다.

표본화로 설명되는 연사론은 1000Hz의 주파수가 입력되면 1,000개 이상의 청신경유모세포가 협응하면서 전극을 발생시킨다. 따라서 4000Hz의 소리가 입력되면 4,000개 이상의 청신경유모세포가 협응해야 한다.

따라서 사람의 청각적 인지는 특정 주파수에 대한 인지(장소론)와 협응을 통한 인지(연사론)가 함께 보장되어야 질적으로 문제가 되지 않는다. 즉, 사람은 장소론과 연사론이 함께 협응하는 복합론으로 소리를 인지한다. 청각의 양적 인지에 대한 문제는 보청기 착용을 통하여 해결할 수 있으나, 질적 인지의 문제는 보청기 착용으로 해결할 수 없는 내이의 달팽이관에 존재하는 청신경유모세포의 활성도와 관련된다.

달팽이관에 입력된 소리에 대한 청각적 인지는 2가지 과정, 즉 장소론과 연사론이 함께 작용해야 한다. 장소론에 대한 역할에서 자음은 달팽이관의 전방 부위에서 진동되므로 큰 힘이 필요하지 않다. 그러나 모음은 달팽이관의 안쪽 부위에서 진동해야 하므로 상대적으로 강한 힘을 가지고 안쪽까지 진행해야 한다. 참고로 달팽이관의 청신경유모세포 길이는 안쪽으로 갈수록 길어지므로 고주파수보다 저주파수는 높은 저항을 받으면서 진행하기 때문에 보다 강한 힘을 필요로 한다. 이와 같은 현상은 음성적 발성이 고주파수와 저주파수에서 각각 5 : 95로 설명되었다.

그러나 고주파수는 보다 많은 청신경유모세포의 협응이 요구되므로 민감한 반응을 보이고 저주파수는 청신경유모세포가 상대적으로 적은 숫자가 협응하므로 민감도가 떨어진다. 따라서 저주파수에 해당하는 모음에 대한 청각적 민감도는 고주파수의 자음에 비하여 상대적으로 낮음을 알 수 있다. 모음과 자음에 대한 청각적 민감도는 5 : 95로 나타난다.

주파수대역별 음성적 발성에 대한 음압과 청각적 인지의 민감도에 대한 차이는 표 2-8과 같다.

표 2-8 주파수대역별 음성적 발성과 청각적 인지의 민감도에 대한 구분

주파수대역(Hz)	음성음압(%)			청각적 민감도(%)		
65~125	5			1		
125~250	13	60		1	5	
250~500	42		95	3		
500~1000	35			35		
1000~2000	3			35		
2000~4000	1	5		13	60	95
4000~8000	1			12		

출처: Ross, Brackett, & Maxon, 1991: 191.

결과적으로 1000Hz를 기준으로 모음에 해당하는 저주파수는 발성에서 약 95%를 보이는 반면, 자음에 해당하는 고주파수는 발성에서 5%의 음압을 가지고 있음을 알 수 있다. 그러나 청각적 인지의 민감도는 자음에 대하여 95%, 모음은 5%에 불과함을 알 수 있다. 따라서 사람은 모음과 자음에 대한 발성 음압과 인지 민감도에서 차이가 있어도 결과적으로 모음과 자음을 동일하게 인지한다. 그러나 청신경유모세포의 활성도에 문제가 있는 감음신경성 청각장애학생은 자음보다 모음을 상대적으로 인지하기에 용이하다. 음압에서 모음이 높고, 청각적 민감도에서 상대적으로 적은 수의 청신경유모세포의 협응이 요구되기 때문이다. 그러나 자음의 청각적 민감도는 달리 나타난다. 즉, 감음신경성 청각장애학생은 자음을 인지하는 데 보다 어려움이 있다. 발성에서 낮은 음압을 가지고 있으며, 보다 많은 청신경유모세포의 협응을 요구하기 때문이다. 따라서 감음신경성 청각장애학생은 음성에 대한 질적 인지에 어려움을 겪는 것은 모음보다는 자음인데, 음성은 모음과 자음이 함께 합성되므로 음성을 인지하는 데 질적 문제에 노출됨을 알 수 있다. 이와 같은 질적 문제를 에일리어싱(aliasing)현상이라고 한다.

5. 청력손실과 학업성취의 관계

소리는 주파수와 음압으로 설명된다고 이미 서술하였다. 그러나 말소리는 여러 주파수가 함께 혼용된 복합음이므로, 청각장애학생이 교실환경에서 교사의 설명을 들을 때는 주파수의 개념보다 음압의 영향에 일차적으로 노출됨을 알 수 있다. 물론 청각장애의 유형에서 전음성, 감음신경성, 혼합성 등에 따라 다르게 접근되지만, 청력손실 정도가 심하면 심할수록 말소리를 이해하는 데 큰 어려움을 경험하게 된다는 것은 상식적인 현상이다. 다음 표 2-9 는 청력손실 정도에 따라서 나타나는 학업성취 수준을 제시하고 있다(Ross, Brackett, & Maxon, 1991: 49에서 재인용).

표 2-9 청력손실 정도와 학업성취 수준의 관계

청력손실 정도	학생 수	어휘력		읽기 이해력		수학 개념		수학 계산력	
		분포 (%)	표준편차	분포 (%)	표준편차	분포 (%)	표준편차	분포 (%)	표준편차
정상 (~25dB)	64	1.28 (89.95)	1.27	0.78 (78.21)	1.11	0.50 (69.15)	0.89	0.19 (57.54)	0.86
경도 (26~40dB)	140	0.85 (80.20)	1.36	0.65 (74.19)	1.30	0.58 (71.89)	1.11	0.28 (61.02)	1.04
중도 (41~55dB)	367	0.59 (72.23)	1.10	0.51 (69.49)	1.16	0.39 (65.17)	0.98	0.24 (59.47)	0.92
중고도 (56~70dB)	775	0.22 (58.70)	1.06	0.18 (57.14)	1.11	0.16 (56.35)	1.02	0.08 (53.18)	1.02
고도 (71~90dB)	1,838	−0.03 (48.81)	0.94	0.02 (50.80)	0.97	−0.04 (48.41)	0.98	−0.02 (49.20)	0.98
최고도 (>90dB)	3,464	−0.16 (47.63)	0.88	−0.12 (45.23)	0.87	−0.09 (46.42)	0.94	−0.04 (48.41)	0.96
모름	223	0.14 (55.56)	1.08	0.00 (50.00)	1.07	0.11 (54.37)	1.08	−0.07 (47.21)	1.07
합계	6,871	0.00 (68.26)	0.99	0.00 (68.26)	0.99	0.00 (68.26)	0.99	0.00 (68.26)	0.98

청각장애학생의 청력손실 정도가 높을수록 어휘력, 읽기 이해력, 수학능력 등에서 상대적으로 낮은 성취도를 보인다. 정상에 해당하는 25dB 이하의 경우, 어휘력이 1.28 분포를 보이며, 이는 89.95%의 수준에 해당된다고 할 수 있다. 그러나 90dB을 초과하는 경우, 어휘력은 47.63%의 성취력을 보이는 것으로 나타났다. 전체 청각장애학생의 어휘력 수준이 68.26%를 보이므로 중도와 중고도 사이에 해당하는 청력손실 정도를 가진 청각장애학생의 어휘력 수준과 유사하게 나타나고 있음을 알 수 있다. 청각장애라는 청력손실은 객관적으로 학업성취 수준에 부정적인 영향을 미치는 것으로 나타났으나, 주관적 시각에서 접근할 필요가 있다. 즉, 청력손실 정도가 높아도 학업성취 수준에서 어려움을 보이지 않는 학생을 위한 구조적 노력이 요구된다. 청각장애학생의 청력손실이 일차적 요인이 아니라, 이차적 요인이라는 Marschark, Convertino, LaRock(2006)의 연구는 소리에 대한 이해에서 중요한 시사점을 제공한다. 교사의 청각장애학생에 대한 이해와 지원, 듣는 능력이 아닌 볼 수 있는 능력의 극대화, 개념지도를 위한 노력 등이 소리의 이해 부족을 보상할 수 있는 구조적 방안임을 알아야 한다(한국청각언어장애교육학회, 2012).

이상에서와 같이 소리의 기초 개념을 살펴보았고, 소리를 받아들이는 과정 및 그 유형을 고찰함에 따라 건청아의 말소리지각에 대한 원리를 이해할 수 있을 것으로 사료된다. 그러나 청각장애아가 청력을 손실함에 따라 소리지각의 한계와 말소리의 관계, 더 나아가 학습과의 연관을 정리하여 7장 등에서 다루는 청력검사나 청각재활에 기초정보로 활용하기를 기대한다.

확인학습

1. 파동과 파장의 차이점은 무엇인지 비교하시오.
2. 0dB+0dB=3dB이 되는 관계를 소리의 힘과 압력의 차이로 설명하시오.
3. 아날로그와 디지털을 각각 정의하시오.
4. 소리의 발성과 청각적 인지의 차이에 대하여 설명하시오.
5. 모음과 자음의 음성음향학적 특성에 대하여 설명하시오.

참고문헌

최성규 (1996). **한국표준어음검사**. 서울: 도서출판 특수교육.

한국청각언어장애교육학회 편 (2012). **청각장애아동 교육**. 경기: 양서원.

Marschark, M., Convertino, C., & LaRock, D. (2006). Optimizing academic performance of deaf students: Access, opportunities, and outcomes. In D. Moores, & D. Martin (Eds.), *Deaf learners: Developments in curriculum and instruction* (pp. 179-200). Washington, D.C.: Gallaudet University Press.

Ross, M., Brackett, D., & Maxon, A. B. (1991). *Assessment and management of mainstreamed hearing-impaired children: Principles and practices*. Austin, TX: Pro · ed.

chapter

03 음성과학

집필자 : 김미희

음성과학은 인간의 음성언어를 설명하는 학문이다. 음향, 음성산출, 음성지각 간의 관계를 이해하고, 호흡, 발성, 조음 및 지각 등에 관한 구어산출을 일관되게 통합하여 내용을 과학적 개념으로 설명한다. 이 장에서는 음성 및 말소리산출 원리에 관하여 개괄적으로 살펴보고자 한다.

1. 음성산출의 원리

음성산출의 기본원리는 호흡을 통하여 일어난다. 호흡은 호기와 흡기로 구분되는데, 특히 마신 공기를 내쉬는 호기가 성대를 진동하여 음성을 생성한다. 또한 인두강, 구강, 비강, 순강 등은 4대 공명강으로 후두에서 생성된 음질을 변화시키는 것을 도우며, 입술, 혀, 치아, 연구개와 경구개 등과 같은 조음기관이 성대에서 생성된 소리와 함께 음가를 만든다.

음성 생성의 목표는 의미 있는 소리의 결합을 생성하는 것이다. 소리들은 발화시 문맥에 따라 서로 다르게 발음되며, 폐로부터 대기 중으로 나오는 과정에서 공기의 기류를 조절함으로써 생성된다. 이러한 조음기관의 활동은 신경자극으로 인한 근육 수축의 결과로 발생하며, 모든 과정은 신경계에 의해 제어를 받게 된다. 음성의 생성 과정은 그림 3-1 과 같다.

그림 3-1 음성언어의 생성 과정

1) 호흡

호흡은 숨을 들이쉬고 내쉬는 운동으로서 폐시스템과 흉벽시스템으로 이루어진다. 폐시스템은 폐와 기도로 이루어져 있으며, 상호흡과 하호흡으로 나누어진다. 상호흡에는 구강, 비강, 인두강, 순강 등이 있으며, 하호흡에는 후두, 기관지, 폐 등이 있다. 이들 기관은 호흡한 공기의 기류를 잘 조절하여 발성 및 조음을 담당하며, 삼키기에도 관여한다. 흉벽시스템은 흉곽과 복부, 횡격막으로 이루어져 있다.

(1) 기류 조절

모든 음성 생성은 폐로부터 나오는 공기의 흐름을 기관들의 조절과 협응에 의해서 생성되는 것으로, 말할 때는 공기를 내쉬면서 상대에게 소리가 들릴 수 있도록 기류를 조절한다.

음성기제는 기류를 조절하는 데 있어서 일단 제한된 과정과 구성요소로 되어 있다. 사람이 말할 때 음성 생성을 위해 성대, 혀, 턱, 입술, 연구개, 경구개 등의 조음기관을 움직이며, 주로 구강, 이두강, 비강, 순강 등 몇 가지 공명강(resonance cavities)을 사용한다. 하지만 사람은 다양한 소리를 생성하기 위해 수없이 많은 방법을 사용하여 음성 생성을 하며, 공명을 변화시키기 위해 다양한 성도의 모양을 만들어 공기의 작은 파열과 같은 다양한 비주기음(aperiodic sounds)을 생성한다.

모든 소리는 내쉬는 공기기류의 조절을 통해 생성됨으로, 발성은 성대를 빠르게 열고 닫히게 함으로써 주기적 음파를 생성한다. 이때 폐로부터 지속적으로 나오는 기류는 일련의 불연속적인 기류의 흐름에 의해서 소음성 자음과 자음성 소음으로 나누어지게 된다. 소음성 자음은 발화기제의 조음기관이 치조마찰음 및 경구개마찰음 등의 위치를 취할 때, 폐쇄 또는 협착을 형성함으로 소음이 생성되는 것을 말한다. 자음성 소음은 성도의 정중시상부에서 심한 협착이 동반되면서 공기가 장애를 받아 소음이 생성되는 것을 말한다. 음성언어의 생성기제는 순간마다 변하여 음을 생성하는데 한순간은 진동에 기초하고 다음 순간은 소음에 기초하여 음을 생성할 수 있는 변환공명기를 가진다.

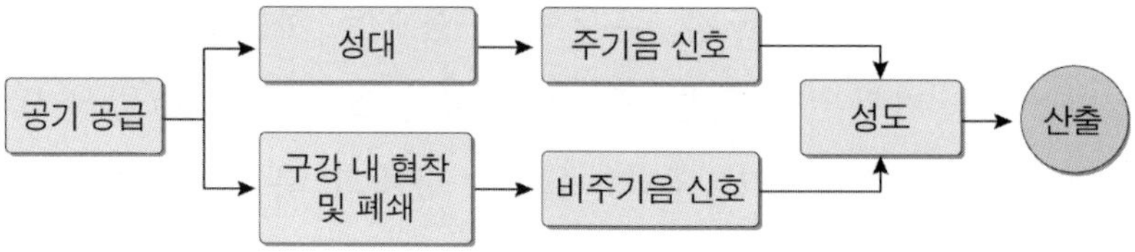

그림 3-2 말소리산출 과정 도식화

(2) 호흡기제

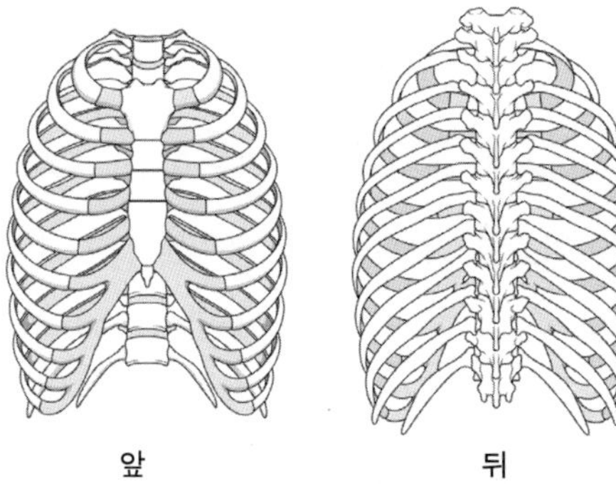

그림 3-3 흉부외곽(thoracic)

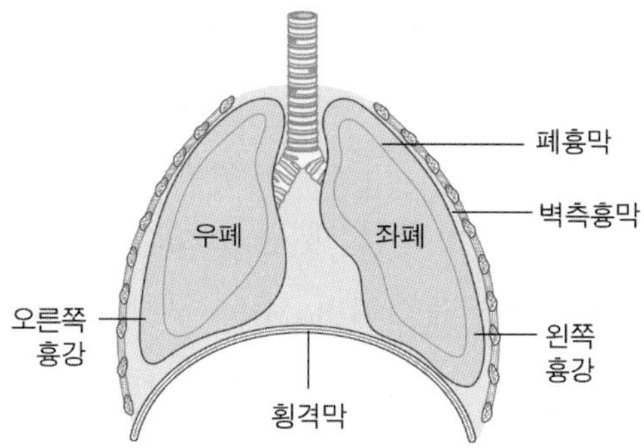

그림 3-4 흉부의 단면도

폐에서 일어나는 기류와 밖에서 일어나는 기류가 달라서, 사람은 흉부와 폐를 확장시켜 음압(negative pressure)이나 진공과 균등하게 하기 위해 공기를 내부로 흡입하며, 양압(positive pressure)과 균등하게 하기 위해 흉부와 폐를 수축시켜 공기를 밖으로 내보낸다.

공기는 폐포(alveoli)에 도달할 때까지 가지의 통로와 후두, 기관, 기관지(bronchi), 세기관지(bronchioles) 등을 통해서 도달하며, 이곳에서 산소와 이산화탄소의 교체가 일어난다.

흉부(그림 3-3)는 12쌍의 늑골(rib)이 원통모양으로 구성되어 있으며, 늑골은 연골(cartilages)로 이루어진 각각의 늑골마디를 제외하고는 뼈(osseous)로 되어 있다. 흉부(그림 3-4)는 아래쪽 면에 둥근 모양의 근육막(muscle sheet)으로 형성된 횡격막(diaphragm)이 있으며 이 막은 동시에 복강(abdominal cavity)의 천장이기도 하다. 횡격막 위에 놓여 있는 폐는 근육이 없고, 폐포(air cells)로 이루어져 있다. 폐는 횡격막이 올라가고 내려가는 움직임에 따라 변형된다. 또한 폐는 늑골과 연결되어 있어 늑골의 상승과 하강으로 인해 흉부가 팽창되거나 수축될 때도 같이 팽창하거나 수축하게 되며, 흉부외곽(thoracic cage)의 부피 변화에 따라 폐가 팽창하고 수축하게 된다. 이러한 현상으로 인해 호흡의 기제가 이루어진다.

(3) 흡기 호흡

평상시 호흡의 흡기와 발화시 호흡의 흡기 사이에는 차이점이 있다.

첫째, 음성언어를 하기 위해 흡입된 공기의 양은 평상시 호흡을 하기 위해 흡입된 공기의 양보다 훨씬 더 많으며, 특히 음성언어를 할 때 발화를 길고 크게 또는 둘을 동시에 발화하려고 할 때는 더 그렇다.

둘째, 자동성의 정도가 서로 다르다. 사람이 의식적이든 무의식적이든 숨을 들이쉬고 내쉴 때의 평상시 호흡 과정은 필요량에 따라 체적비율과 깊이를 변화하는 반사적인 통제를 받는다. 그러나 시를 낭독하거나 노래를 부를 때 긴 구절의 마디를 막힘없이 처리하기 위해서는 공기압이 필요하므로 충분한 공기압을 얻기 위해 의식적으로 상당한 양의 공기를 흡입한다.

셋째, 발화시 흡기는 평상시 흡기보다 전체 호흡주기에서 더 적게 나타난다. 쉬고 있는 동안의 호흡 횟수와 문단을 읽을 때의 호흡 횟수는 1분당 호흡 횟수에는 큰 차이가 없으나, 흡기와 호기 사이의 비율은 매우 다르다. 평상시 호흡을 하고 있는 동안의 비율은 대략 40%의 흡기와 60%의 호기 정도로 나타난다. 그 반면, 발화 호흡을 하는 동안의 비율은 문단에 따라서 다르겠지만, 10%의 흡기와 90%의 호기 정도로 나타난다(그림 3-5).

그림 3-5 평상시 호흡과 발화시 호흡의 흡기와 호기 비율
출처: Borden, Harris, & Raphael, 2007.

Hixon, Mead, 그리고 Goldman(1976)의 주장에 의하면, 일반적으로 음성언어를 할 때 사람들은 호흡하는 동안 복근(abdominal muscles)에 약간의 긴장을 주게 된다고 한다. 이것은 횡격막의 급속한 수축과 하강에 미리 대비해서 대기하는 준비 자세로, 횡격막을 어느 정도의 범위까지만 상승시켜 숨을 빨리 들이쉬고자 할 때 필요한 것이다. 따라서 빠르고 깊은 흡기로 발화를 진행하는 경우에는 상대적으로 적게 방해를 받는다.

(4) 호기 호흡

성문(glottis)은 숨을 들이마실 때 열리게 되며, 그때 외부로부터 공기가 폐로 들어오게 된다. 흡기근육의 작용력이 선행과업에 필요한 압력에 따라 끝나게 될 때 압력은 동등해지는데, 그 순간에 폐 안의 압력이 외부 공기의 압력과 같아진다. 그러나 상대적으로 흉부의 용적이 높을 때는 그 용적을 유지하기 위한 에너지가 필요하게 되므로 숨을 크게 들이마신다. 흡기근육이 이완되면 폐-늑골의 반동 때문에 갑자기 공기가 밖으로 빠져나가게 된다. 보일의 법칙에 의하면 용적이 감소할 때 내부의 압력이 증가하고 이에 따라 공기가 밖으로 나가게 된다.

흡기와 호기에서 압력과 용적의 관계가 어떻게 서로 대조적인지를 비교해 보면, 흉부의 용적 증가는 흡기에서 압력을 감소시키는 효과를 가져오고 흉부의 용적 감소는 호기에서 압력을 증가시키게 된다.

평상시의 호흡상태에서는 적은 양의 공기 교체가 이루어진다. 그러나 말할 때나 운동할 때는 호흡할수록 공기 교체의 양이 증가하게 된다. 평상시의 호흡상태에서 들이마시고 내쉬는 공기의 양을 1회 호흡량(tidal volume)이라고 한다.

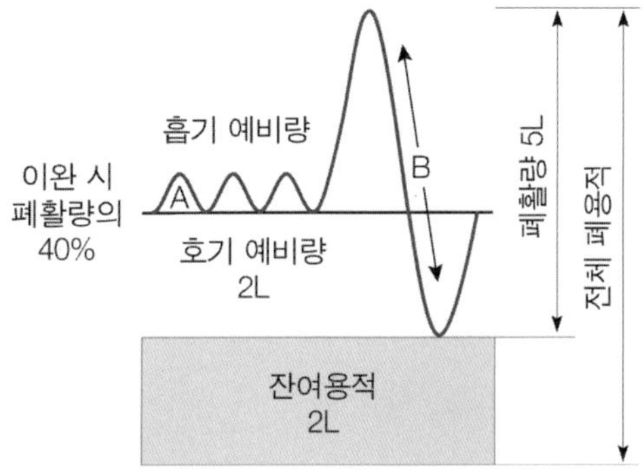

그림 3-6 전체 폐용적(호기와 흡기)
출처: Borden, Harris, & Raphael, 2007.

보통 분당 12~20회 정도 호흡하고, 호기 단계가 흡기 단계보다 지속시간이 다소 길며, 최대로 숨을 들이마신 다음 최대한으로 숨을 내쉴 때 들이마시고 내쉰 공기의 양이 폐활량(그림 3-6의 B부분)이다. 폐활량은 성별, 신체크기, 호흡습관 등과 관련되어 있다. 사람의 평균적인 폐활량은 대부분 5L 정도이지만, 몸집이 크거나 운동선수의 경우 일반 사람들보다 폐활량이 크다. 평상시 호흡하는 동안에 교체된 0.5L의 공기량(그림 3-6의 A부분)은 폐활량의 10% 정도 교체된다.

평상시 호흡과 발화하기 위한 호흡의 차이점은 방출되는 공기의 양 때문이다. 평상시 호흡은 전체 폐활량의 10% 정도만 사용한다. 그러나 발화를 시작하는 호흡의 폐활량은 전체 폐활량의 약 25%를 사용한다. 일반적으로 대화하는 상태에서는 1/4 정도의 폐활량이 사용되기 때문에 일부 호흡질환을 제외한 나머지 대부분의 호흡문제는 더 많은 공기에너지가 필요한 것이 아니라 기류를 제어하고 조절하는 데 더 큰 문제가 있는 것으로 보인다.

일반적으로 음성장애의 문제는 기류의 양이 부족해서가 아니라 에너지를 쓸모없이 사용해서 기류를 낭비하기 때문이다. 청각손상이 심한 사람의 호흡 유형에서 보이는 불규칙성은 호흡 조절뿐만 아니라 성대의 이상과 성도의 기류 조절

이상과도 관련이 있다. 호흡의 불규칙성은 흉부 호흡조직과 복부 호흡조직 사이에서 상호 협조가 잘 이루어지지 않을 때 나타난다. 일부 말을 더듬는 사람에게서 보이는 매끄럽지 못한 발화 동안에도 불규칙성이 확연하게 드러난다. 이와 같이 말하는 사람은 같은 에너지를 다른 근육에 적용하여 아래쪽 늑골을 들어 올리게 되며 더 큰 흉부 확장을 만들어낸다. 그러나 정상적으로 말하는 사람은 복부 횡격막 부분을 더 많이 움직이느냐, 흉부 위쪽을 더 많이 움직이느냐에 따라 상당한 차이를 보이며 언어에 문제를 보이는 사람과 서로 상반되는 호흡방식을 취하기도 한다.

2) 발성

호흡에서 생성되는 공기는 기관을 통해 복잡한 과정을 거쳐 소리로 바뀌게 된다. 이 과정은 기압과 기류, 후두 등에 위치하고 있는 성대의 근육과 탄력적 요소에 관련되어 있다. 공기를 소리로 바꾸는 과정을 이해하기 위해서는 후두와 성대를 구성하고 있는 구조 및 그 구조들이 어떻게 작동하는지에 대해 알아야 한다.

(1) 기압이 소리로 변환

발화할 때에는 폐로부터 방출되는 공기를 이용하나 발화할 때 상대가 들을 수 있도록 하는 것은 기관 상위부분에서 공기를 변환시켜서 진동을 만들어내는 활동을 하기 때문이다. 사람은 발화하기 위해 공기를 소리로 변형시키는데 이때 2가지의 방법을 사용한다.

첫째, 기압을 사용하여 후두 안에 있는 탄력적인 성대를 진동시켜 동일한 유형이 반복되는 주기적 음파를 생성하는 발성(phonation)방법을 사용한다.

둘째, 공기가 후두를 지나 성대와 외부 공기 사이의 통로인 성도를 통과하는 동안 파열음, 쉿소리(hisses)와 같은 비주기적 음파의 조합을 생성하는 방법을 사용한다.

(2) 후두의 기능 및 구조

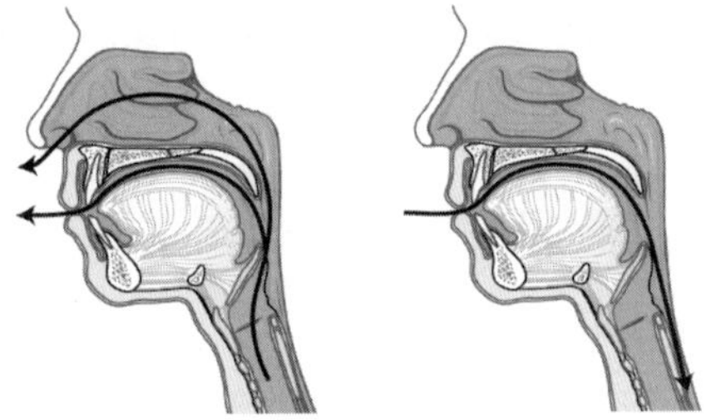

그림 3-7 후두의 기능

후두의 기능(그림 3-7)은 발화할 때 사용될 뿐만 아니라 폐로 유·출입 되는 공기의 흐름을 조절하여 사람의 신체에 산소를 제공하기도 하고 이산화탄소를 제거해 주기도 한다. 또한 침과 같은 물, 음식물 등과 같은 다른 물질이 폐로 들어가는 것을 막아주며 삼키는 것을 도와준다. 그리고 흉곽의 압력을 형성하여 기침, 구토, 오물 제거, 무거운 물질을 들어 올리는 것과 같은 기능을 한다.

후두는 인대로 연결된 연골과 막으로 구성되어 점액막(muco-membranes)으로 덮여 있는 관이다. 둘러싸여 있는 부분에 가성대(false vocal folds, ventricular folds)와 발

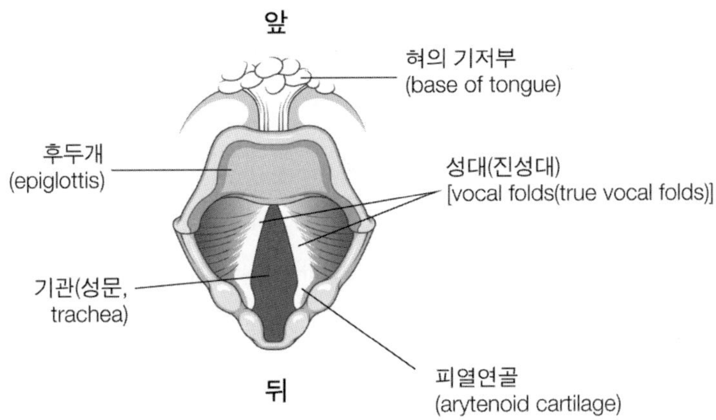

그림 3-8 후두 수평 단면

성에 사용되는 진성대(true vocal folds) 두 쌍의 성대가 있다. 두 쌍의 성대는 진성대 위에 전정(vestibule)과 함께 모래시계 모양의 공간을 형성하고 있다. 후두실(laryngeal ventricle)은 두 쌍의 성대 사이의 수직 공간을 칭하는 것이며, 성문(glottis)은 진성대 사이의 수평공간을 칭한다. 성대 아래의 공간은 연골의 구조 내에서 다시 넓혀진다. 연골(cartilage)은 후두 공간이 유지되도록 도와주고 후두 변화를 조절할 수 있게 근육으로 지탱하고 있으며, 갑상연골(thyroid cartilage), 윤상연골(cricoid cartilage), 피열연골(arytenoid cartilage) 등이 있다. 윤상연골은 성대와 붙어 있지 않으며, 성대를 지탱해 주는 갑상연골과 2개의 피열연골과 이어져 있다. 피열연골은 윤상판(cricoid lamina)의 돌출 면과 그 아랫면이 일치되는 타원형으로 움푹 파인 곳에서 윤상연골과 연결된다. 성대인대(vocal ligament)와 갑상피열근(thyroarytenoid muscle)은 뒤쪽으로는 피열연골의 성대돌기와 앞쪽으로는 갑상연골의 깊은 각 사이로 뻗어 있다(그림 3-8).

진성대를 형성하는 구조는 피열연골의 성대돌기, 성대인대, 갑상피열근, 그리고 양쪽의 내면을 연결하는 점액막 등으로 이루어져 있다. 성대의 뒤쪽은 1/3 정도가 연골부분으로 돌출되어 있으며, 앞쪽 2/3 정도는 막으로 이루어져 있다. 연골부분의 진동 유형은 막부분의 진동 유형과는 많이 다르다. 갑상연골은 가장 큰 연골이며 피열연골의 앞쪽에서 피열연골의 양쪽을 둘러싸고 있다. 윤상연골의 위쪽에서 윤상연골의 맨 위쪽의 판을 둘러싸고 있다.

성대는 안정상태일 때 갑상연골 뒤쪽 끝과 등쪽으로 넓게 벌어져 V자 모양의 성문 공간을 이루며 분리되어 있다. 또한 성대는 자음 /ㅅ/ 또는 /ㅌ/과 같은 무성음을 낼 때는 분리되었다가 모음 /ㅜ/, /ㅣ/와 이중모음 /ㅐ/와 같은 유성음을 낼 때는 함께 모인다. 성대는 /ㄹ/과 같은 유성자음일 때에는 모음보다 서로 덜 모이게 되며, 이 경우 구강의 큰 공기압력 이외에도 성대의 진동이 필요하다.

성대의 가장 단순한 조절은 음성 생성을 위한 무성자음을 만들어 내는 것이다. 성대는 폐로부터 충분한 공기를 통과시키기 위해 회전하게 되며, 이때 구강에서 소음을 생성하게 된다. 발화 과정에서 무성자음은 분산되며, 이때 단독으로 또는 무리를 지어 나타나게 된다. 또한 성문을 빠르게 개방하여 성문진동을 차단하는 것이 필요하다. 유성음을 낼 때 성대는 넓게 벌어진 상태에서는 진동할 수 없기 때문에, 진동하기 위해 내전되거나 가깝게 모인다.

Hirose와 Gay(1972)는 후두근육의 기능은 근육 수축으로 생기는 전기적인 활동을 측정함으로써 세분화된다고 하였다. 성대의 접근과 긴장에 필요한 근육의 활동은 단순히 성대를 진동하기 위한 준비를 하는 것이지 진동을 스스로 일으키는 것은 아니다. 성대진동을 생성하는 공기의 힘에는 성문하압과 음압 2가지가 있다. 성문하압은 성대 밑쪽에 적용되어 성대를 열어주며, 베르누이효과인 음압은 성대 사이에 공기가 통과함으로써 발생한다. 양압과 음압은 성대를 진동하게 하는데, 이것은 성대의 탄력성 때문이다.

(3) 성대진동

성대는 대부분 주기적으로 움직인다. 이 작용은 연속적인 공기의 파열을 생성하게 하여 성문에서 들을 수 있는 소리의 압력파를 형성하게 한다. 소리의 압력파는 주기적으로 형성되는데, 그 유형은 반복적이다. 복잡한 주기적 방식으로 진동하는 모든 음원과 같이 성대도 연속적인 배음(harmonics)을 생성한다. 연속적인 배음은 기본주파수와 기본주파수의 정수배로 이루어져 있다. 기본주파수는 초

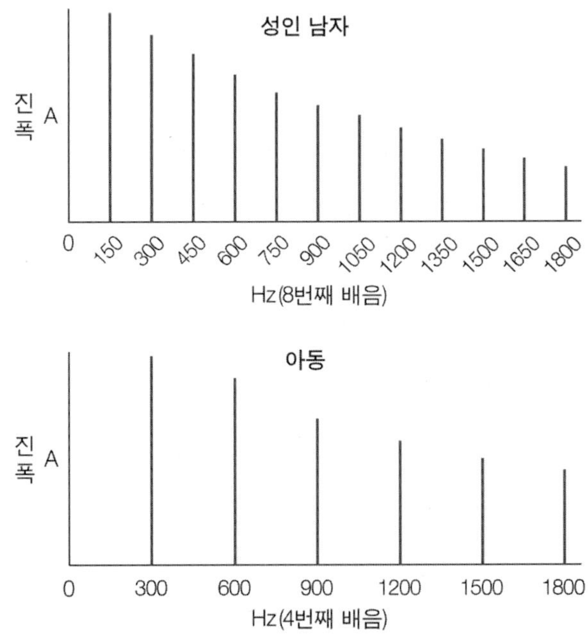

그림 3-9 음성의 스펙트럼

출처: Borden, Harris, & Raphael, 2007.

당 성문이 개방되는 횟수와 같다. 음성은 많은 배음을 포함하고 있는 복합음이다. 그러나 성대진동의 소리는 성도에 의해서 바뀌기 때문에 말하는 사람의 입술에 도달할 때까지 조절되지 않은 소리를 들을 수 없다. 만일 마이크로폰을 아래로 내려 성대 쪽으로 가져간다면 그림 3-9 와 비슷한 스펙트럼을 갖는 소리를 기록할 수 있을 것이다. 가장 낮은 주파수는 진동주파수 그 자체로 두 번째 배음(기본주파수의 2배), 세 번째 배음(기본주파수 3배) 등을 만든다. 음성의 특징은 고주파수의 성분음을 많이 가졌다 하더라도, 저주파수에 맞추기 위해 높은 배음이 낮은 배음보다 약한 강도를 갖는다. 강도는 한 옥타브(octave)당 약 12dB 정도 떨어진다. 소리의 세기는 귀를 통해 뇌에서 느끼는 생리적인 감각이므로 사람마다 다르게 받아들여져 들린다. 사람의 청각은 소리의 주파수에도 영향을 받으므로 소리의 감각적인 크기를 객관적으로 기록하는 것은 매우 복잡하다. 그래서 기준음을 잡고 그에 비해 얼마나 더 큰가를 소리의 크기로 정한다. 사람의 음성은 높은 음도(되풀이하거나 일정한 간격으로 하는 일의 속도나 횟수)를 갖거나 낮은 음도를 갖는데, 그 배음의 간격이 부분적으로 다르다(그림 3-9). 기본주파수가 낮은 성인 남자의 배음 사이의 폭은 좁으며, 아동의 기본주파수 폭은 성인 남자에 비해 넓다. 아동의 기본주파수는 300Hz이며, 성인 남자의 기본주파수는 150Hz로 두 번째 배음, 네 번째 배음, 여섯 번째 배음 등의 두 배음주기로 아동의 각 배음과 일치한다. 이와 같은 방법으로 한 사람이 배음간격을 바꿔 음성의 주파수를 조절할 수 있다.

(4) 기본주파수

사람의 음성은 각양각색의 다양한 주파수로 구성되어 있는 복합음이다. 기본주파수를 듣는 사람은 말하는 사람의 음도로 인식한다. 사람의 기본주파수(Fundamental frequency; F_0)는 지속적으로 변화하며, 말할 때 성대진동의 기본주파수를 바꿔줌으로써 억양패턴이 상승하거나 하강하는 차이를 만들어낸다.

공기역학에 의하면 발성의 근탄성(myoelastic)은 성대진동의 주파수에 변화를 주기 위해 근육의 탄성과 긴장을 변화시키는 방법으로, 더 길고 두꺼운 성대는 짧고 얇은 성대보다 더 낮은 주파수로 진동한다. 성대가 빠르게 떨릴 때는 성대를 느슨하게 할 때보다 팽팽하게 할 때이다. 성대를 팽팽하게 만드는 방법은 성대를 당기면 된다. 어떤 상황에서 낮은 기본주파수를 내는 성대는 길고 두꺼우며, 때로는 긴장을 증가시켜 높은 기본주파수를 낼 수도 있다. 성대를 긴장시키고 길이를 늘여서 얇게 하면 이전보다 더 높은 기본주파수를 낼 수 있다. 발화하기 위해서 성대가 진동할 때 종적으로 긴장하여 많은 범위의 주파수를 사용하므로 기본주파수를 증가시킨다. 아동의 음성은 성인 남자의 음성보다 높다.

사람들마다 다른 음성으로 구별되는 것은 후두 위쪽의 공명강과 구조에 의해서 만들어지기 때문이며, 성대 자체의 진동은 음색 또는 음질로 구별된다. 음성의 차이점은 듣는 사람이 음도로 인식하는 기본주파수와 성대가 얼마나 가깝게 접근되는가 하는 것이며, 성대 가장자리를 따라 얼마나 불규칙하게 일어나는가 하는 것이다.

음색의 차이는 성대진동의 다양한 방식에 의해 나타난다. 기식성 음성(breathy voice)은 성대 접촉이 충분하지 않아 성문 사이로 필요 이상의 공기가 새어나가는 현상을 보이는 것이다. 특히 완전한 유성음을 내기 위해 연골부분에서 성대를 충분히 내전시키지 못한 상태에서 생성되는 것으로, 성대는 충분히 진동할 수 있을 만큼 가까워지나, 기압에 의해 생성된 음파는 연속적으로 방출되는 기류의 소리와 함께 나타난다. 음색의 특징은 말하는 사람이 성대를 진동할 때 어떻게 성대를 진동시키느냐 하는 방법에 따라 다르다.

(5) 음의 강도와 주파수의 관계

우리는 음성의 강도를 증가시킬 때 성대근육의 다른 부분들은 그대로 유지하면서 성문하압을 증가시키므로 성대 접촉이 강화되고, 성대진동 시 진폭이 증가되면서 음성을 증가시키게 된다. 성문하압(subglottal pressure; Psub)이란 성대 아랫면에 가해지는 공기의 압력을 말한다. 성문하압이 증가하게 되면 기본주파수도 증가하게 된다. 평상시 편안한 음성으로 발성하면서 복부를 누르면 큰 소리가 날 뿐만 아니라 음의 높이도 증가한다. 성문하압의 증가로 인해 성대의 폐쇄를 매우 빠르게 일으키거나 성대를 반사적으로 긴장시키게 되면 음도가 상승하게 된다. 반면에 우리가 발성할 때 기본주파수는 호흡의 끝부분에서 수압당 대략 2~7Hz 정도로 감소하게 된다. 그러나 기본주파수는 변함없고 강도만 증가시키려 한다면, 갑상피열근을 이완시켜 내부의 압력을 낮추어 성대에서 작용하는 기류의 저항을 낮추거나 윤상연골을 조금 이완시킨다. 우리가 질문하기 위해 기본주파수를 올려 '너 밥 먹었니?'라고 발음할 때, 윤상연골과 갑상피열근의 움직임을 증가시키고, 성대를 길게 늘여 '먹었니'라는 단어에 강세를 주기 위해 내늑간근의 움직임을 증가시키지만, 호흡의 끝부분에서 기본주파수는 감소되지 않게 하여야 한다. 증가된 기류에 의해 더 큰 저항이 발생하게 되면 음성의 강도는 증가하게 된다. 큰 진폭의 음성압력파(sound pressure wave)를 형성하려면 많은 양의 공기를 방출해야 한다. 이때 성대는 더 멀리 떨어지게 된다. 성대가 멀리 떨어지게 되는 이유는 증가되는 강도에 의해서 일어나는 각 진동의 주기 때문이다. 그래서 진동주기 때마다 멀리 떨어지며 각 진동주기에서 성대가 밀착되는 시간이 보다 큰 부분을 차지하게 된다. 그림 3-10과 같은 파형(waveform)의 변화는 성대의 움직임 변화를 나타낸 것이다.

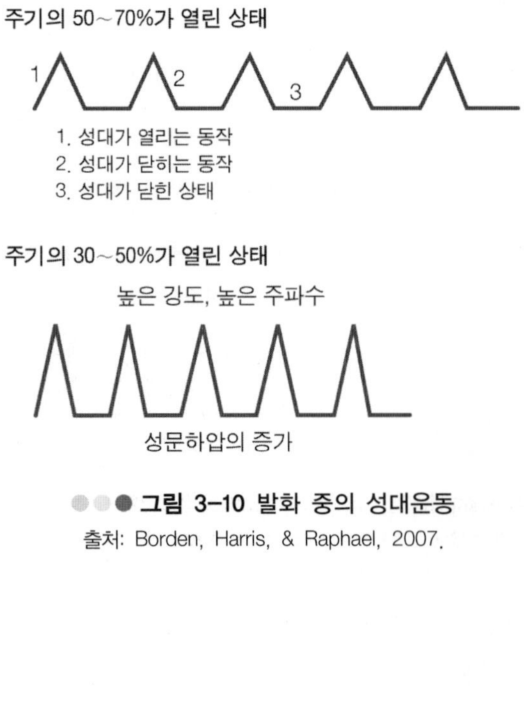

그림 3-10 발화 중의 성대운동
출처: Borden, Harris, & Raphael, 2007.

2. 말소리산출의 원리

말소리산출 시 모든 음소는 2가지 조음(articulation), 즉 조음방법과 조음위치로 분류될 수 있다. 조음위치란 말소리가 산출되는 성도(vocal tract)에서의 부위를 말한다. 조음방법이란 말소리를 산출하는 방법으로 성도에 좁은 틈을 만들어 그 사이로 날숨이 지나가게 하여 소리를 내는 마찰과 성도를 일시적으로 막았다가 갑자기 개방하여 소리를 내는 폐쇄 그리고 음소의 산출 시 성대가 진동하도록 하는 방법인 유성음화 등이 있다. 이 절에서는 말소리산출에 필요한 구조의 기능과 원리에 대하여 알아보고자 한다.

1) 공명과 조음

공명(resonance)은 진동계가 그 고유 진동수와 같은 진동수를 가진 외부의 힘을 주기적으로 받아 진폭이 뚜렷하게 증가하는 현상을 가리킨다. 즉, 말소리산출 시 음원이 되는 구강, 비강, 인두강 내에 있는 공기분자의 음향적 공명을 말한다. 이러한 현상을 이용하면 세기가 약한 파동을 큰 세기로 증폭시킬 수 있다.

예를 들면, 그림 3-11 과 같이 진동수가 같은 소리굽쇠를 접근시켜서 한쪽을 때리면 다른 쪽 소리굽쇠도 거기에 따라 울리기 시작하는데, 이것은 매개체인 공기로 인해서 일어나는 소리굽쇠의 공명현상이다. 공명을 이용하면 약한 힘을 계속 되풀이함으로써 큰 진동을 얻을 수 있는데, 진동에 대한 저항의 크기에 따라 공명이 일어나는 모양도 다르다. 후두로부터 나오는 소리나 구강에서 생성되는 소리는 공기의 진동에 의해 산출된다. 우리가 조음하기 위해서는 이러한 움직임을 토대로 성도 안에서 소리를 산출하고, 성도의 음향적인 공명 특성을 사용한다.

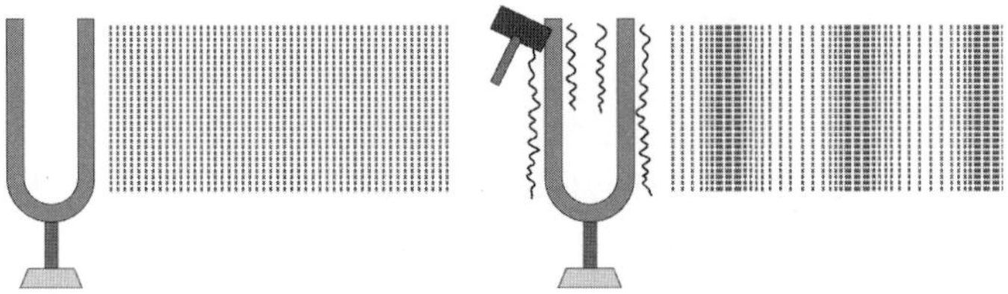

그림 3-11 소리굽쇠의 공명현상

조음(articulation)이란 말소리산출에 필요한 음성기관의 움직임이다. 즉, 혀, 인두(연인두), 구개, 입술, 턱 등의 움직임을 말한다. 말소리는 폐(肺)에서 나오는 호기의 흐름이 성대, 후두, 인두 및 구강의 조음위치에서 어떠한 장애에 부딪치게 됨으로써 소리를 내게 되는 것이다. 이때 활동성이 강하여 능동적으로 조음에 참여하는 기관을 조음기관(articulator)이라 하며, 활동성이 약하여 피동적으로 조음에 참여하는 음성기관의 조음위치(articulation place)를 조음점(point of articulation)이라고 한다. 또한 조음점이 넓은 영역에 분포되어 있을 때를 조음역(region of articulation)이라고도 한다.

표 3-1 말소리산출 시 자음의 경우

조음 위치에 의하여	양순음(bilabial)	ㅂ, ㅃ, ㅍ, ㅁ
	치조음(alveolar sound)/설단음(blade)	ㄷ, ㄸ, ㅌ, ㄴ, ㅅ, ㅆ, ㄹ
	경구개음(hard palatal)/설면음(dorsal)	ㅈ, ㅉ, ㅊ
	연구개음(soft palatal consonant)/설근음	ㄱ, ㄲ, ㅋ, ㅇ[ŋ]
	성문음(glottals)	ㅎ
조음 방법에 의하여	폐쇄음(obstruents)	ㅂ, ㅃ, ㅍ, ㄷ, ㄸ, ㅌ, ㄱ, ㄲ, ㅋ
	마찰음(fricative)	ㅅ, ㅆ, ㅎ
	파찰음(affricate)	ㅈ, ㅉ, ㅊ
	비음(nasal sound)/비강음	ㅁ, ㄴ, ㅇ[ŋ]
	유음	ㄹ

표 3-2 말소리산출 시 모음의 경우

공명강의 차이에 의해서	전설모음(front vowel)	ㅣ, ㅔ, ㅐ, ㅟ, ㅚ
	중설모음(central vowel)	ㅓ
	후설모음(back vowel)	ㅡ, ㅓ, ㅏ, ㅜ, ㅗ
혀의 높이에 의해서	폐모음(closed vowel)/고모음(high vowel)	ㅣ, ㅜ
	반폐모음(half-closed vowels)	ㅔ, ㅗ
	개모음(opened vowels)/저모음(low vowel)	ㅐ, ㅏ
입술모양에 의해서	원순모음(round vowels)	ㅜ, ㅗ, ㅟ, ㅚ
	평순모음(unrounding vowels)	ㅣ, ㅔ, ㅐ, ㅡ, ㅓ, ㅏ

표 3-1 과 표 3-2 는 말소리산출 시 자음 및 모음의 분류표이다. 자음은 조음위치에서의 조음작용 외에 다른 조음작용이 행해져서 기본음의 조음에 영향을 끼치는 경우가 있다. 이때를 이중조음(double articulation) 또는 동시조음(coarticulation)이라고 한다. 입술이 둥글게 되는 순음화(labialization), 혀끝을 들어 올리게 되는 권설음화, 설면이 경구개 쪽을 향하여 올라가게 되는 구개음화(palatalizatiin) 및 인두음화(pharyngealization), 후두음화 등의 경우이다.

(1) 성도

성도(vocal tract)는 상기도(upper airway)라 불리기도 하며, 후두에서 입까지를 말하는데, 즉 성문에서 입술에 이르기까지 후두 윗부분의 모든 공기(폐에서 나오는 숨) 통로를 포함한 부분을 일컫는다. 대부분의 말들이 조음되는 장소이다. 크게 성도(공명강)는 후두 상부의 인두강, 구강, 비강, 순강 등 네 부분으로 구성되어 있다. 조음기관에는 입술 사이, 치아와 볼 사이, 후두와 기관 내의 공간 등도 있다. 악기에도 소리를 증폭하고 여과하는 공명기가 있으며, 현악기는 음악에서 서로 다른 음의 특성을 전달하기 위해 크기가 각기 다른 공명상자(resonating boxes)를 가지고 있다. 그러나 사람의 공명기는 악기의 공명강에 비해 두드러진 특징을 가지고 있어 그 모양과 영역이 변할 수 있다. 이 부분들은 조음을 산출하는 곳이며, 물론 조음기관의 움직임에 의해 변하는 것이지만 중요하다.

첫째, 구부러진 관모양의 성도에 구강과 비강은 수평위치에 있으며, 인두강은 상대적으로 수직위치에 있다. 이것은 혀를 앞으로 내고 올리면 구강이 좁아지고, 인강이 넓혀지는 반면 혀를 뒤로 하고 내리면 구강이 넓어지고, 인강이 좁혀진다.

둘째, 복잡하고 불규칙적이다.

셋째, 변화가 다양하다. 매 순간 혀, 입술, 하악골(아래턱, mandible)이 움직이기 때문에 성도의 모양이 계속적으로 변하며, 입술을 내미는 것도 성도를 길게 하여 낮은 공명주파수를 만들기 위해서이다.

① 공명강(resonance cavity)

구강(oral cavity)의 공간은 다양한 구조로 이루어져 있으며, 상악골(maxillary bone, 위턱)과 하악골(mandible bone, 아래턱)의 치경돌기(alveolar processes)에 있는 치아의 앞부분과 가장자리에 의해 그 경계가 나누어진다. 앞니는 조음을 산출하는 데에 있어 중요한 역할을 한다. 영어에서는 위턱과 아래턱에 각각 2개의 중앙 앞니와 측면 앞니는 아랫입술, 혀 등과 함께 협착하여 /f/, /θ/, /s/와 같은 소리를 산출해 낸다. 구강의 앞쪽은 매 순간 움직이는 입술로 구성되어 있으며, 내부는 측면의 뺨과 지붕기능을 하는 구개, 바닥을 형성하는 혀로 이루어져 있다. 그리고 후방은 인두강으로 열려 있다. 구강은 음성을 산출하는 데 있어 아주 중요한 곳이다.

첫째, 구강의 앞쪽 입술은 대부분의 음의 출구점이다.

둘째, 구강에는 혀뿐만 아니라 입술, 치아, 치조, 구개와 같은 조음기관이 있다.

셋째, 구강의 모양은 음성을 산출하는 동안 변화하여 공명적인 부분과 통합된다.

구개(입천장, palate)는 경구개(hard palate)와 연구개(soft palate)로 구성되어 있다. 경구개 위에 있는 상부치경이라는 중요한 부분이 있다. 윗니 뒤의 치경(gingiva) 부근에는 불규칙한 융기 추벽(rugae)이 있다. 혀의 움직임에 따라 음들이 산출되거나 공명되는데, 혀의 움직임은 치경을 따라서 위치하고 있는 추벽에 의해 움직인다.

인두는 비인두(naso-pharynx), 구인두(oro-pharynx), 후인두(laryngo-pharynx) 등 세 부분으로 나누어진다. 비인두는 비강 뒤에 있고, 구인두는 구강 뒤에 있으며, 후인두는 후두 뒷부분에 있다. 인두의 기능은 호흡, 삼키기, 말 등과 같은 중요한 역할을 한다. 특히 음성을 산출할 때의 기능은 공명으로서의 중요한 역할을 한다. 인두는 성도의 한 부분으로서 우리가 생각하는 것보다 훨씬 더 복잡한 구조로 이루어져 있다.

코는 2개의 강으로 나누어져 있는데 이것은 비중격(nasal septum)에 의해 나누어진 것이다. 비강 안에는 보온, 보습, 먼지가 있는 공기 등을 여과하는 점액막으로 된 섬모(cilia)가 있다. 비강의 구조는 해골의 많은 뼈의 통합으로 아주 복잡하게 이루어져 있다. 비강은 비음 /ㅁ/, /ㄴ/, /ㅇ/(/ŋ/) 등 음을 생성하는 공명에 중요한 역할을 한다.

② 조음기관(articulators)

입술은 근육으로 이루어져 있고 안면근육들은 입술을 둘러싸고 있는 주요 근육인 입둘레근(orbicularis oris muscles)과 만나며, 점액막, 샘조직(glandular tissues), 지방, 상피층 등으로 덮여 있다. 입술은 혈관이 많은 조직으로 이루어져 있어서 입술을 붉게 만든다. 입술의 근육은 움직임이 다양하여 입술을 아주 빠르게 열고 닫거나 입술의 위치도 다양하게 만든다. 입술을 작거나 크게 펴지게 할 수 있고, 주름을 잡거나 조일 수도 덜 조일 수도 있다. 입술은 이러한 다양한 모양들을 만드는 것이 가능하다. 입둘레근은 양순음 /ㅍ/, /ㅂ/, /ㅁ/을 소리내기 위해 입술을 닫거나 /ㅜ/, /ㅠ/를 소리내기 위해 입술을 내밀 때 수축한다. 입꼬리 당김근육(risorius muscles)과 같은 안면근육은 '뒤'에서 /ㅣ/ 모음을 조음할 때 입술이 퍼지는 것을 돕기 위해 입 주변을 조정할 때 쓰인다. 안면근섬유질은 개인마다 분포가 상당히 다르게 되어 있다.

치아는 위턱(maxillary bone)과 아래턱(mandible bone)의 치경돌기(alveolar processes)에 있는데 위아래로 배열되어 있다. 아동의 치아는 20개로 위아래 10개씩 배열되어 있으며, 성인의 경우 위아래 16개씩 32개이다. 사람의 치아는 앞니(incisors), 송곳니(canines), 작은 어금니(premolars), 큰 어금니(molars) 등의 4가지 종류로 구성되어 있다. 치아는 음식을 자르거나 씹는 역할도 하지만, 음성을 산출하는 데에 있어서도 매우 주요한 역할을 한다. 또한 치아는 혀와 협착하여 기류를 연결시켜 적절한 방식으로 음을 생성하는 부동조음기관 역할을 한다. 특히 /ㅅ/음을 산출할 때의 기류에 직접적인 중요한 역할을 하는데, 이것은 치아가 정확한 /ㅅ/음의 산출에 필요한 난기류를 증가시키는 장애물로서의 기능을 하기 때문이다.

혀는 구강의 뿌리, 하악골의 안쪽 표면, 설골, 인두 등에 부착되어 있는 많은 근육으로 형성되어 있다. 그리고 위와 뒤로, 아래와 뒤로, 위와 앞 등의 세 방향으로 서로 얽혀 있는 방식으로 작동하며, 혀의 유동성 및 움직임의 속도는 광범위하다. 또한 혀의 근육은 내근과 외근으로 구분되어 실제로 삼키기, 씹기, 말하기 등의 역할기능으로 작용하며, 조음기관 중 능동적이다. 혀의 내근은 모든 혀 자체 내에 붙어 있으며, 혀의 모양과 위치에 대해 미세한 움직임의 작용을 조정하는 데 관여한다. 혀의 내근은 음성산출 및 비구어적인 활동에서 조음기관의 빠르고 미세한 산출을 위하여 복잡한 양식으로 상호작용한다(Seike et al., 2004). 혀의 외근은 1개는 혀에 붙어 있고 다른 1개는 혀의 외부 구조에 붙어 있으며, 혀를 구강 내에서 다른 위치로 움직이는 데 관여한다. 혀의 외근은 혀의 바깥부분과 붙어 있어 입안과 인두 공간에서 혀 몸을 움직일 수 있다. 혀 외근은 조음에서 혀위치를 결정하며 하나의 단위로 움직인다. 혀는 조음하는 데 있어 가장 주요한 기관이며, 빠른 속도로 다양한 방향으로 광범위하게 움직임으로써 말소리를 산출한다. 혀 몸은 전후 수평 및 상하 수직으로 움직이며, 혀끝과 혀 날도 혀 몸과 같은 작용으로 움직인다. 혀 몸은 볼록하고 오목한 모양을 만들거나 혀 등의 표면은 수축·이완으로 가늘어지기도 하고 넓어지기도 한다. 또한 혀의 중앙 부위를 활자로 만들어 혀의 길이를 늘릴 수도 있다. 이러한 형태의 조합으로 말소리를 산출한다. 모음은 혀 몸의 수평과 수직의 움직임에 의해 다소 덜 복잡한 음으로 생성된다. 치조파열음 /ㅌ/과 /ㄷ/을 생성할 시에는 훨씬 복잡한 혀 몸과 혀끝의 움직임이 포함되며, 마찰음 /ㅅ/과 같은 음은 혀의 근육과 움직임 사이의 복잡한 상호작용이 요구된다. 이러한 기능작용은 가장 중요하다. 구강의 공명 특성은 혀모양에 따라 변한다. 또한 다른 조음기관과 접촉하거나 폐쇄하는 기능작용을 하여 구강을 통하는 기류의 흐름을 조절한다.

경구개(hard palate)는 구강의 지붕과 비강의 마루를 형성하면서 그 사이를 구분하는 역할을 하며, 복잡한 뼈구조를 따라 상피조직으로 이루어져 있다. 그리고 음식, 공기, 구강을 빠져나가는 음파 등을 막는다. 경구개는 전후 양측 면이 아치형의 모양으로 생겼으며, 이 아치(천장, vault)는 개인에 따라 아주 다르다. 윗니 뒤에 양측으로 솟은 치조능선(alveolar ridge)을 느낄 수 있는데, 자음 /ㅌ/, /ㄷ/, /ㅅ/, /ㅈ/, /ㄹ/, /ㄴ/ 등과 같은 음을 산출할 때 혀끝이 접촉하는 지점이다. 또한 치조능선보다 뒤에 있는 경구개의 후반부는 영어의 /ʃ/, /ʒ/, /r/ 등과 같은 음을 조음할 때 혀가 접촉하는 부분으로 부동조음기관의 역할을 한다.

연구개(soft palate)는 경구개(hard palate) 뒤에 있는데, 목젖(uvula)이라는 근육과 기타 부드러운 조직으로 구성되어 뼈가 없다. 수많은 근육과 크고 평평한 힘줄인 건막(널힘줄, aponeurosis)으로 구성된 연구개에는 경구개의 후반부가 부착되어 있으며, 신경, 혈액 공급, 샘뿐만 아니라 점막층으로 덮여 있다. 부드러운 근육으로 형성된 연구개의 움직임은 삼킴이라든지 말소리산출과 같은 생물학적 기능에 아주 중요한 역할을 한다. 그러나 연구개에서 가장 넓은 부분의 근육은 각 방향의 뒤쪽과 위쪽의 측두골에서 연구개의 가장자리로 분포되어 있다. 구개올림근(levator palatini muscles)의 기능은 연구개를 들어 올려서 위에 있는 비강의 입구를 막는데, 이 근육이 수축하면 연구개는 들어 올려지고 인두벽을 향하여 뒤로 가게 된다. 이것을 연인두 폐쇄(veloph arygeal closure)라고 일컫는다. 구개올림근이 이완하면 비강으로 통하는 문은 열려진 채로 있다.

일반적으로 영어의 소리는 구강음이며, 구강의 기류로 산출된다. 단, 비음공명이 필요한 3개의 음만이 비강으로 빠져나오는 기류로 형성되는데, 비자음 /m/, /n/, /ŋ/이다. 연인두의 기능은 구강으로 공기가 빠져나가는 것이 아니라 비강으로 공기가 빠져나가는 것이 문제가 된다. 이 문제로 과대비성(hypernasality)을 초래한다. 과대비성이란 구강음이 과도한 비강공명을 지니는 것이다. 또한 공기가 비음을 산출하려고 비강으로 들어가는 것을 방해해서 과소비성(hyponasality) 또는 부적절한 비강공명을 초래하기도 한다.

(2) 성도공명의 특징

성도는 음향공명기로서 공기로 채워져 있는 관이며, 3가지 주요한 특성을 지니고 있다.

첫째, 성도는 모음을 생성할 때 한쪽(성문) 끝은 폐쇄되고 다른 한쪽(입술) 끝이 열린 관과 비슷한 형태이다. 이러한 형태의 관은 1/4공명기(quarter-wave resonator)이다.

둘째, 성도는 공기로 채워진 일련의 관이 서로 연결된 아주 복잡한 관이다. 각각의 관은 일련으로 서로 연결된 관의 전체 진동주파수와는 달리 단일 고유 진동주파수(RF)를 가지고 있으며, 복잡한 모양의 성도는 각각의 관의 고유 진동주파수 주변의 광범위한 주파수를 통과시키는 동조공명기(broadly tuned resonator)이다. 따라서 성도는 각각의 관마다 하나의 고유한 주파수를 가진 공명기인 동시에 다양한 수의 고유한 주파수를 가진다. 성도는 1/4 공명기로서 최저고유주파수의 홀수배에 해당하는 고유주파수를 가진다. 1/4 파장 체계 공명기의 관은 공명하는 최저기본주파수가 관길이의 4배에 해당하는 파장(λ)을 갖는다. 성도에서 중설모음을 산출할 때 성도의 길이상태는 성인 남성인 경우 약 17cm이다. 이런 상태의 경우, 성도는 대부분 처음부터 끝까지 동일한 단면적을 가지며, 관 안의 공기에서 최저고유주파수의 파장은 4×17cm이므로, 즉 68cm로 최대진동을 한다.

파장을 주파수로 다음과 같은 공식으로 바꾸면, '주파수(f) = 음속(c)/파장(λ)'이다. 진동주파수를 결정하는 데에는 공기 중의 음속 약 340m/sec를 알아야만 한다. 관의 길이단위가 cm이기 때문에 약 34,000cm/sec로 하고 계산을 하면 최저 공명주파수는 약 500Hz가 되며, 더 높은 고유주파수는 최저주파수의 홀수배이므로 다음 공명주파수는 1500Hz, 2500Hz, 3500Hz 등으로 나아간다(그림 3-12). 이는 공명주파수에서는 짝수배수가 비효과적이기 때문이다.

$$f = \frac{c}{\lambda} = \frac{34{,}000\text{cm/sec}}{68\text{cm}} = \text{약 } 500\text{Hz}$$

셋째, 가변공명기(variable resonator)이다. 이 특성은 성도의 모양에 따라 변하는 주파수의 반응에 따른다. 우리가 다양한 음을 산출할 때 공명강의 단면적이 시시각각으로 다르므로 성도의 포먼트는 변한다.

포먼트(formant)란 성도의 공명주파수로서 모음 및 다른 공명 소리에서의 음향에너지에 대한 주파수영역을 말한다. 즉, 사람의 조음기관(articulators)은 조음에 따라 변하는 순간순간의 공명 특성이 있어 주파수로 발성의 차이에 따라 특정의 스펙트럼이 나타나기 때문이다. 공명주파수대역은 낮은 주파수 쪽에서부터 제1포먼트(Formant 1; F_1), 제2포먼트(Formant 2; F_2), 제3포먼트(Formant 3; F_3) 등으로 부른다.

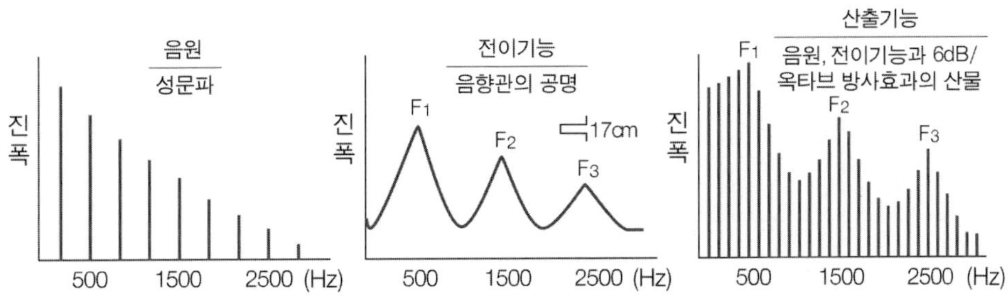

그림 3-12 음원의 스펙트럼

출처: Ferrand, 2007.

성도는 다양한 공명주파수를 가지고 있다. 그러나 말소리산출에서 3개의 포먼트만 고려하는 것은 성대에서 생성되는 대부분의 음향에너지가 5000Hz 이하이기 때문이다. 3개의 포먼트 중 최저의 주파수이며 음향에너지가 가장 강한 포먼트는 F_1이다.

2) 모음의 포먼트

모음 /ㅣ/, /ㅏ/, /ㅜ/는 성대에서 음이 산출하여 성도로 전달되고, 그 음이 입술로 나온다. 성도의 역할은 조음적으로는 맨 끝의 위치를 가지고, 특정 배음을 강조하면서 다른 배음은 약화시킨다. 성도는 성문에서 생성되는 모음 음원을 여과한다. 성대진동(음원기능)에 의해 생성되는 음, 성도모양과 길이에 의해 생성된 특정한 공명성(전달기능), 입술에서 음의 방사효과 등의 음이 결합되어 입술로 통해 산출된다. 음원기능은 전달기능과는 상당히 독립적이다. 그림 3-13의 왼쪽은 우리가 모음 /ㅣ/를 조음할 때의 스펙트럼 결과이다. 이 스펙트럼을 살펴보면 /ㅣ/에 대하여 성도형태의 전이작용이 겹쳐져 있으며, 조음작용으로 인한 전달기능은 같아서 공명주파수는 변하지 않고 그대로 나타난다. 모음 /ㅣ/의 조음패턴대로라면 최저의 포먼트 F_1 1개와 상대적으로 높은 포먼트 F_2, 포먼트 F_3 2개는 동일한 유형일 것이다.

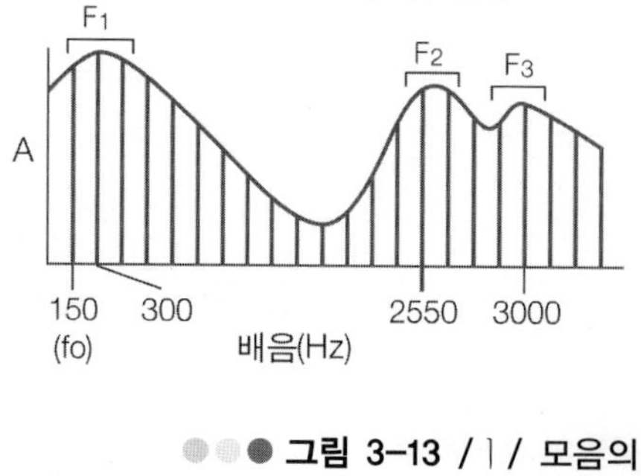

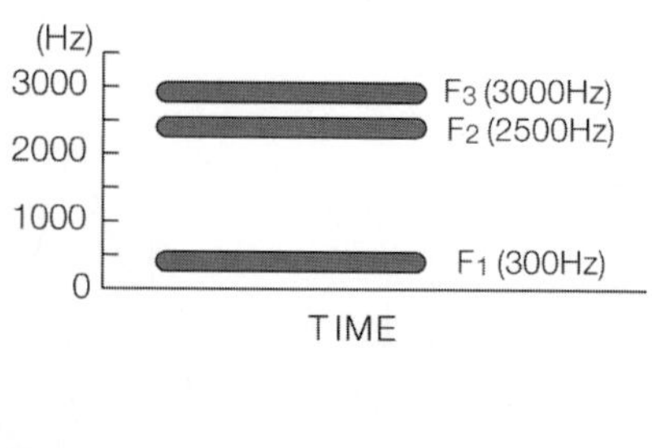

그림 3-13 /ㅣ/ 모음의 스펙트럼 및 광역 스펙트로그램

출처: Borden, Harris, & Raphael, 2007.

성도의 모양은 공명강의 전달기능과 구강의 모양을 결정하는 조음기관에 의해서 결정된다. 스펙트럼상에서 공명음이 되는 부분은 성도의 공명부분과 가장 가까운 곳에서 일어나는 배음들이며, 전이 과정에서 에너지를 잃게 되는 배음은 가장 먼 곳에서 일어나는 배음들이다. 그림 3-13의 오른쪽 그림은 모음 /ㅣ/의 음성 스펙트로그램(sound spectrogram)을 도식으로 표현하여 성도의 포먼트를 에너지 광역띠로 나타낸 것이다. 포먼트는 원래부터 저주파수에서 고주파수 순으로 매겨진다. 따라서 포먼트 F_1는 300Hz 주변에 있고, 포먼트 F_2는 2500Hz, 포먼트 F_3는 3000Hz 주변에 있다. 하나의 포먼트주파수는 에너지대역의 중심부에서 측정되며, 이러한 주파수는 다른 여러 배음 중 어떤 하나의 주파수와 일치할 수도 있고 일치하지 않을 수도 있다.

3) 음향학과 조음의 관계

모음 /ㅣ/, /ㅏ/, /ㅜ/는 거의 대부분 언어에서 조음의 기초가 되는 기술로서 특별한 위치를 차지한다. 초기의 조음기술은 구강 내 혀의 위치와 모양의 움직임을 보고 모음의 조음작용을 파악하는 데 의존하였으나, 다양한 입술모양은 모음의 조음작용에 있어 중요한 기술이라는 것을 한눈에 관찰할 수 있다. 또한 조음기술에 있어 혀뿌리와 턱모양도 중요하며, 이것은 조음작용 사이의 관계와 공명강의 면적의 음향분석, 특히 포먼트주파수와 관련된 음성의 음향적 특징들을 연구하는 데 중요한 역할을 한다. 성도 내에서 포먼트주파수는 하나의 특정한 공명강에 전적으로 의존하는 것이 아니라, 음원의 각 구성요소에 대한 성도 전체의 음향적 반응이다. 모음을 조음할 때 F_1과 F_2, 구강과 인두강의 면적, 혀와 턱, 입술 등의 모양에 관한 이 3가지의 기술은 모음 /ㅣ/, /ㅏ/, /ㅜ/ 사이에서 상관관계가 있으므로 무시할 수 없다.

그림 3-14는 모음사각도로서, 기본적인 매개변수는 혀의 고저와 혀 위치의 전

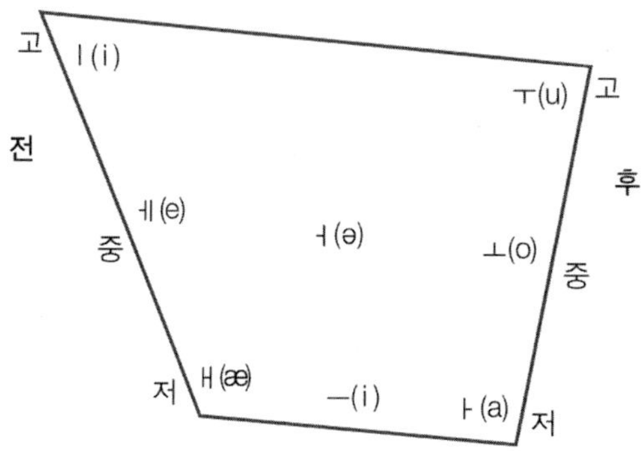

●●● 그림 3-14 혀의 상대적 위치(모음)

후를 나타낸다. 모음사각도는 모음의 조음작용 시에 혀가 다른 조음기관과 협착이 일어나는 동안에 구강 내에서 혀의 높낮이가 이동하는 위치를 도식화해 놓은 것이다. 모음사각도의 각 음성기호는 각각의 모음을 조음할 때 혀 상부의 가장 높은 지점을 상대적인 위치로 표시한 것이다. 모음사각도에서도 나타나는 바와 같이 조음의 매개변수들과 성도의 음향적 특징의 결과 사이에는 상관관계가 있음이 분명하다.

4) 자음산출

자음의 분류시스템은 유성이거나 무성이므로, 무성 양순파열음 /ㅍ/과 유성 양순파열음 /ㅂ/으로 분류한다. /ㅍ/과 /ㅂ/ 두 소리는 조음방법과 조음장소가 동일하나 유성음화(voicing)에서만 다르다. 이렇게 유성음화만 다른 소리의 쌍 /ㅌ/과 /ㄷ/, /ㅅ/과 /ㅈ/, /ㅋ/과 /ㄱ/, /ㅍ/과 /ㅂ/ 등을 동족음(cognates)이라 한다. 즉, 동족음이란 발성(voicing)에서만 소리가 차이 나는 것을 말한다.

연인두문(velopharyngeal port)은 성도조절자이며, 인두강과 구강으로부터 비강에 이르는 입구는 연구개와 인두벽 사이에 놓여 있다. 대부분의 말소리는 성대에서 입술까지 구성되어 있는 인두강과 구강 2개의 성도에서 공명된다. 비자음 /ㅁ/, /ㄴ/, /ŋ/ 등은 비강에서 추가적으로 공명한다. 대부분의 모든 말소리는 구강음으로서 발화가 계속되는 동안 비강으로 통하는 입구는 닫히나 /ㅁ/, /ㄴ/, /ŋ/ 등의 비자음을 조음할 때에는 입구가 열려 있다. 연인두문은 후인강벽에 근접할 때까지 연구개를 뒤로 혹은 위로 올려서 닫히게 한다.

입천장올림근(levator veli palatini)은 쌍으로 구성되어 있으며, 연인두의 출구를 닫는 역할을 하는 중요한 근육이다. 입천장올림근이 삽입될 때 각도가 생기므로 수축 정도에 따라 연구개가 상승하고 수축하며, 이로 인해 비강으로 향하는 입구가 닫힌다. 일반적으로 비자음을 조음할 때에는 입천장올림근은 거의 활동하지 않고, 조음하고 나서 구강자음을 조음할 때에 구강 내 기압이 높을 경우 활동이 가장 활발하게 이루어진다.

비음공명은 /ㅁ/, /ㄴ/, /ŋ/ 등의 비음을 생성하는 데에 있어 필수적이며, /ㅁ/, /ㄴ/, /ŋ/ 등의 비음을 발음할 때는 연구개가 낮아지고 비강 입구가 열린다. 양순비음 /ㅁ/을 조음할 때에는 입술은 입둘레근에 의해 닫히며, 입둘레근은 안면신경에 의해서 지배된다. 치경비음 /ㄴ/과 연구개비음 /ŋ/ 등은 양순비음 /ㅁ/과 같은 방법으로 생성되나, 다만 구강폐쇄의 자리가 다를 뿐이다. 치경비음 /ㄴ/음을 낼 때에는 혀 후반부분이 위쪽 어금니에 협착된 상태에서, 설첨이나 설단이 경구개의 치경부위에 협착된다. 연구개비음 /ŋ/음을 낼 때는 설배가 연구개나 경구개의 뒷부분에 협착되면서 구강이 성도의 측면 지류로 공명되는 것을 막는다. 더 크고 긴 공명기는 성도에 비강을 더하면 형성된다. 공명기가 길어질수록 주파수의 반응은 자연스럽게 낮아진다.

Fujimura는 남성 성도의 200~300Hz 범위에서 특징적인 비자음 /ㅁ/, /ㄴ/, /ŋ/ 등의 소리를 비음공명하기 위해 연구개를 지속적으로 낮춘다고 하였다. 이러한 공명 또는 포먼트는 /ㄴ/의 주파수보다 /ㅁ/에서 더 낮아지고 /ŋ/보다는 /ㄴ/에서 더 낮아진다. 이것은 구강 내의 폐쇄가 뒷부분에서 이루어질수록 구강의 부피는 점점 작아지기 때문이다. 상대적으로 비자음을 약하게 하는 성도의 연장은 연인두의 출구를 개방함으로써 야기되며, 또 다른 원인이 되기도 한다. 성도의 연장은 더 넓은 주파수대역을 만들고, 좁게 맞추어진 공명기보다 넓게 맞추어진 공명기는 더 크게 낮아진다. 비자음의 효과는 이웃한 반공명인 모음과 함께 더 높은 포먼트를 약화시키는 반공명을 형성한다. 또한 반공명은 비자음의 공명 또는 비강공명기의 특성 때문에도 생길 수 있다. 구강이 완전히 닫히게 되면 모든 공기의 흐름은 비강을 통해 나오게 되고, 비강은 상대적으로 작기 때문에 소리를 효과적으로 내보내지 못한다. 비강 안의 털은 음을 어느 정도 약화시킨다.

5) 문맥에서의 말소리산출

음을 산출하면서 어휘를 형성하는 각 분절은 개개의 언어음을 곧바로 함께 연결하는 것이 아니라 서로에게 영향을 주면서 음향 특징을 수정하게 되는데, 이 과정을 동시조음이라 한다. 그리고 문장을 형성하면서 강도, 음도, 다른 요소들과 분절을 연합하여 지속적으로 변화시켜, 이러한 변화가 긴 시간 간격 이상으로 많은 분절에 영향을 주게 되어 상대적으로 초분절적(suprasegmental) 특징의 변화가 형성된다.

(1) 동시조음

동시조음이란 음소가 합해져서 음절, 낱말, 구, 문장 등을 형성하여 서로 복잡하게 상호작용을 하며 말소리를 생성하게 되면, 앞이나 뒤에 오는 말소리에 서로 영향을 주고받게 되고, 원래의 독자적인 속성을 잃게 하여 조음되는 것을 말한다. 독립적인 음소단위가 말소리산출을 변화하지 않게 서로 연결되는 것이 편리하지만, 이러한 단순한 접근방법은 실제 현상에 적합하지 않다. 말소리는 아주 역동적인 과정이어서 빠르고 유동적이다. 개별 소리는 동시조음적으로 산출되는 것이지 단계적인 산출로 보기는 어렵다. 이것은 2개 이상의 조음기관이 동일한 시간에 2개 이상의 다른 음소와 거의 동시에 산출작용하기 위해 움직이기 때문이다.

예를 들어 '걸'이라는 어휘를 발화할 때 /ㄱ/의 음향적 특성에 부합되는 조음기관을 움직여 /ㄱ/의 산출을 완전히 마쳤을 때, /ㅓ/ 모음을 산출하려고 모든 조음기관을 작용하여 발화하지 않는다. 이와 같이 /ㅓ/ 모음 또한 산출하기 위하여 음향적 특성에 부합되는 혀를 조음위치에 두고 적절한 성도공명의 특성을 생성시키고 나서 /ㅌ/으로 옮기는 것이 아니라 실질적으로 조음기관의 작용은 시간적으로 중복되는 것이다. 자음 /ㄱ/은 연구개를 접촉하기 위하여 혀가 위로 향하고, 동시적으로 중설모음 /ㅓ/를 산출하기 위해 혀는 중간위치로 움직이면서, 파열음 /ㅌ/을 산출하기 위하여 혀끝이 치경돌기에 협착하려고 위쪽으로 향해 움직인다. 따라서 조음기관이 중복되어 작용하기 때문에 음향 특성 또한 중복된다.

(2) 초분절음

초분절음은 음절, 낱말, 구, 문장 등과 같은 음소보다 더 큰 단위의 말 특성이다. 사람은 말을 할 때 F_0와 강도 수준을 다양화시키는 것은 감정, 태도, 의태 등을 표현하기 위해서이다. 예를 들어 아이돌의 공연을 보면서 열광적인 감정을 느낄 때에는 우울한 감정일 때보다 더 큰 F_0 변화를 형성하나, 슬픈 감성으로 젖을 때는 약간의 말속도 감소, 강도 저하, 평균 F_0의 감소, F_0 변화의 제한, F_0 하강 변화 등을 형성한다. 특히 사람의 감정에서 많은 변화를 주는 것이 화냄의 감정이다. 이러한 감정을 표현할 때는 말속도의 빨라짐, F_0 범위의 확대, 갑작스러운 F_0 변화, 평균 F_0의 상승, 강도 상승, 더 쉰 음질 등의 특징으로 변화한다. 말의 주요 초분절적 요소는 강세, 억양, 길이 등이다. 초분절적인 특성에는 강세(stress), 억양(intonation), 소리크기(loudness), 음도 수준(pitch level), 연접(juncture), 말속도 등이 있다.

확인학습

1. 자음의 분류기준에 대해 설명하고, 한국어의 자음 분류와 영어의 자음 분류를 비교하시오.
2. 동일한 조음위치에서 발음되는 구강음과 비음을 짝지어보시오.
3. 모음 분류에 대해 설명하시오.
4. 초분절음과 동시조음에 대해 설명하시오.
5. 기본주파수와 F_1, F_2, F_3에 대해 설명하시오.

참고문헌

Atkinson, J. E. (1978). Correlation analysis of the physiological factors controlling fundamental voice frequency. *Journal of the Acoustical Society of America, 63*, 211–222.

Benoit, M., Clairet, S., Koulibaly, P. M., Darcourt, J., & Robert, P. H. (2004). Brain perfusion correlates of the apathy inventory dimensions of Alzheimer's disease. *International Journal of Geriatric Psychiatry, 19*, 846–869.

Bernthal, J. E., & Bankson, N. W. (2004). *Articulation and phonological disorders*. Boston: Pearson Education, Inc(Allyn & Bacon).

Borden, G. J., Harris, K. S., & Raphael, L. J. (2007). *Speech science primer: Physiology, acoustics, and perception of speech*. Philadelphia: Lippincott Williams & Wilkins.

Corbett, J. J., Haines, D. E., & Ard, M. D. (2002). The ventricles, choroid plexus, and cerebrospinal fluid. In D. E. Haines (Ed.), *Fundamental neuroscience* (2nd ed.). New York: Churchill Livingstone.

Dickson, D. R., & Maue-Dickson, W. (1992). *Anatomical and hysiological bases of speech.* Boston: Little, Brown & Co.

Ferrand, C. T. (2000). Harmonics-to-noise ratios in prepubescent girls and boys. *Joural of Voice, 14*, 9–36.

Fiez, J. A. (2001). Neuroimaging studies of speech: An overview of techniques and methodological approaches. *Journal of Communication Disorders, 34*, 445–454.

Grafton, S. T. (2004). Contributions of functional imaging to understanding parkinsonian symptoms. *Current Opinion in Neurobiology, 14*, 715–719.

Haines, D. E., Mihailoff, G. A., & Yezierski, R. P. (2002). The spinal cord. In D. E. Haines (Ed.), *Fundamental neuroscience* (2nd ed.). New York: Churchill Livingstone.

Pokryszko-Dragan, A., Slotwinski, K., & Podemski, R. (2003). Modality-specific changes in P300 parameters in patients with dementia of the Alzheimer type. *Medical Science Monitor, 9,* 130–134.

Ullrich, D. (2004). Imaging research seeks early detection of Alzheimer's Risk. MCw Health News. Retrieved August 5, 2005, from http://healthlink.mcw.edu

Werber, E. A., Gandelman-Marton, R., Klein, C., & Rabey, J. M. (2003). The clinical use of P300 event related potentials for the evaluation of cholinesterase inhivitors treatment in demented patients. *Journal of Neural of Neural Transmission, 110,* 659–669.

chapter

04 청각생리

집필자 : 정승희

우리는 다양한 소리를 경험하며 살아간다. 소리는 귀를 통하여 뇌에 전달되어 인지된다. 이 장에서는 청각생리, 즉 귀의 구조와 기능을 바탕으로 소리가 전달되는 구체적인 경로와 더불어 병리적 현상을 살펴보고자 한다.

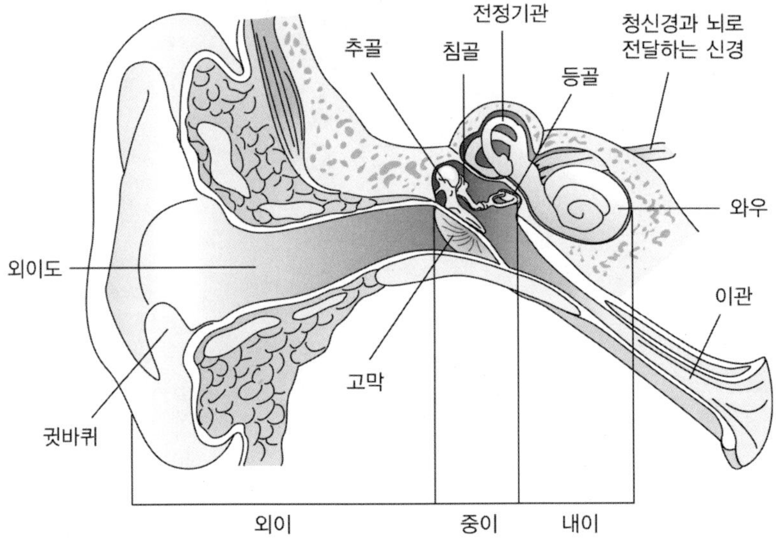

그림 4-1 청각 해부

출처: 대한의학회, 2013.

1. 외이

외이(outer ear)는 머리의 양옆에 위치하며 귓바퀴와 외이도로 이루어져 있다. 귓바퀴는 외부의 소리를 모아 외이도로 소리 전달을 원활하게 한다. 이때, 소리 이동은 공기를 통해 전달되는데, 그 구조와 기능, 병리에 대한 자세한 내용은 다음과 같다.

1) 외이의 구조

외이는 크게 귓바퀴와 외이도로 구분된다. 귓바퀴(pinna)는 태아기 2개월 이전에 발달하고 사람에 따라서 그 모양과 크기가 다양하며 이개(耳介)라고도 불린다. 귓바퀴는 연골로만 이루어져 있으며 전체 연골은 안면과 연결된 피부로 덮여 있다. 귓바퀴의 구조는 그림 4-2 와 같이 귓바퀴의 가장 낮은 부분인 귓불(둥근 돌출부)부터 그 위로 귀구슬(이주), 맞둘레(대이륜), 귀둘레(이륜) 등으로 구성되어 있다.

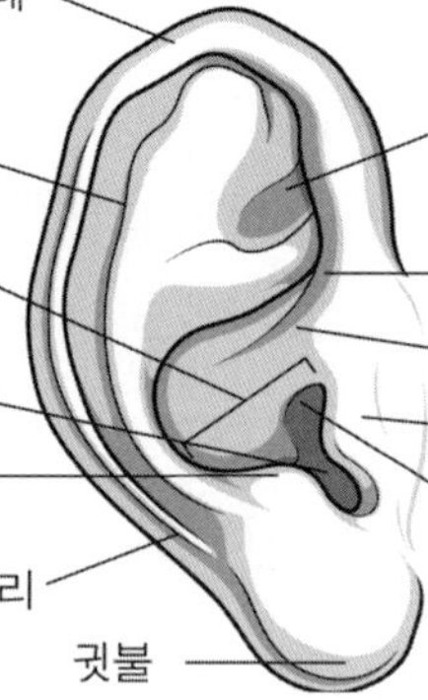

그림 4-2 귓바퀴의 구조
출처: 대한의학회, 2013.

외이도(external auditory meatus)는 평균높이 9mm, 너비 6.5mm, 길이 3cm 정도로 타원의 누운 S자 모양의 피부로 이루어져 있으며 연골부와 골부로 나뉜다. 외측 1/3은 연골부, 내측 2/3는 골부로 이루어져 있다. 연골부는 피지를 분비하는 지방분비선 등에 의해 귀지(cerumen)가 형성된다(Martin & Clark, 2010). 귀지는 씹거나 말하는 동안 외이도 벽이 턱뼈운동에 의해 비뚤어지는 경우 자연적으로 귀에서 빠져나온다. 골부는 2/3가 뼈로 구성되어 있고 측두골의 고막부분을 관통한다.

2) 외이의 기능

귓바퀴는 깔때기와 같은 형상으로, 환경으로부터 음파를 모아 고막으로 전달하는 역할을 하지만 청각적인 측면에서의 기능은 거의 없다. 얼굴의 옆 볼과 가까이 있는 귀구슬(이주)은 외이도로 함몰되어 있기 때문에 시끄럽거나 큰 소리가 들릴 때, 손가락으로 귀를 막는 등의 행동을 통해 소리를 막아주는 기능을 한다.

외이도는 약 3cm 길이의 원통으로 2500~4000Hz의 주파수 사이에서 악기와 같은 공명기의 역할을 수행하며, 이는 약 10~15dB을 증폭시킴으로써 고막에 에너지의 효율적인 이동을 가능하게 하는 기능을 한다. 또한 많은 모낭과 분비되는 귀지로 인하여 다음과 같은 역할을 한다(Martin & Clark, 2010).

첫째, 벌레 등의 이물질이 관의 안쪽 2/3로 들어가지 못하게 지켜준다.
둘째, 일정 온도 및 습도를 유지한다.
셋째, 고막을 외상으로부터 보호한다.

3) 외이의 병리

외이에서 볼 수 있는 병리는 형태의 손상을 비롯한 다양한 원인에 의한 것이다. 먼저 형태의 손상에 따른 병리는 머리 양옆에 위치한 귓바퀴가 한쪽 또는 양쪽이 아주 작은 크기이거나 완전히 없는 소이증(microtia)이 대표적이다. 그리고 귓바퀴가 머리에서 현저하게 돌출되거나 두개골을 압박하는 병리가 나타나기도 한다. 이외에 나타나는 병리는 외이도가 감염되는 외이도염(otitis externa)과 귀지로 인한 막힘 등으로 외이도가 좁아져 청력손실이 나타나는 경우가 있다. 위와 같은 병리들로 인하여 음파를 간섭 또는 방해받게 되면 전음성 난청(conductive hearing loss)을 초래할 수 있다.

그림 4-3 소이증
출처: 대한의학회, 2013.

2. 중이

중이(middle ear)는 고막과 고실, 이소골과 이관으로 이루어져 있으며 외이에서 전달된 소리를 고막, 이소골(추골, 침골, 등골) 순으로 증폭시켜 내이로 전달한다. 중이에 대한 구조와 기능, 병리에 대하여 자세히 살펴보기로 하자.

1) 중이의 구조

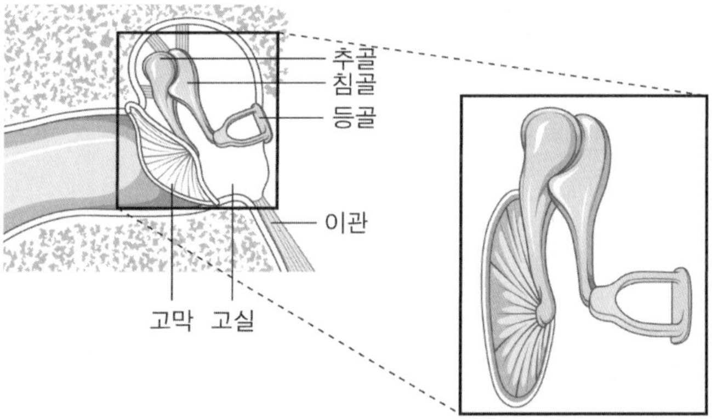

그림 4-4 중이의 구조(왼쪽)와 '고막 & 이소골'의 확대 그림(오른쪽)
출처: Martin & Clark, 2010.

중이는 고막, 고실, 이소골, 이관으로 구분된다.

고막(tympanic membrane)은 외이도와 고실 사이에 위치하는 얇은 막으로, 전체 영역은 너비 약 90mm^2, 두께 약 0.07mm의 반투명한 진주빛 타원형의 세 겹으로 구성되어 있다. 바깥쪽에서부터 피부층, 섬유층, 점막층으로 되어 있다. 이 고막은 외이도에서 보이는 외부층인 뼈 관(osseous meatus) 위에 뻗은 피부와 같다. 그 피부 아래는 거친 섬유질 결합조직층이며, 부딪히는 음파에 대해 막이 진동하는 능력에 큰 기여를 한다. 고막 뒤는 공기로 채워진 고실로, 고막의 세 번째 층을 포함하는 점막이 붙어 있다. 신생아의 고막은 원형에 가깝고 성인보다 두꺼우며, 성장함에 따라 그 형태가 수평에서 수직에 가까워진다(Martin & Clark, 2010). 고막은 반투명이기 때문에 검이경(otoscope) 또는 비디오 검이경(video otoscope)을 통해 중이의 구조 일부를 볼 수 있다. 고막은 외이도에서 들어온 소리의 압력음파에 의해 진동하며 연결된 추골에 동일한 진동을 전달한다.

고실(tympanic cavity)은 외이와 내이 사이에 있는 공간을 의미하며 뼈와 얇은 점막으로 둘러싸여 있다. 이관의 기능작용이 원활한 경우 고실은 항상 기체로 채워져 있다. 고실 내에는 우리 인체에서 가장 작은 3개의 뼈인 이소골(ossicles)이 서로 관절을 이루며 연결되어 있다.

이소골(ossicle)은 고막에 붙은 순서대로 추골(망치뼈), 침골(모루뼈), 등골(등자뼈)로 구성되어 있다. 추골(malleus)은 머리부분이 침골의 몸체와 연결되어 있고, 침골(incus)의 끝부분은 등골(stapes)의 머리 위와 연결된다. 등골의 족판(footplate)은 중이와 내이 사이의 얇은 막인 난원창(oval window)과 연결되어 있다. 이소골은 중이 안에 아주 정교하게 자리 잡고 있고, 3개의 뼈가 관절 연결로 인하여 각 개별이 움직이는 것이 아닌 전체가 함께 움직인다.

이관(eustachian tube)은 중이의 고실에서 코 뒤쪽의 비인강과 연결되어 있다. 이것은 중이의 압력이 외이의 압력과 동일하게 조정해주는 기능을 한다. 따라서 성인의 이관은 연골조직의 스프링 메커니즘에 의해 닫혀 있는 것이 정상이고,

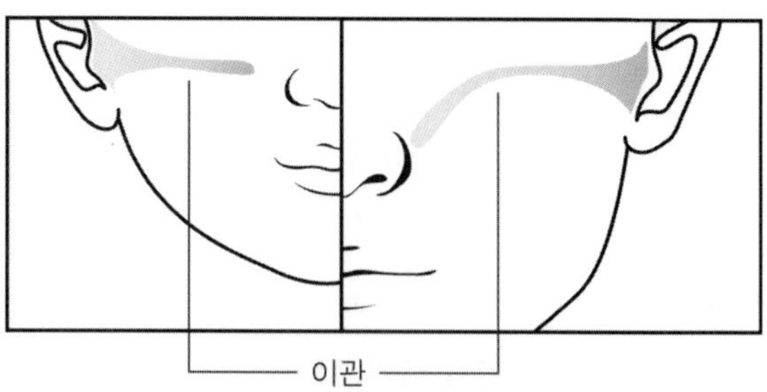

그림 4-5 아동(왼쪽)과 성인(오른쪽)의 이관
출처: 대한의학회, 2013.

하품이나 코 골기 및 삼키기 등으로 인하여 코에서 과도한 기압이 가해질 때 이 부분이 열리게 된다. 또한 유아는 성인에 비해 이관이 더 짧고, 길이의 폭이 더 넓으며 수평으로 되어 있다(그림 4-5).

2) 중이의 기능

외이도를 통해 전달된 소리(음파)는 중이의 고막과 이소골을 진동시키고, 증폭 기제에 의해 증폭된 음이 내이로 전달된다. 이때, 고실에서 소리진동을 기계적 에너지로 변환시켜 내이로 전달하는 역할을 하며, 중이에서 음압이 증폭되는 3가지의 원리는 다음과 같다.

첫째, 성인의 고막은 평균 85~90mm^2, 진동 유효영역은 약 55mm^{2}이며, 등골판의 면적은 3.2mm^{2}이다. 고막진동 유효영역과 등골판의 면적비는 그림 4-6 의 (A)와 같이, 약 17:1로 면적의 차이가 있다. 이 면적의 차이로 인하여 소리에 대한 압력이 고막보다 등골판에 집중되어 약 25dB로 증가하게 된다. 즉, 면적비의 효과로, 고막 표면적 위에서 수집된 소리압력이 등골판의 더 작은 표면적 위에서 집중되어 압력을 상승시킨다.

둘째, 이소골은 추골과 침골의 길이 차이에 의하여 지렛대효과가 나타난다. 즉, 그림 4-6 의 (B)와 같이, 추골과 침골의 길이가 약 1.3:1로 소리에 대한 압력이 길이가 더 긴 추골에서 짧은 침골로 전달될 때 지렛대효과로 인하여 약 2~3dB의 음압이 증가한다.

셋째, 고막은 편평하지 않고 원뿔형의 모양으로 인하여 임피던스 매칭(impedance matching) 과정에 영향을 미친다. 즉, 외이도에서 전달된 음이 그림 4-6 의 (C)와 같이, 고막이 깔때기와 같은 오목한 형태의 집음효과와 복원력으로 인하여 음압이 약 6~9.5dB이 증폭한다.

이와 같이 고막에 전달되는 모든 소리압력은 외이의 공기매체와 내이의 액

체매체 간의 임피던스 차이가 크기 때문에 중이의 메커니즘이 임피던스변환기(impedance mismatch transformer)로서 100% 효율성을 발휘하지 않으면 내이에 에너지가 전달되지 못하고 반사된다. 따라서 중이의 3가지 원리에 의해 전체 약 33~37dB의 음압이 증폭되어 내이로 에너지를 전달하게 된다.

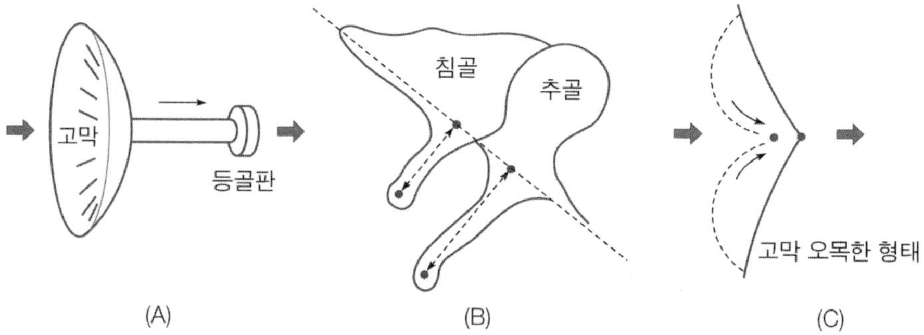

그림 4-6 중이의 음압 증폭원리

출처: 대한청각학회, 2008.

중이는 음압을 증폭시키는 기능과 함께, 시끄러운 소리에 대한 보호의 기능도 담당한다. 즉, 오른쪽 귀에 시끄러운 소리가 들리면 양 귀의 등골근(stapedius muscle)과 고막장근(tensor tympani muscle)이 반사적으로 수축하여 진동의 진폭을 감소시켜, 갑작스러운 큰 소리가 내이로 전달되는 것을 막는다.

중이의 이관은 기압균등화를 유지하는 기능을 담당한다. 외부와 내부의 기압을 균등하게 유지하는 유일한 방법은 이관을 통과하는 것으로 예를 들면 다음과 같다.

대부분의 사람들은 고도가 높은 지역이나 낮은 지역에서 운전하거나 비행기를 탑승하고 있을 때, 귀 안이 막히는 느낌을 경험한 적이 있을 것이다. 이때, 침을 삼키거나 하품을 하는 방법 등으로 인하여 이관이 열리게 되어 중이 안에 기압이 평형을 이루게 된다.

3) 중이의 병리

소리가 외이에서 중이를 거쳐 내이로 전달되는 과정에서 중이의 어느 한 부분이라도 문제가 발생하게 되면 전음성 난청을 초래할 수 있다. 즉, 고막에 구멍이 뚫리는 고막천공이나 중이염 등에 따른 청력손실을 예로 들 수 있다.

고막천공(tympanic membrane perforation)은 고막이 아주 얇은 막으로 이루어져 있기 때문에 과도한 압력이나 감염, 뾰족한 물체로부터의 직접적인 외상 등으로 인하여 구멍이 뚫리는 것을 말한다. 이에 따른 청력손실의 정도는 여러 변수에 의해 좌우되며 정확한 천공의 크기와 장소는 청력손실의 정도뿐만 아니라 청력측정 구성에도 변화를 줄 수 있다.

중이염(tympanitis)은 아동의 이관길이가 짧고 수평으로 되어 있는 구조로 인하여 비인강(코 뒤쪽 부분)에서의 박테리아가 중이로 쉽게 이동하여 발생하게 된다. 이러한 이유로 중이염이 대부분 성인보다는 아동에게서 발생하게 된다. 이외에 이경화증(otosclerosis)이나 선천성 기형, 유전적 이유로 중이에 이상이 발생하여 전음성 난청이 귀결되기도 한다.

3. 내이

내이(inner ear)는 귀의 가장 안쪽에 위치하며 와우와 전정기관으로 구분된다. 와우는 듣기를 담당하는 청각기관으로 전정계와 중간계, 고실계로 나누어져 있고, 전정기관은 몸의 기울기 상태를 감지하는 평형기관으로 전정과 반규관으로 이루어져 있다. 내이는 등골에서 난원창을 통해 전달된 진동이 달팽이관을 거쳐 청신경 및 청각중추로 소리를 전달하는 역할을 하며, 내이의 구조와 기능, 병리에 대한 자세한 내용은 다음과 같다.

1) 내이의 구조

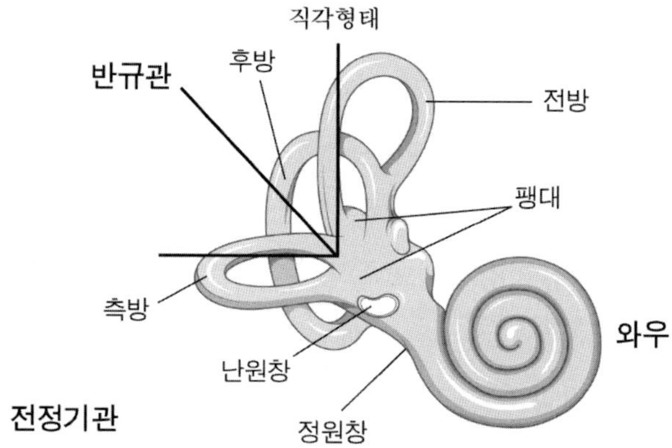

●●● **그림 4-7 내이의 구조**
출처: Martin & Clark, 2010.

(1) 전정기관

전정기관(vestibular apparatus)은 반규관과 전정으로 이루어져 있다. 반규관은 전방, 후방, 측방의 3개 고리관으로 구성되어 있고, 전정의 내부는 구형낭(saccule)과 난형낭(utricle)으로 구성되어 있다. 반규관의 양쪽 끝은 전정과 연결되어 있으며, 각 반규관은 한쪽 끝이 약간 부풀어져 있는데 이를 팽대(ampullae)라고 한다. 그리고 반규관은 1개의 수평부(측방)와 2개의 수직부(전방, 후방)가 서로 직각으로 위치하고 있으며 각 고리는 약 0.3~0.5mm로 내부에는 림프액이 채워져 있다 (Martin & Clark, 2010).

(2) 와우

와우(cochlea, 달팽이관)는 루이시너막과 기저막에 의해 전정계(scala vestibuli), 중간계(scala media), 고실계(scala tympani)로 나뉘고, 달팽이의 껍질과 같이 약 2바퀴 반 정도 회전되어 말려 있으며 그 안은 림프액으로 채워져 있다. 회전되어 말려 있는 와우를 펼치면 청각을 담당하는 유모세포를 가진 U자 모양의 관이 되며 이 길이는 약 3.5cm 정도이다. 이 관의 한쪽 끝은 난원창(oval window)이고, 다른 한쪽 끝은 정원창(round window)이다(Martin & Clark, 2010).

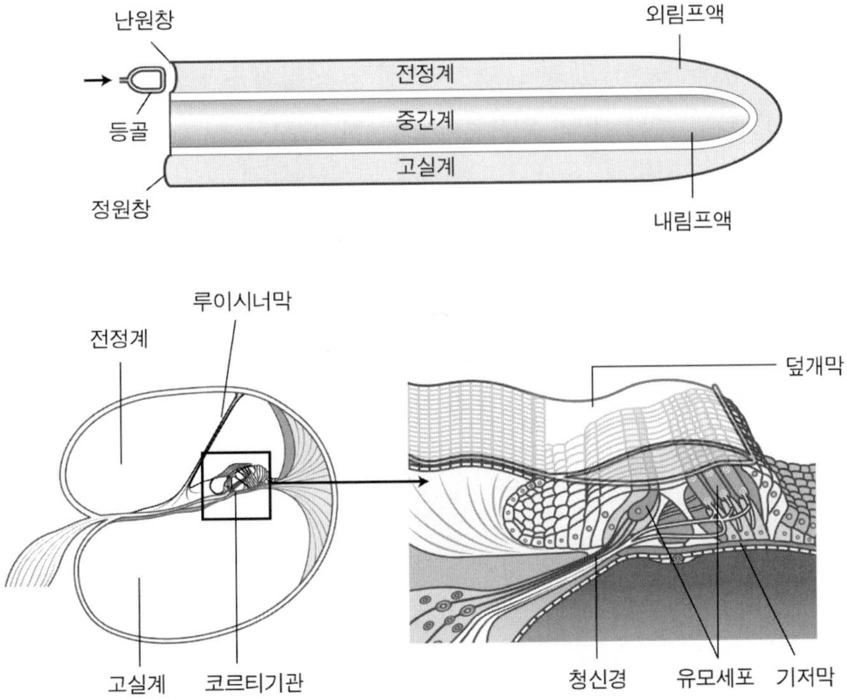

그림 4-8 펼쳐진 와우(위), 와우 내부 구조(아래)
출처: Martin & Clark, 2010.

와우의 기저막(membrana basilaris) 위에 위치한 코르티기관(organ of Corti)은 와우 안의 소리를 느끼는 청각수용기로 매우 복잡하고 민감한 감각기관이다. 이 기관의 거의 중앙에는 청신경유모세포가 존재하는데, 내측에는 내유모세포(inner hair cell)가 약 3,500개, 외측에는 3열로 배열된 외유모세포(outer hair cell)가 약 15,000개로 총 약 18,500개로 알려져 있다(Martin & Clark, 2010). 그러나 전체 유모세포의 수가 약 20,000개로 제시되기도 하는 등 학자마다 의견을 달리한다.

2) 내이의 기능

내이의 전정기관(vestibular apparatus)은 우리 신체에서 몸의 운동, 위치, 균형, 방향 등을 인지하는 역할을 담당한다. 3개의 고리관으로 구성된 반규관은 머리운동의 모든 회전운동을 감지하는 기능을 한다. 그리고 각 반규관의 끝에 위치한 팽대 안에는 팽대부능이 있으며 여기에 전정 신경섬유가 위치하고 있는데, 이 섬유는 앞뒤, 좌우, 위아래의 움직임에 민감하여 모든 방향의 움직임을 감지한다. 그래서 우리가 머리를 움직이면 움직이는 방향이나 정도에 따라 전정기관이 인식하여 몸의 움직임 및 회전과 함께 어지러움증도 느끼게 되는 것이다.

와우는 청신경을 통하여 청각중추까지 소리를 전달하는 역할을 한다. 즉, 난원창을 통해 전달된 음파가 전정계의 외림프액을 진동시켜 루이시너막과 기저막까지 파동이 전달된다. 이는 중간계의 내림프액을 진동시켜 코르티기관의 유모세포를 자극함으로써 기계적 진동음을 전기적 자극으로 전환하여 청신경으로 음을 전달하게 되는 것이다.

내이에 전달된 음은 각 음에 대한 주파수에 따라 와우 내에서의 파장이 달리 일어난다. 즉, 고주파수음은 와우의 입구인 기저부에서 최대진폭점이 나타나며 저주파수음은 와우의 첨부로 갈수록 넓게 탄성을 가진다. 또한 기저부에 위치한 고주파수를 담당하는 유모세포의 길이는 짧으며, 저주파수를 담당하는 유모세포는 배열이 첨부쪽으로 진행됨에 따라 길이가 점차 길어진다. 유모세포의 길이가 다르다는 것은 음압에 대한 민감도와 관련된다. 즉, 고주파수를 담당하는 유모세포의 민감도가 가장 높으며, 저주파수를 담당하는 유모세포의 민감도가 가장 낮다(Pickless, 1988; Withnell, 2001). 이는 주로 4000Hz에 손상이 많이 일어나는 노인성 난청이나 소음성 난청에 대한 원인을 고주파수를 담당하는 유모세포가 와우의 기저부에 위치한 점과 민감도를 함께 관련지어 해석해 볼 수 있다.

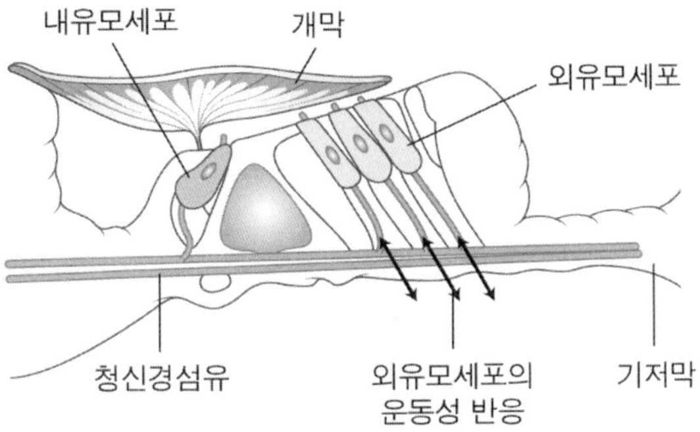

그림 4-9 코르티기관의 횡단면
출처: 대한청각학회, 2008.

이탈리아 해부학자 Corti의 이름에서 따온 와우의 코르티기관(organ of Corti)에는 내측과 외측의 청신경유모세포와 이를 지지하는 지원세포가 존재한다. 청신경유모세포는 음성인지를 위한 2가지 기능을 수행하는데 이는 장소론과 연사론으로 구분하여 설명된다. 먼저 장소론(place theory : Bekesy)은 와우의 청신경유모세포가 특정 주파수를 담당하는 기능에 대한 것으로, 고주파수대역에 대한 변별이 명확하지 못한 원인을 해당 주파수를 담당하는 유모세포에 그 의미를 둔다. 즉, 해당 주파수를 인지하기 위해서는 기저부에 위치한 고주파수 또는 첨부에 위치한 저주파수를 담당하는 유모세포가 손상되지 않고 건강해야 한다는 것에 근거한다.

다음으로 연사론(volley theory : Miller)은 특정 주파수를 인지하고 변별하기 위해서는 단위시간당 영향을 받는 모든 주파수에 해당하는 여러 유모세포의 협응이 요구된다는 이론이다. 즉, 4000Hz를 인지하기 위해서는 주파수에 대한 단위시간이 초(second)에 해당하므로 초의 진동수에 따라 최소한 4,000개 이상의 유모세포의 협응이 필요함을 의미한다.

이와 같이 와우의 청신경유모세포가 음성을 인지하기 위해서는 장소론과 연사론에 의해 설명이 된다. 그러나 오늘날 와우의 청신경유모세포 음성인지이론은 장소론과 연사론을 융합한 복식론(duplex theory)에 의해 설명되고 있다. 즉, 복식론은 와우의 청신경유모세포가 임의의 주파수대역을 인지하고 변별하기 위해서는 특정 주파수에 해당하는 유모세포의 역할에 중점을 두는 장소론과 해당 주파수에 따른 유모세포들의 협응이 요구된다는 연사론의 두 이론에 의하여 설명된다.

3) 내이의 병리

내이의 병리는 그 시작과 진행이 점차적 또는 돌발적으로 다양하게 나타난다. 내이에 발생하는 대표적인 질환 중 한 가지는 메니에르병(Meniere's disease)이다. 이 질환은 대부분 30대에서 60대의 성인에게서 나타나며 아직까지 병리와 생리기전이 완전히 밝혀지지는 않았으나, 내이의 와우와 전정기관 내를 순환하는 내림프 수종(endolymphatic hydrops)을 주된 병리현상으로 보고 있다. 즉, 내림프액이 일정 기준치를 초과하여 압력이 높아지거나 내림프액을 흡수하는 데의 문제로 인하여 와우와 전정기관에 질환이 발병하게 되는 것이다. 메니에르병은 어지럼증과 함께 청력 저하, 귀울림이라고 하는 이명, 귀가 꽉 차있는 듯한 느낌의 충만감 등의 증상이 동시에 발현된다. 그리고 이 질환은 특별한 증상 없이 갑자기 심한 현기증이 나타나기도 하는데 수십 분 동안 어지럽다가 사라지거나, 며칠 동안 지속되기도 한다. 심할 경우에는 쓰러졌다가 멀쩡하게 일어나는 튜마킨발작과 함께 오심, 구토를 동반하기도 한다. 그리고 귀가 울리는 이명현상과 함께 소리가 잘 들리지 않거나 청력이 점점 저하된다.

이외에도 내이는 세균이나 바이러스에 의한 감염으로 미로염이나 뇌수막염의 염증성 질환이 나타나기도 한다. 또한 소리의 과다 노출로 인한 소음성 난청, 노인성 난청과 청신경 종양 등에서 감각신경성 난청(sensorineural hearing loss)을 초래할 수 있다.

4. 청신경 및 청각중추

청신경(auditory nerve)은 내이의 코르티기관에 존재하는 유모세포에서 시작하여 중추신경계인 뇌간을 통해 청각피질로 전달하는 기관이다. 그리고 외부로부터의 청각자극을 전기적 신호로 바꾸어 신경으로 전달하는 역할을 하며 이 소리는 뇌반구의 외측에 위치한 측두엽까지 전달하게 된다. 청신경부터 대뇌까지 소리가 전달되는 경로에 따른 구조와 기능에 대하여 자세히 살펴보기로 하자.

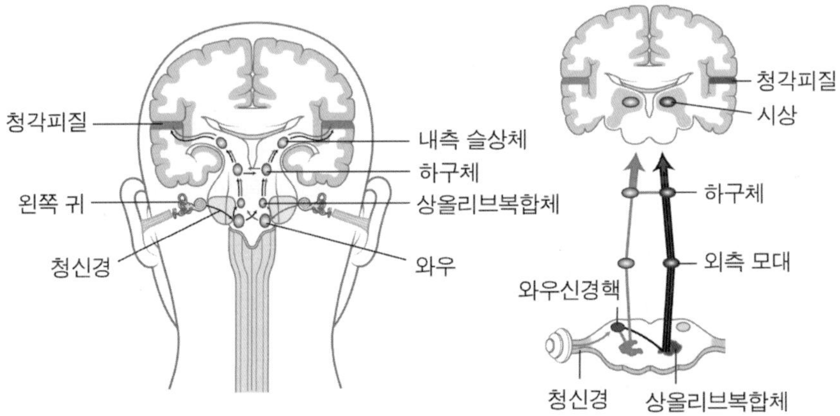

그림 4-10 청신경부터 청각중추까지의 경로
출처: 대한청각학회, 2008.

1) 청신경부터의 청각경로

내이의 코르티기관에 위치한 유모세포에서 발생한 청각전파는 중추신경계인 소뇌와 연수가 만나는 부분인 소뇌교각쪽으로 이어진다. 어떠한 신경섬유도 코르티기관에서 대뇌의 청각중추(auditory sensation)로 바로 연결되어 있지 않다. 와우에서 대뇌의 청각중추까지의 정보 전달을 위해서는 여러 경로를 거쳐야 한다.

청각경로의 주요 구조는 ① 와우의 유모세포(hair cell of cochlea), ② 신경섬유(nerve fiber), ③ 와우신경핵(cochlear nuclei), ④ 능형체(trapezoid body), ⑤ 상올리브복합

체(superior olivary nucleus), ⑥ 외측 모대(lemniscus lateralis), ⑦ 하구체(inferior colliculus), ⑧ 내측 슬상체(medial geniculate body) 등이다. 이러한 경로를 통해 소리는 대뇌의 청각피질인 ⑨ 측두엽(temporal lobe)에 있는 청각영역에 전달된다. 청각경로는 각 부위로 연결되는 시냅스를 통해 그 기능을 수행하는데, 각 부위별 특징은 다음과 같다(Bellis, 2003).

표 4-1 청신경 청각경로의 부위별 특징

부위	특징
와우의 유모세포	음을 신경섬유로 전달한다.
신경섬유	와우의 정보 전달을 위하여 중추신경계와 처음으로 연결된다.
와우신경핵	와우신경핵은 크게 배측과 복측으로 나누어져 있고, 배측핵보다 상대적으로 복측핵이 더 크다. 와우로부터 나오는 신경섬유가 처음으로 시냅스를 이루는 배측핵의 신경세포는 시냅스로 다음 연결부위인 능형체와 연결되어 있다.
능형체	와우신경핵에서 처음으로 교차가 일어나는 청각경로이다. 능형체의 시냅스는 와우신경핵으로부터 받은 정보를 상올리브복합체로 전달시키고, 또 다른 시냅스는 바로 하구체로 연결시키기도 한다.
상올리브복합체	양쪽 와우신경핵으로부터 온 정보를 같이 전달받아 교차함으로써 두 귀의 상호작용이 이루어져 청각의 방향감각이 일어난다.
외측 모대	상올리브복합체의 연장부로 와우신경핵과 하구체를 연락하는 중계핵의 역할을 수행한다.
하구체	중뇌의 청각중추로, 신경섬유가 내측 슬상체로 정보를 전달한다.
내측 슬상체	내측 슬상체의 시냅스는 대뇌의 청각피질로 정보를 전달한다.
측두엽	각 뇌반구의 외측에 위치하며, 청각정보가 일차적으로 전달되는 피질영역이다.

이와 같이 청신경은 내이에서 전달된 소리자극을 전기적 신호로 전환시켜 여러 청각경로로 전달하는 역할을 한다. 이 과정에서 각각의 기능을 맡은 중추들은 서로 복잡하게 연관되어 억제 · 기억 · 습관화하며 소리인지 · 이해 등의 기능을 하게 된다. 특히 상위 측두엽에 위치한 베르니케영역(Wernicke area)은 말-언어의

수용과 이해의 기능을 담당하는 뇌중추영역으로 음의 정보 처리가 이루어지며 이 영역에 손상을 입으면 실어증이 나타나게 된다.

2) 청각처리장애

청각중추에서 발생할 수 있는 여러 병리 중에서 가장 대표적인 것이 청각처리장애(Auditory Processing Disorder; APD)이다. 청각처리장애는 이전의 중추청각처리장애(Central Auditory Processing Disorders; CAPD)라는 용어에서 대체된 것이다. APD는 소리자극이 대뇌피질에 전달되는 과정의 병변으로, 소리에 대한 비정상적인 반응이 나타나는 것을 의미한다. 즉, 정상적인 청력역치를 보이지만 소음환경에서 소리를 잘 듣지 못하거나, 2가지의 소리자극이 주어졌을 때 두 소리를 분별할 수 없는 등의 문제가 나타난다. 또한 APD는 단일질환명이 아닌 기능적 장애를 지칭하는 용어로, 다양한 중추신경계의 질환에서 관찰되며 청각 처리기술(메커니즘)에서 한 가지 이상의 어려움을 보인다. 아동의 경우에는 언어발달과 학습능력에 부정적인 영향을 미치기도 한다. 즉, 지적능력이 정상이더라도 종종 청취능력이 부족하고 집중의 지속기간이 짧다. 그리고 겉으로 나타나는 기억력과 독해력이 부족하며 말을 차례로 나열하는 데 어려움이 있으며 읽고 쓰기를 배우는 데 문제가 나타난다. 또한 자주 보고되는 기능장애 가운데 한 가지는 주위 소음이 있을 때 말을 알아듣는 것에 어려움이 있는 것이다. 이런 아동의 경우, 정상적으로 학업을 따라가는 데 방해가 되는 학습장애를 가지고 있으며 종종 지적장애, 단순언어발달장애(SLI), 주의력 결핍 및 과잉행동장애(ADHD)와 그 특성이 비슷하게 보일 수 있다. 이는 대략 2~3%의 아동에게 발생되는 것으로 추정되고, 여자에 비해 남자에게서 2배 더 발생하는 것으로 나타났다. APD로 인하여 말과 언어발달의 지연, 학업능력의 부족 등이 나타나며 이것은 낮은 자아 개념을 형성하여 부적절한 사회적 관계를 야기하며, 자신보다 더 어린 놀이친구를 찾게 되는 경향이 나타난다(ASHA, 2001).

Jerger와 Musiek(2000)는 UTD/Callier center consensus conference on diagnosing APD in children의 결과를 정리하여 선별검사로 3가지 방법을 제시하였다. 이는 선별 설문조사(screening questionnaire)와 선별검사(psychometric test), 그리고 두 검사의 조합으로 구성되어 있다. 이와 같은 정신분석학적 선별검사는 최소한의 인지력, 주의력, 언어 사용능력이 요구되며 조건이 갖추어진 경우에 검사가 가능하다. 선별검사의 결과, 중추성 청각장애 선별검사에서 문제가 있다고 의심되는 경우에는 청각전문가의 정확한 진단을 받아야 한다. 실제로 제대로 사용할 만한 선별검사는 많지 않으나 그중 한 가지인 Selective Auditory Attention Test(SAAT)는 조용한 상황에서 동일한 귀에 의미 있는 다른 소리가 들리는 것에 대한 어음 분별능력을 알아보는 검사이다. 피검자는 단어를 듣고 해당 단어를 의미하는 그림판을 가리키게 된다. 이러한 검사는 소아에 있어서 많은 언어적 능력을 요구하지 않는다는 장점을 가지고 있다.

ASHA(American Speech–Language–Hearing Association, 2005)에서 APD는 청각 처리의 문제이기 때문에 진단은 청능사가 담당하고, 언어치료사는 청능사의 APD 진단을 협조하는 역할을 해야 한다고 명시하였다. 그리고 APD의 특성은 매우 광범위하기 때문에 이들이 보이는 청각 처리의 손상을 명확히 이해하고, 진단과 중재를 제공하기 위해서는 여러 관련 전문가들의 다학문적 평가가 요구된다. 평가는 객관적 검사와 주관적 검사가 이루어지며 객관적 검사는 중추적 상태를 반영하여 ABR, ALR검사 등이 시행되며 주관적 검사는 행동적 상태를 반영하여 병력과 순음청력검사, 어음청력검사, 방향성 평가 등 다양한 평가가 함께 진행되어야 한다. 그러므로 전문가들의 다학문적 평가가 필요하며 일단 중추청각장애가 의심되면 치료를 시작하여야 한다. 이때, 즉시 치료를 시작할 것인지, 성장하는 것을 지켜보면서 그 변화를 관찰할 것인지에 대한 선택은 신중하게 이루어져야 한다. 그리고 치료시기의 선택과 함께 청각을 자극할 수 있는 모든 방법을 동원하여 지속적으로 유지시켜 주는 것이 중요하다. 이때, 청각자극을 시각자극과 연관시켜 시각적 단서를 제공하는 방법과 이어폰을 사용하여 소음에 대한 소리의 강도를 증가시키는 방법, 소리 분별 및 인식과 이해를 발달시킬 수 있는 훈련의 방법 등을 통하여 치료적 접근을 시행한다.

표 4-2 Keith의 중추청각처리장애 진단기준

Keith(2000)의 중추청각처리장애의 진단기준(아동 대상)

다음의 11가지 증상 중에서 적어도 4가지를 만족하고, 증상이 6개월 이상 지속되는 경우에 진단을 내릴 수 있다.

1. 정상청력에도 불구하고 말초성 난청이 있는 듯이 행동한다.
2. 말소리를 구별하는 능력이 소실된 것처럼 청각 구별에 어려움이 있다.
3. 말소리를 기억하고 처리하는 데 어려움이 있다.
4. 주변 소음 속에서 말소리를 이해하는 데 어려움이 있다.
5. 청각정보를 기억할 수 없거나 다양한 지시를 따를 수 없는 등 청각기억에 어려움이 있다.
6. 말소리-인지, 심리 평가에서 점수의 분포가 산만하게 나타나며 특히 청각 의존영역이 낮게 나타난다.
7. 혼란스럽거나 피곤한 상황에서 청각정보에 대한 주의력 감소가 보이는 청취능력의 약화가 보인다.
8. 청각정보에 부적절한 반응을 보이거나 모순된 청각 인식을 보인다.
9. 표현언어와 수용언어 사이에 모순을 보이는 표현 또는 수용언어장애가 있다.
10. 친하지 않은 사람과의 대화에서 빠른 언어를 이해하는 데 어려움이 있다.
11. 언어구사에서 음성적 운율이 좋지 않고, 소리의 음정이나 리듬을 인식하는 데 어려움이 있다.

지금까지 소리가 전달되는 경로를 청각생리, 즉 귀의 구조와 기능을 바탕으로 살펴보았다. 정리하면, 청각기관은 크게 외이, 중이, 내이 세 부분으로 나뉘며 외이부터 전달된 소리는 중이를 거쳐 내이와 청신경을 지나 청각중추까지 전달된다. 이러한 복잡한 과정을 통해 우리는 말-언어를 수용하고 이해하게 된다.

확인학습

1. 외이부터 내이까지의 구조를 그리며 청각 전달 과정을 설명하시오.
2. 중이에서 음압의 증폭원리 3가지를 설명하시오.
3. 와우(달팽이관)의 음성인지이론 3가지를 설명하시오.
4. 외이, 중이, 내이에서 나타날 수 있는 대표적인 병리를 한 가지씩 설명하시오.
5. APD의 특성 3가지 이상을 제시하시오.

참고문헌

대한의학회 (2013). http://www.kams.or.kr/health/index.php, 건강교육-알기 쉬운 건강정보.

대한청각학회 (2008). **청각검사지침**. 서울: 학지사.

American Speech-Language-Hearing Association. (1996). Central auditory processing: Current status of research and implications for clinical practice. *American Journal of Audiology, 5*, 41-54.

American Speech-Language-Hearing Association. (2001). *Scope of practice in speech-language pathology*. Rockville, MD: Author.

American Speech-Language-Hearing Association. (2005). (central) Auditory processing disorders -The role of the audiologist. Available from www.asha.org/policy.

Bellis, T. J. (2003). *Assessment and management of central auditory processing disorders in the educational setting: From science to practice*. San Diego: Singular Publishing Group.

Cherry, R. S. (1981). Development of selective auditory attention skills in children. *Percept Mot Skills, 52*, 379-385.

Davis, B. M., Richards, D. J., & Martin, D. R. (2007). *Hearing protection as a factor of personal training. Poster session*. Columbus, OH: Ohio Academy of Audiology Conference.

Jerger, J., & Musiek, F. (2000). Report of the consensus conference on the diagnosis of auditory processing disorders in school-aged children. *J Am Acad Audiol, 11*, 467-474.

Keith, R. W. (2000). Diagnosing central auditory processing disorders in children. In R. J. Roeser, M. Valente, & H. Hosford-Dunn (Eds.), *Audiology: Diagnosis* (pp. 337-353). New York: Thieme Medical Publisher Inc.

Martin, F. N., & Clark, J. G. (2010). *Introduction to audiology* (10th ed.). Boston, MA: Allyn & Bacon.

chapter

05 언어발달

집필자 : 박은주, 신지현

언어발달은 개인차가 있으며 일정한 규칙에 기초하여 사람과 환경의 사회적 상호작용을 통해 발달한다. 청각장애아 역시 언어발달의 규칙을 따르지만 청각적 자극의 부족은 음성언어의 발달 범주에서 한계를 보인다. 이 장에서는 건청아의 언어발달에 대하여 먼저 알아보고 다음으로 청각장애아의 구어발달과 수어발달에 대하여 살펴보고자 한다.

1. 건청아의 언어발달

유아의 환경음 청취는 청각자극의 경험이면서 언어발달의 중요 과정이다. 성장이라는 신체발달은 소리를 만들어가는 구조와 능력의 발달에 영향을 미치고 점차 소리를 모방하여 의사소통을 시도하게 되면서 언어는 발달한다. 건청아의 언어발달 과정을 언어 습득 전 단계, 언어 습득 단계, 언어 습득 후 단계로 나누어 그 특성을 알아보자.

1) 언어 습득 전 단계

인간은 태어나면서부터 음성을 변별할 수 있는 능력이 있다. 초기의 영아는 음소를 변별할 수 있는 능력이 있어 유성음과 무성음의 정밀한 차이도 구분할 수 있다. 음소에 대한 경험이 쌓이면서 환경의 영향으로 사용하지 않는 음소에 대한 변별능력은 점차 사라진다. 또한 다양한 소리의 음소를 범주적으로 지각할 수 있어 연속적으로 들리는 소리에서도 2개의 말소리를 구별할 수 있거나 조금씩 다른 소리도 하나의 음소로 처리할 수 있다. 이러한 선천적인 음소 변별능력과 범주적 지각능력은 말소리 습득을 위한 중요한 기초가 된다.

소리를 듣고 변별하는 능력과 함께 발성기관을 이용하여 소리를 만들어 산출하는 것은 언어발달을 위한 주요 과정이다. 영아는 자신의 발성기관을 이용하여 다양한 놀이를 즐기고 조절하면서 점차 발성이 늘어나고 다양하게 산출할 수 있게 된다. 이러한 과정을 통해 음성과 소리 사이의 관계를 발견하면서 언어는 발달한다.

언어 습득 전 단계의 언어발달 과정에 대한 선행연구(Oller, 1980; 김수진, 신지영, 2007: 86-88에서 재인용)의 내용을 요약하면 다음과 같다.

(1) 발성 단계

발성 단계(phonation stage, 0~1개월)에는 반사적 울기, 트림, 딸꾹질 등과 같은 생리학적 반응에 동반되는 다양한 불수의적인 발성이 주로 나타나며 자음성분이 매우 짧아 모음과 유사한 소리가 난다.

(2) 목 울리기 단계

목 울리기 단계(cooing stage, 2~3개월)에는 목구멍과 입, 혀를 지배하는 신경이 급속도로 발달하면서 영아는 /u/와 유사한 목울림 소리와 /구구/, /가가/와 같은 연구개 자음 같은 소리를 낸다. 이러한 발성은 의미 있는 음소의 산출이라기보다 단순한 생리적 성숙에 의한 것으로 볼 수 있다.

(3) 확장 단계

후두와 조음기관의 조절능력이 크게 향상되면서 발성목록은 점차 늘어나게 된다. 확장 단계(expansion stage, 4~6개월)에는 영아가 공기 흐름을 조절할 수 있게 되고 소리산출을 통제할 수 있게 된다. 물푸레질 소리, 비명 소리, 혀 굴리는 소리, 다양한 마찰 소리(friction noise) 등 여러 가지 발성으로 놀이를 즐긴다. 점차 음절성 발음에 가까운 소리를 내게 되며 성인의 반응과 더불어 영아의 발성은 확장된다.

(4) 반복적 옹알이 단계

반복적 옹알이 단계(reduplicated babbling, 6~8개월)에는 '마마마'처럼 같은 음절을 반복적으로 사용하며 언어산출을 위한 구강의 구조와 기능을 익힌다. 같은 음절을 반복적으로 사용하여 자기 자극적 놀이를 하거나 비반복적으로 성인의 말을 모방하여 따라 하는데 이때 성인의 억양과 유사한 소리를 내게 된다.

(5) 음절성 옹알이 단계

음절성 옹알이 단계(variegated babbling, 9~12개월)에는 다양한 유형의 옹알이가 나타나게 되며 자음과 모음이 결합된 것 같은 소리를 낸다. 이때 나타나는 자음 목록이나 음절형태, 반복하는 음절 유형 등은 이후 언어발달을 예측할 수 있는 중요 요소이다. 또한 성인의 반응에 다시 반응하는 차례 주고받기(turn taking) 놀이를 통해 유아는 상호작용적인 의사소통 기능을 발전시켜 나가게 된다.

2) 언어 습득 단계

언어 습득 전 단계를 지난 유아는 어휘량이 급격하게 증가한다. 낱말을 사용하기 전 유아는 개인어(ideomorphs)를 사용하여 자신의 의도를 전달하는 과도기를 거치게 된다. 예를 들면 화장실에 가고 싶은 경우 '쉬-'하는 소리를 내는 것과 같이 성인이 이해할 수 있고 자신이 사용할 수 있는 소리로 생각을 전달하게 된다. 이러한 과정을 통하여 유아는 언어라는 방법으로 타인과 의사소통이 가능하다는 것을 이해하게 되고, 점차 성인의 말소리를 모방하며 언어를 확장해 나간다.

12개월경에는 옹알이와 구분되는 첫 낱말을 산출하고, 18개월경 50개 정도의 낱말을 산출하다가 24개월경 어휘폭발기(vocabulary spurt)를 거치면서 200개 이상의 단어를 산출하면서 어휘 수는 급격히 증가한다.

언어 습득 단계에서의 구체적인 특징은 다음과 같다(최성규, 2011).

① 만 2세를 전후하여 어휘 습득이 폭발적으로 늘어나는 시기이다.

② '할아버지'를 '할비'와 같이 자신이 습득한 음소를 이용하여 산출할 수 있는 길이로 단순하게 줄여 말한다.

③ 자신에게 친숙한 사물이나 신체 중심의 어휘를 사용하고, 수용어휘가 표현 어휘보다 많다.

④ 부정문을 사용하나 오류가 많고, 주변 현상에 대한 호기심으로 의문문의 사용이 증가한다.

⑤ 처음에는 명사에 의존하여 의사소통을 하다가 점차 동사, 형용사를 사용하게 되면서 문장을 구성할 수 있게 된다.

⑥ 단어를 나열하는 전보문식 문장을 사용하다가 점차 두 단어를 연결하여 의미관계를 표현하게 되고, 문법형태소가 발달하면서 다양한 문장을 산출하기 시작한다.

⑦ 단어 습득 과정에서 의미 적용에 오류(과대확장, 과소확장, 중복)가 나타난다.

3) 언어 습득 후 단계

언어 습득 단계를 거친 아동은 급격한 어휘 증가와 함께 발화길이를 늘려가며 의사소통 기술을 발달시켜 나간다. 이 시기에 아동은 '서다－가다'와 같은 상대적인 개념을 이해하며, 자기중심으로 사용하던 어휘에서 벗어나 좀 더 사회적인 언어를 사용하여 상호작용하게 된다. 직접적인 경험 위주의 지식 습득에서 벗어나 언어를 통해 타인이나 다양한 매체와 교류하면서 경험의 세계를 확장해 나간다.

음운변동은 3세경 이후 지속되다 5~6세경에 완성되지만, 성인과 같은 정교한 체계를 위해 8세경까지 발달이 지속된다. 조사와 연결어미가 발달하면서 문장을 확장시켜 3세경에는 중문과 복문을 산출하기 시작하며, 4세경에는 피동문과 사동문이 발달하게 되고, 4~5세경에는 길이의 제한을 받지 않고 문장을 만들 수 있게 된다. 이에 대한 자세한 설명은 언어의 구성요소에서 상세히 다루도록 하겠다.

2. 언어의 구성요소

언어는 음운론, 형태론, 구문론, 의미론, 화용론 5가지 규칙 체계로 이루어져 있다. 음소들의 결합규칙에 대한 음운론(phonology), 단어의 구조에 대한 형태론(morphology), 단어의 배열이나 문장 구조에 대한 구문론(syntax), 어휘나 사물의 지식에 대한 의미론(semantics), 상황과 맥락에 맞게 언어를 사용하는 것에 대한 화용론(pragmatics)이다.

Bloom과 Lahey(1978)는 이러한 언어의 규칙이 서로 연관되어 있다고 보고 음운론, 형태론, 구문론을 형식(form)에 포함하여 언어를 3가지 요소로 제시하였다. 형식(form)은 소리와 기호를 연결하여 언어가 어떠한 틀로 만들어지는가에 대한 요소이며, 내용(meaning)은 언어라는 틀 안에 무엇을 담고 있는가에 대한 요소이다. 사용(use)은 목적과 상황을 고려하여 언어의 형식에 맞게 사용하는 것을 말한다. 이러한 언어의 구성요소에 대한 지식을 습득하고 서로 밀접하게 관련되어 작용하는 과정을 이해하면서 언어는 발달하게 된다.

표 5-1 언어의 구성요소

구성요소	언어의 하위 체계
형식	(음운론) 언어음과 그들 통합을 지배하는 규칙
	(형태론) 단어의 구성을 지배하는 규칙
	(구문론) 어순, 문장 구조, 다른 문형의 구성을 지배하는 규칙
내용	(의미론) 의미(단어와 단어의 결합)를 지배하는 규칙
사용	(화용론) 사회적 상황에서 언어의 사용에 관한 규칙

출처: 권요한, 박용학, 이혜경, 2011.

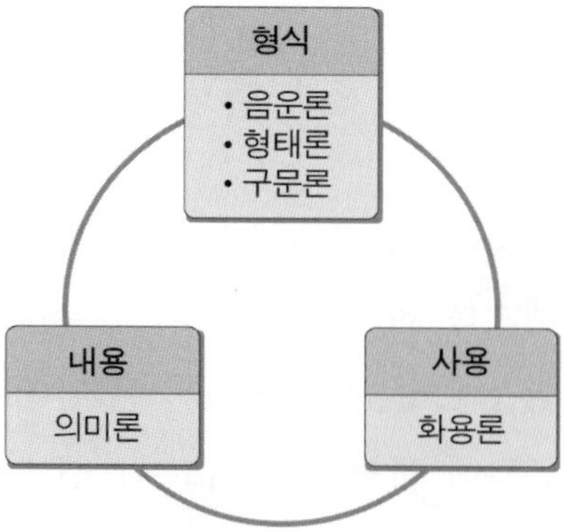

1) 음운론적 발달

음소(phoneme)란 말소리를 나타내는 가장 작은 단위이며 이러한 음소의 체계와 음절의 모양이 결합하는 규칙을 다루는 것이 음운론(phonology)이다. 유아가 옹알이 수준을 넘어서 언어로서 의미를 가진 소리를 산출하기 위해서는 다양한 언어적 자극을 통하여 음운을 인식하고 규칙을 습득하여야 한다. 주변에서 들리는 말소리가 어떻게 변하는지를 지각하여 자음과 모음 소리를 구별하고, 위치나 구조에 따른 소리의 변화를 이해하면서 음운론은 발달하게 된다.

(1) 음운발달

유아는 옹알이 시기가 지나면서 성인의 소리와 자신이 내는 소리를 체계적으로 연결시켜 점차 성인과 같은 음운 체계로 발달시켜 나간다. 파열음, 비음은 비교적 이른 시기에 발달하고, 4세경이 되면 종성을 산출하며, 7세경이 되면 모든 음소산출이 가능하며 안정화된다.

표 5-2 우리말 자음발달

연령	음소발달 단계			
	완전 습득 연령 (95~100%)	숙달 연령 (75~94%)	관습적 연령 (50~74%)	출현 연령 (25~49%)
2~3세 미만	ㅍ, ㅁ, ㅇ	ㅂ, ㅃ, ㄴ, ㄷ, ㄸ, ㅌ, ㄱ, ㄲ, ㅋ, ㅎ	ㅈ, ㅉ, ㅊ	ㅅ, ㅆ
3~4세 미만	ㅂ, ㅃ, ㄸ, ㅌ	ㅈ, ㅉ, ㅊ, ㅆ	ㅅ	
4~5세 미만	ㄴ, ㄲ, ㄷ	ㅅ		
5~6세 미만	ㄱ, ㅋ, ㅈ, ㅉ			
6~7세 미만	ㅅ			

출처: 김영태, 1996.

(2) 음운변동 발달

유아는 언어 습득 시 개별적인 음소가 아닌 통단어로 습득하고, 자신의 조음 능력에 맞게 어려운 단어를 줄여 말하는 음운변동(phonological process)을 거친다.

우리말에서 가능한 음운변동은 생략 및 첨가 음운변동과 대치 음운변동으로 나누어 볼 수 있다. 생략 및 첨가 음운변동은 음절 구조, 조음방법, 조음위치가 생략되거나 첨가되는 것을 말한다. 예를 들어 아동이 '라디오'를 '아디오'라고 말한 것은 음절 구조상 어두 초성 /ㄹ/를 생략한 것이다. 대치 음운변동은 목표 낱말의 음소를 다른 음소로 대치하여 산출하는 것으로 조음위치나 조음방법, 동화, 긴장도 및 기식도 측면에서 대치되는 것을 말한다. 예를 들어 '라디오'를 '가디오'라고 말하였다면 /ㄹ/음이 /ㄱ/음으로 대치된 것이다. 이러한 음운변동은 성인의 음운 체계를 갖춰가면서 점차 사라지게 된다.

(3) 음운인식 발달

음운인식(phonological awareness)이란 낱개의 소리와 그 소리가 대응하는 기호 사이의 관계를 아는 것으로, 언어를 구성하는 음소단위를 변별, 합성, 탈락, 첨가 등의 방법으로 단어를 만들거나 조작하는 것을 말한다.

변별이란 음운을 인식하여 '나무, 나비, 고기'에서 첫소리가 다른 하나를 변별할 수 있는 것이고, 합성은 '밤'과 '나무'를 합하여 '밤나무'라는 단어를 만드는 것이다. 탈락이란 '밤'에서 'ㅂ'을 탈락시키면 어떤 소리가 되는지를 아는 것이며, 첨가란 '암'에서 'ㅂ'을 첨가하여 '밤'이라는 단어를 만들 수 있는 것이다.

유아는 운율을 맞추거나 말을 이용한 놀이를 통하여 음운을 인식하기 시작하여, 큰 단위인 단어에서 작은 단위인 음절, 음소 순으로 음운인식 능력을 발달시켜 나간다.

음운인식 능력은 구두언어와 문자언어의 중요 연결고리가 되며 단어재인 능력과 높은 상관관계가 있는 것으로 나타났다(홍성인, 2000). 음운을 인식하는 것은 조음뿐 아니라 읽기와 쓰기를 위한 기초가 되므로 음운인식에서의 결함은 학령기의 학습에도 영향을 미치게 된다.

2) 형태론적 발달

형태소(morpheme)는 뜻을 지닌 최소한의 의미단위로, 음운인식이 발달하면서 형태소들이 결합하여 단어를 이루고 이러한 단어의 틀이 만들어지는 규칙을 이해하면서 형태론적 영역은 발달하게 된다. 많은 수의 어휘를 습득한 유아는 단어와 단어를 연결하여 전보문식 문장을 사용하다가 점차 문법형태소가 발달하면서 조사나 연결어미를 이용한 문장형식으로 발화를 확장해 나간다.

(1) 형태소발달

형태소는 자립성 유무에 따라 자립형태소(free morpheme)와 의존형태소(empty morpheme)로 구분된다. 자립형태소는 명사와 같이 다른 형태소와 결합하지 않고 스스로 자립적으로 사용되는 것이고, 의존형태소는 조사처럼 홀로 자립하여 쓰이지 못하고 다른 형태소와 함께 쓰이는 것이다.

또 의미 유무에 따라 명사, 동사, 형용사, 부사 같이 실질적인 의미를 지닌 어휘형태소(lexical morpheme, 실질형태소)와 용언의 어미, 조사, 접사와 같이 의미는 없으나 어휘형태소와 함께 사용되어 말 사이의 문법적 관계나 기능을 나타내는 문법형태소(grammatical morpheme, 형식형태소)로 구분된다.

형태소는 일상생활에서 유아가 자주 경험하며 듣게 되는 단어부터 발달하는 특성이 있어, 단어에 억양을 첨가하여 '~야', '~자'와 같은 문장어미가 가장 먼저 발달한다. 또한 사회적 의사소통 기능을 가진 '~랑', '~하고'와 같은 공존격 조사와 '~에', '~로'와 같은 장소격 조사가 비교적 이른 시기에 나타난다. 과거형은 미래형보다 일찍 발달하고 문법적으로 어려운 수동형이나 진행형, '~를'과 같은 목적격 조사, '~로'와 같은 도구격 조사는 비교적 늦게 발달한다(조명한, 1982).

유아는 문법형태소에 관한 규칙을 습득하는 과정에서 일반적인 실수가 나타난다. 예를 들어 '선생님이가'와 같이 주격 조사 '가'의 사용범위를 넓혀 사용하기도 하며, '바람 부네'를 '바람 부어네'로 '엄마 없고'를 '엄마 없어고'라는 표현에서처럼 문법형태소를 다른 단어와 한 덩어리로 인식하여 잘못 사용하기도 한다. 또 '씻으는 거, 놀으고'와 같이 매개모음 '으'를 과잉삽입하거나 '내가 아프더니 아빠가 오셨지'와 같이 복문에서 연결어미의 부적절한 사용이 나타나기도 한다(배소영, 2006).

(2) 단어발달

개인어(ideomorphs)나 초어(proto-words)를 사용하기 시작한 유아는 자신이 습득한 음소들을 결합하여 다양한 단어들을 만들기 시작한다. 단어는 핵심이 되는 어근(root)과 의미나 기능을 더하는 접사(접두사, 접미사)의 결합으로 만들어진다. 자신이 습득한 형태소의 어근에 접사를 연결시켜 새로운 단어를 만들기도 하며(햇사과, 풋사과 등), 어근과 어근을 결합하여 새로운 단어를 만들기도 한다(밤나무, 감나무 등). 이러한 결합은 습득한 적은 수의 어근으로 다양한 파생어를 만들게 되어 유아가 산출할 수 있는 어휘는 크게 증가한다.

유아는 자신이 직접 조작해 본 사물이나 의사소통에 효과가 있고 주변에서 일어난 상황과 관련된 단어를 먼저 습득한다. 초기에는 사물에 대한 명사, 움직임과 관련된 동사를 주로 사용하지만, 연령이 증가할수록 형태론적 개념이 발달하면서 문법형태소의 조사 비율이 높아지게 된다.

이 시기에 얼마나 다양한 어휘를 사용하여 표현하는지는 앞으로의 언어발달을 예측할 수 있는 중요한 요소이다.

3) 구문론적 발달

50개 정도의 단어를 산출할 수 있게 된 유아는 습득한 단어를 일정한 규칙에 따라 연결하여 다양한 문장을 만들고 점차 발화길이를 늘려간다. 평균발화길이(Mean Length of Utterance; MLU)란 총 발화한 문장 수에서 사용된 형태소 수를 구해 평균한 값을 말한다. 이 값은 초기 구문능력과 언어발달 정도를 평가하고, 언어발달 과정에서의 문제를 확인하는 기준이 된다.

초기에는 명사, 동사, 형용사를 중심으로 두 낱말을 연결하여 표현하다가, 점차 복합적 사고가 가능해지면서 여러 단어를 연결하여 문장을 만들 수 있게 된다. 복문이나 사동·피동표현 등을 통하여 문장을 구성하는 규칙을 학습하게 되고 구문규칙을 이해하게 된다.

(1) 복문발달

문장은 크게 하나의 주어와 서술어를 가진 단문(simple sentence)과 2개의 절이 결합하여 둘 이상의 주어와 서술어를 가진 복문(multiple sentence)으로 나뉜다. 복문은 다시 문장 속에 문장을 가진 내포문과 문장과 문장이 이어지는 접속문으로 구분된다.

2세경이 되면 2개의 개념을 연결하여 복문이 나타나기 시작한다. 대등관계 접속사 '~고'를 사용하다가 점차 '~어서', '~면'과 같은 종속관계 접속사가 발달하고, '~하러'와 같은 목적관계 접속사나 '~하다가'와 같은 전환관계 접속사는 비교적 늦게 발달한다(조명한, 1982).

(2) 사동문과 피동문의 발달

행위나 동작의 주체가 누구냐에 따라 스스로 행하는 주동과 남에게 행하도록 시키는 사동으로 나뉘며, 행위의 자발성에 따라 자발적으로 일어나는 능동과 다른 사람의 힘에 의해 일어나는 피동으로 나뉜다.

'아기가 인형을 업는다'라는 문장과 '인형이 아기에게 업힌다'라는 문장의 차이를 이해하는 것은 어려운 과제이다. 문장의 앞에 위치한 생물체는 주어로, 뒤에 나오는 사물은 목적어로 생각하던 유아가 사동문과 피동문을 쓸 수 있게 된다는 것은 행위의 주체를 알고 두 대상 간의 관계를 이해할 수 있다는 것을 의미한다.

한국어는 '잡다－잡히다'처럼 문장에 문법형태소 '－이－', '－히－'의 첨가만으로도 사동문과 피동문으로 만들 수 있기 때문에 비교적 일찍부터 사동·피동표현을 사용한다. 사동형과 피동형은 2세경에 사용하기 시작하여 4세경에 개념을 형성하고, 5~6세가 되면 정확하게 개념을 이해한다. 이 시기에는 성인에게 어떠한 요구를 하게 되는 문장을 사용하는 경우가 많아 사동표현을 먼저 익히게 되고, 피동이해, 피동표현, 사동이해 순으로 발달해간다(하은진, 1999).

(3) 부정문발달

초기의 울음이나 몸짓, 표정을 사용하여 나타내던 부정표현은 옹알이 시기가 되면서 1음절어에 억양을 더하여 자신의 의사를 표현한다. 언어를 사용하기 시작하면서 '싫어', '아니야'와 같이 단 단어를 사용하여 부정하다 구문에 대한 개념이 발달하면서 부정문을 사용하기 시작한다.

처음에는 '~아니야'와 같이 전체를 부정하다 '~안 할래'처럼 일부를 부정하는 방법을 사용한다. 2~3세경에는 '안 다 했다'와 같이 부정어순을 잘못 사용하거나 부정어에 대한 개념 오류로 '못 똑같다'와 같은 부적절한 사용이 나타나기도 하며, 문장성분을 빼거나 어순을 무리하게 바꾸어서 이해하기 어려운 문장을 만들기도 한다(배소영, 2006).

4) 의미론적 발달

유아는 어떠한 사물이나 상황을 나타내는 단어가 존재한다는 것을 이해하고 말소리에서 단어를 구별하여 단어와 의미를 연결시켜 나간다. 단어를 습득하기 시작한 유아는 자신이 알고 있는 단어에 새로운 단어를 연결하여 의미를 확장시키고 어휘를 습득해 나간다.

어휘목록이 많아지고 표현어휘가 늘어나면서 2~3개의 단어를 붙여 문장처럼 사용하기 시작하고 이러한 문장에는 단어가 결합된 것 이상의 의미가 있다는 것을 이해하게 된다. 이처럼 단어와 문장 안에 담겨있는 사회적으로 공유된 의미를 이해하면서 의미론적 영역은 발달하게 된다.

(1) 어휘 의미발달

유아는 언어적 경험을 통해 단어의 의미를 이해하기 시작한다. 처음에는 연속적으로 산출되는 말소리에서 한국어의 특성에 맞게 배열된 음소의 경계를 구분하고, 이를 통해 단어라는 개념을 형성한다. 즉, 국어의 특징에 따라 연속해서 들리는 자음(감자에서 ㅁ와 ㅈ)은 경계를 구분 지어 다른 음절로 인식하게 된다. 수많은 말소리를 경험하면서 이러한 과정이 반복되어 단어를 습득하게 되고, 기존에 습득한 단어와 연결하거나 분류하여 새로운 단어를 저장한다.

옹알이를 벗어나 의미 있는 단어를 산출하기 시작한 유아는 한 달 평균 8~9개씩 어휘를 습득하며, 50개 정도의 단어를 알게 된 이후부터는 몇 번만 들어도 새로운 단어를 습득하게 되어 18개월에는 하루 평균 9개 이상의 새로운 단어를 알게 된다. 이러한 초기 어휘 습득은 빠른 연결(fast mapping)이라는 가설로 설명할 수 있다. 빠른 연결은 유아가 기존에 알고 있는 단어보다 새로운 단어에 민감하게 반응하기 때문에, '컵'이라는 새로운 단어를 들으면 기존에 알고 있던 대상물이 아닌 새로운 대상물과 단어 '컵'의 음운을 빠르게 연결지어 단어를 습득하게 된다.

단어 습득은 새로운 단어를 더해가는 수직적 증가와 이미 알고 있는 단어에 새로운 의미를 덧붙이는 수평적 증가로 나눌 수 있다. 예를 들어 '호박'이라는 단어를 새로 습득한 경우 채소라는 범주 안에 새로운 단어를 추가하는 것은 수직적 증가이고 '호박이 넝쿨째 굴러온다'라는 문장을 통해 '행운이나 복'이라는 의미를 덧붙여 알게 되는 것은 수평적 증가라 한다.

새로운 단어를 습득하고 사용하면서 단어의 의미를 잘못 적용하여 사용하는 오류가 나타나는데 이를 과대확장, 과소확장, 중복이라 한다. 먼저 과대확장(overextension)은 습득된 어휘가 부족하여 단어의 원래 의미보다 넓은 의미로 사용하는 것으로 네 발 달린 동물을 모두 '개'라고 부르는 경우이다. 과소확장(underextension)은 습득한 어휘를 더 적은 범위로 한정하여 좁은 의미로 사용하는 것으로 우리 집 개만 '개'라고 부르고 이웃집 개나 그림 속의 개는 '개'라고 하지 않는 경우이다. 중복(overlap)이란 1개의 단어를 상황에 따라 과대확장하기도 하고 과소확장하기도 하는 것을 말하며 네 발 달린 고양이를 보고는 '개'라고 하지만 그림 속의 개는 '개'라고 하지 않는 경우이다(권도하 외, 2013).

또 단어의미가 발달하는 과정에서 일반적인 개념에 자신만의 의미를 부여하게 된다. 예를 들어 '사과'라는 단어를 들으면 생각하는 물체의 형상이나 개념은 비슷할 것이다. 그러나 백설공주를 읽은 경우 '사과'는 '공주를 죽게 한 과일'의 의미를 추가하게 된다. 이렇듯 개인의 경험에 따라 '사과'라는 단어에 더해지는 의미는 차이가 있을 수 있다.

유아가 초기에 습득하는 어휘는 명사의 비율이 높고 적극적으로 조작해보거나 행동과 관련된 단어, 의사소통 기능이 높은 단어가 많다. 또한 반의어에서는 부정적 개념보다 긍정적 개념의 단어를 먼저 습득하며, 현재로부터 가까운 시점의 어휘부터 먼저 습득하고, '여기', '저기'와 같은 처소 대명사를 먼저 습득한 뒤 장소 관련된 명사가 습득된다(이연섭 외, 1980).

(2) 문장 의미발달

2~3개 단어가 연결된 문장은 낱개의 단어의미가 결합되어 문장의미를 형성하

게 된다. 문장의 의미를 형성하는 여러 가지의 개별 의미 유형은 체언부, 용언부, 수식부, 기능적 구성요소로 나누어 볼 수 있으며, 구체적인 유형은 표 5-3 과 같다(김영태, 2002).

표 5-3 문장의 요소 및 의미 유형

문장요소	역할	의미 유형
체언부	문장에서 주체 · 객체 역할	행위자, 경험자, 소유자, 공존자, 수여자, 대상, 실체, 인용/창조물
용언부	문장에서 행위 · 서술 역할	행위, 서술(상태서술, 실체서술, 부정서술)
수식부	문장에서 체언 · 용언 등 수식	체언수식, 용언수식, 배경(부정, 때, 장소, 도구, 이유, 조건, 비교 등)
기능적 구성요소	대화를 위한 독립적 역할	주의 끌기, 되묻기, 감탄, 예/아니요 대답, 강조, 동반소리, 인사, 접속, 자동구

예를 들면 '아빠 간다' 문장은 행위자인 '아빠'가 '간다'라는 행위를 한 것이므로 '행위자+행위'의 의미관계를 가지고 '사과를 칼로 깎아'라는 문장은 대상인 '사과'를 도구인 '칼'로 '깎다'라는 행위를 한 것이므로 '대상+도구+행위'인 의미관계를 가진다.

유아의 초기 문장에는 '행위자+행위(예: 오빠 먹어)', '대상+행위(예: 사과 먹어)', '장소+행위(예: 여기 줘)'의 의미관계가 보편적으로 나타났으며(조명한, 1982), 행위자, 대상자, 소유자, 행위, 서술, 장소, 부정 등이 주로 의미관계를 이룬다.

또한 어휘에 대한 의미 개념이 발달하면서 단어가 문자 그대로의 의미뿐 아니라 은유적인 의미도 있다는 것을 이해하게 된다. 처음에는 단어 사이의 의미적인 관계로 생각을 표현하다가 점차 단어의 결합은 단어 그 이상의 의미를 가질 수 있다는 것을 알게 되면서 비유법이나 속담 및 관용어구를 이해하게 된다. 은유(metaphor), 직유(simile)는 비교적 이른 시기부터 발달하며, 학령기 전후로 속담(proverb)이나 관용어(idiom)를 이해하기 시작하여 청소년기 이후 성인기까지 점차 발달하게 된다.

5) 화용론적 발달

영아는 울음, 몸짓, 표정, 눈 맞추기 등을 이용하여 자신의 의사를 표현하고 이에 대한 성인의 반응과 상호작용하면서 의사소통을 시작한다. 자신의 이러한 행동이 의사소통 방법인 것을 알게 되면서 의도적으로 의사소통을 시작하게 되고, 언어를 습득하면서 이러한 행동은 언어를 사용하는 화용능력으로 발달하게 된다. 언어를 이용하여 다양한 대상과 상황에서 의사소통을 경험하게 되고 이러한 과정을 통해 화용론적 능력은 발달하게 된다.

(1) 의사소통 기능발달

초기의 의사소통 기능은 언향적 단계, 언표내적 단계, 언표적 단계의 3단계를 거쳐 발달한다(권도하 외, 2013). 영아는 성인의 소리나 움직임에 반응하고 손짓이나 혀 내밀기 등을 모방하기 시작한다. 이러한 움직임을 성인은 상호작용의 시도로 해석하고 의사소통을 시도하며 영아의 반응에 적극적으로 대응한다. 이러한 초기 단계를 언향적 단계(perlocutionary stage)라 한다. 8개월경이 되면 '손 흔들기(안녕)'과 같은 관습적 몸짓이나 소리내기를 사용하며, 자신의 의도를 상대방에게 전달하고 이를 확인하는 등 의사소통 의도가 출현한다. 이를 언표내적 단계(illocutionary stage)라 한다. 10~15개월경에는 몸짓과 함께 단어를 사용하기 시작하고 점차 언어를 주요 소통수단으로 사용하기 시작하는 언표적 단계(locutionary stage)를 거친다.

이러한 초기 의사소통 단계를 거쳐 단 단어(short word)를 산출하는 시기가 되면 유아는 1개의 단어에 자신이 전달하고자 하는 많은 의미를 담아 표현하게 되고, 성인은 상황과 맥락을 고려하여 단어의 의미를 해석한다.

단, 단어 시기에 나타나는 초기 의사소통 유형을 9가지로 나누어 제시하면 표 5-4 와 같다(Dore, 1974; 김영태, 2002: 275-277에서 재인용).

●●● **표 5-4 초기 의사소통 유형**

기능	설명	예시
명명 (labeling)	조작하는 사물의 이름 대기	먹고 있던 과자를 가리키며 '과자'라고 함
반복 (repeating)	상대방의 말을 따라 말하기	성인이 '초코 과자'라고 하면 '과자'라고 따라 함
대답 (answering)	상대방의 질문에 대답하기	'무슨 과자 먹을까?'라는 물음에 '초코'라고 함
행동 요구 (requesting action)	상대방에게 행동을 취하도록 요구하기	과자를 가리키며 '과자'라고 말함으로 과자를 받음
대답 요구 (requesting answer)	상대방에게 대답을 유도하기	과자를 들어 올리며 '과자?'라고 함
부르기 (calling)	주의를 끌기 위한 말이나 음운패턴	'엄마'라고 말함으로 엄마를 다가오게 함
인사 (greeting)	자신의 출발이나 도착을 알리기	'안녕', '빠이빠이'
저항 (protesting)	싫어하거나 거부의 의사표현	'싫어, 안 해'
연습 (practicing)	상황과 상관없이 혼자 독백처럼 하기	혼자 '과자, 과자'하며 중얼거림

(2) 대화발달

대화란 화자와 청자가 공통된 주제에 대하여 말을 주고받는 것을 의미한다. 영아는 성인과의 놀이를 통해 눈을 맞추고 표정이나 발성, 몸짓을 주고받으면서 대화를 위한 기초적인 차례 주고받기(turn taking) 규칙을 배운다. 언어를 사용한 의사소통을 시작하면서 화자와 청자가 공유하는 언어를 사용하여 대화를 나누고, 한 대화의 주제를 유지하거나 의도적으로 전환할 수 있게 된다.

(3) 이야기발달

이야기(story)란 실제나 상상의 사건에 대하여 말이나 글을 통해 내용을 전달하는 것으로 청자나 독자 없이도 일방적인 전달이 가능하다. 또한 대화를 주고받기 위해서는 상황과 맥락에 맞는 주제가 필요한 반면, 이야기는 자유롭게 내용을 구성하고 전달할 수 있다.

2세경에는 친숙하거나 자신에게 일어난 일을 중심으로 부분적으로 외워서 이야기를 할 수 있고, 3세경에는 새로운 내용을 혼자 이야기해보려는 시도를 한다. 3~5세경이 되면 시제에 따른 사건의 배열이 가능해지며, 5~7세가 되면 자신의 감정, 생각을 전달하게 된다. 연령이 증가함에 따라 시간적 연결에서 인과적 연결로 발전하여, 초기의 행동 중심의 단순한 나열 수준에서 점차 응집력 있게 내용을 전달할 수 있게 된다(김유정, 2002).

3. 언어발달 요인

1) 언어 및 인지발달

언어와 인지가 동시에 일치하여 발달하는 것은 아니지만 발달과정에 서로 영향을 미친다. 즉, 언어의 발달로 인지가 확장되기도 하고, 인지가 발달함에 따라 언어도 발달하게 된다. 언어발달과 관계되는 인지발달은 표 5-5 와 같다(김영태, 2002).

표 5-5 인지적 개념발달과 언어

수단-목적 (mean-end) 개념	• 문제를 해결하기 위해 수단으로 사물을 사용할 수 있음을 이해하는 것이다. • 의사소통 욕구와 관련된다. • 언어가 자신의 목적을 달성시켜 줄 효과적인 수단임을 인식하게 되면서 언어라는 수단을 사용하게 된다.
인과성 (causality) 개념	• 다른 사람이나 사물이 어떠한 행위의 원인이 될 수 있음을 이해하는 것이다. • 원인을 나타내거나 질문하는 문장을 사용하게 된다.
사물영속성 (objective permanence)	• 시각적으로 보이지 않더라도 사물이 독립적으로 존재한다는 것을 이해하는 것이다. • '없다, 또, 더, 다시'와 같은 어휘를 사용하게 되고, 눈에 보이지 않는 사물에 대해서도 이야기할 수 있게 된다.
동작 및 소리 모방력	• 동작이나 소리를 따라 모방할 수 있는 능력이다. • 보이는 것을 모방하다가 점차 음성으로 제시된 행동을 기억하여 표현한다. • 성인의 입 움직임과 음성을 모방한다.
도식	• 사물의 구조나 관계를 일정한 양식으로 체계화시키는 것이다. • 상징 놀이의 기초가 되며, 사물을 명명하고(naming), 분류(labeling)하게 된다.
상징 놀이	• 어떤 사물이나 행동으로 다른 것을 상징화하여 표현할 수 있는 능력이다. • 상징기호인 언어로 사물을 대치할 수 있음을 이해하게 된다.

2) 언어와 사회적 상호작용

영아는 성인과의 상호작용을 통해 언어적, 비언어적인 의사소통 방법을 습득한다. 처음에는 눈을 맞추고 영아의 옹알이에 성인이 반응하거나 모성어(motherese)를 이용하여 대화를 나누는 등의 방법으로 상호작용을 시작한다. 이후 몸짓이나 가리키기를 이용하여 보다 효율적인 방법을 시도하게 되고, 점차 소리를 내거나 언어를 사용하는 방법으로 상호작용 능력을 발달시켜 나간다. 이때 성인은 영아가 내는 소리를 따라 하거나 호응해 줌으로 발성과 옹알이를 증가시키고 언어발달을 위한 동기를 부여한다. 부모와의 자극과 반응 또는 반응과 자극의 상호작용으로 형성되는 언어발달은 점차 스스로 강화에 의해 발달하게 된다(최성규, 2011).

사교적이고 적극적인 성격인 유아의 경우 활발한 상호작용을 통해 언어 습득 및 사용 기회의 증가로 언어발달이 상대적으로 빠르다. 긍정적 언어발달을 경험한 유아는 유치원이나 학교 등 공동생활을 시작하면서 또래와의 상호작용을 통해 어휘 습득이 빠르게 증가한다.

3) 기타 요인

언어발달은 인지적, 사회적 상호작용 요인 외에도 다양한 변인에 영향을 받는다. 문화권, 사회·경제적 수준, 성별, 출생순위, 유전적 영향 등이 영향을 미치게 되며, 성도(성대, 입술, 혀, 치아, 턱, 구개, 비인강 등), 청각, 신경과 운동기능의 정상적인 발달 역시 언어발달에 영향을 미치는 주요 요인이다.

4. 청각장애아의 구어발달

청각은 자신과 타인이 산출한 소리를 듣고 인지하여 다시 소리를 산출할 수 있게 하는 중요 기관이다. 청각적 경험은 구어발달에 결정적 요인이 되며, 청각적 경험의 손실은 구어발달 지체의 주요 원인이 된다. 청각장애아의 구어발달 특징을 언어의 구성요소에 따라 살펴보도록 하자.

1) 음운론적 발달

청각장애아는 건청아와 비슷한 발달 단계를 거치지만 습득 과정과 속도에는 차이가 있다. 초기의 발성은 반사적이고 음성기관이 발달하면서 자연스럽게 만들어지는 소리가 많아 건청아와 차이가 적다. 그러나 언어의 영향을 받게 되는 반복적 옹알이 시기가 되면 옹알이가 증가하고 다양한 음소를 사용하는 건청아와 달리 옹알이가 점차 감소하고 음소도 다양하지 않는 등 차이가 나기 시작한다. 또한 청력손실로 인하여 우연히 학습할 수 있는 청각적 자극경험이 양적, 질적으로 모두 제한된다. 이러한 영향으로 청각장애아는 첫 단어 산출시기가 가까워질수록 건청아의 발화와 차이가 나타난다.

발달이 진행될수록 음소 습득이 지체되면서 발화시 사용할 수 있는 음소가 한정된다. 다양한 소리를 산출하지 못하고 잘못된 발음이 습관화되면서 왜곡되거나 대치하는 등 오류가 나타난다. 턱을 과장되게 사용하거나 음소를 과도하게 연장하여 느리고 비정상적인 운율을 보이며, 과대비성이나 과소비성이 많이 나타난다.

시각적 단서를 활용할 수 있는 앞쪽에서 만들어지는 양순음, 치조음은 비교적 정확하나 뒤쪽에서 만들어지는 연구개음, 경구개음은 습득이 상대적으로 어렵다. 또한 잘 들리고 잘 볼 수 있는 초성보다는 종성에서 오류가 많다. 혀를 중간에 위치시켜 움직임이 적어 모음 간 구분이 어렵고, 이중모음 시 2개의 음소를 연장하거나 하나를 없애고 중성화하여 발음하기도 한다. 비교적 잘 들을 수 있는 저주파수대역에 분포한 모음보다는 고주파수대역에 분포한 자음에서 오류를 더 많이 볼 수 있다(최성규, 2011).

음운변동 면에서도 생략, 대치변동이 많고 유음을 반모음화하거나 자음을 전설음화하는 경향이 큰 것으로 나타났다. 음절 구조 면에서 종성 생략이, 조음방법에서 비음 생략이 가장 많으며(한국청각언어장애교육학회, 2012) 이는 청각의 손상으로 인해 말소리를 지각하지 못하여 생기는 원인이 가장 큰 문제로 지적된다.

음운인식 면에서는 주로 시각적 정보를 이용하여 음운을 인식하는 특성이 있어 음운인식 능력 발달에 어려움이 있다. 낮은 음운인식 능력은 음절 수를 세거나 첫음절이 같은 단어를 찾는 등의 과제에서 특히 어려움을 보일 수 있다.

2) 형태론적 발달

청각적 손실은 형태론적 발달에도 영향을 미친다. 특히 대화에서 핵심어가 아닌 조사나 어미는 상대적으로 잘 들리지 않아 형태소의 습득과 사용에 어려움을 보인다.

청각장애아는 문법형태소 중에서 주격 조사, 목적격 조사, 과거시제 사용률이 높고 연결어미의 사용률은 건청아보다 낮다. 주격 조사와 부사격 조사의 오류가 많고 연결어미인 '-아서/-어서, -여'를 대등적 연결어미인 '-고, -며, -면서'로 대치하는 오류가 많이 나타난다(한효섭, 2003). 이는 청각장애아의 시간화 특성에 의한 것으로 연결어미의 사용에 있어서 양적인 차이는 없으나 질적인 차이가 있다. 이와 같은 형태론적 발달 특징은 청각장애아의 쓰기표현에서 자주 볼 수 있다.

청각장애아의 형태론 오류에 대하여 최성규(2011)는 언어의 차이로 설명하고 있다. 한국어는 교착어의 특성이 있으므로 음성을 통한 음운발달에서 조사 사용의 습득이 비조정적(자연스럽게 인지)으로 나타나지만, 수어의 언어적 특성은 독립어이므로 조사발달에 어려움을 보인다고 하였다. 그러므로 언어지도 방법과 전략에서 한국어와 수어의 구조적 차이를 먼저 인지해야 한다고 하였다.

3) 구문론적 발달

청각장애아는 건청아에 비해 습득한 어휘 수가 적고 단어의미를 떠올려 산출하기 위해 많은 노력이 요구된다. 이로 인해 올바른 문법적 구조를 형성하여 문장을 만드는 여유가 상대적으로 부족하다. 또한 우연학습을 통하여 구문규칙을 익힐 기회가 부족한 것은 문법형태소의 발달을 더욱 어렵게 하여 청각장애아의 구문발달은 지체된다.

구문발달의 어려움으로 평균발화길이가 짧고, 특정한 문법형태소를 집중적으로 사용하여 단순하고 정형화된 문장이 많다. 초기에는 문법형태소의 발달이 지체되어 단어만 나열하는 전보문식 문장이나 어순을 부적절하게 사용한 문장을 산출하기도 한다. 연령이 증가할수록 사고가 확장되면서 복문의 사용이 증가하지만 주로 나열이나 인과 구조를 사용하거나 문법규칙에 맞지 않는 경우가 많다.

한편, 농부모에 의해 수어를 모국어로 습득한 청각장애아의 경우 MLU 산출이 건청아의 발달과 유사하다는 연구는 언어발달이 음성언어에만 국한되지 않음을 보여준다(최성규 외, 2011). 청각장애아의 음성언어 지체는 읽기와 쓰기발달에 부정적인 영향을 미칠 수도 있지만 반드시 그러한 것은 아니며, 청력손실 정도가 농 수준인 경우에도 읽기, 쓰기능력에서 건청아 수준에 도달하는 경우도 많다(최성규 외, 2012).

4) 의미론적 발달

청력손실로 인한 청각적 정보의 제한은 의미론적 영역을 발달시키는 데 특히 어려움을 나타낸다. 언어 습득 초기에 신체의 움직임을 통해 얻게 되는 자연스러운 의미 습득 과정은 건청아와 유사하지만 어휘가 폭발적으로 늘어나는 2세경이 되면서 5개월 이상 지체되기 시작한다. 이는 초기 의미론적 발달은 음성에 의한 청각적 인지가 우선되기 때문이다(최성규, 2011).

청각장애아는 어휘 습득 시 시각적 정보에 주로 의존하게 되고 이는 어휘 습득의 지체를 가져와 연령이 증가할수록 양적 차이는 심해진다. 또한 어휘산출에서 총 낱말 수(Number of Total Words; NTW)뿐만 아니라 다른 낱말 수(Number of Different Words; NDW)도 적어 어휘의 양적 차이뿐 아니라 질적인 차이도 나타난다.

언어를 통한 직간접적 경험 부족 또는 의사소통의 한계로 개념어휘의 발달에 비해 의미어휘의 발달이 지체되고, 특히 추상적 어휘의 습득에 어려움을 보인다. 연령이 증가할수록 표현어휘와 수용어휘 간의 격차가 커지며, 전체 어휘는 증가하지만 조사, 대명사 사용이 낮고 명사나 동사에 편중되며 청각과 관련된 형용사는 거의 나타나지 않는다(김현주, 2007; 최성규, 2011).

정은희(2001)는 청각장애아가 문장을 이해하는 방법으로 문장 순서대로 해석하는 어순전략과 실제 일어날 가능성이 있는 상황으로 해석하는 의미전략을 사용한다고 하였다. 문장내용을 이해할 때 구문 구조보다는 단어의 의미에 관심을 두고 해석하기 때문에 목적어가 있는 단문과 자동사가 먼저 발달하고 이러한 특징은 수동문을 능동문으로 이해하는 원인이 된다. 그러나 수어를 사용하는 청각장애아의 경우 얼굴 표정 등의 비구어적인 언어를 통하여 수동 및 능동의 의미를 전달하게 되어 오류가 크지 않은 것으로 나타났다.

또한 수어를 사용하는 청각장애아의 경우 서술어의 문맥의미를 건청인과는 다른 수화식 문장으로 표현하는 것을 볼 수 있다. 예를 들어 밥을 다 먹은 경우에 '밥 끝'과 같은 독특한 표현이 나타난다. 이는 '끝'이라는 단어를 '끝나다'라는 어휘 중심의 표현보다 '다 먹다'라는 의미 중심으로 표현하는 수화의 언어적 특성임을 알 수 있다. 또한 '끝' 또는 '마치다'는 표현은 앞선 행위의 결과에 대한 의문으로도 사용된다. 이때 얼굴 표정으로 눈썹을 올리면서 의미론적 정보를 함께 제공한다(최성규, 2011).

5) 화용론적 발달

건청아의 경우 초기 의사소통 단계가 지나면서 비언어적 요소의 사용이 줄어들고 구어의 사용이 늘어나게 된다. 그러나 청각장애아는 표현하고자 하는 욕구는 증가하지만 이를 적절하게 표현할 수 있는 의사소통 수단의 습득이 어려워 비구어적 의사소통이 오래 지속된다. 또한 청각손실로 인한 대화경험과 기술의 부족은 의사소통을 먼저 시작하는 데 어려움을 느끼고 소극적이 된다. 화자의 말을 듣고 정보를 처리하기 위해 많은 노력이 필요하여 대화자로서 역할이나 차례 지키기, 주제 유지 등 대화를 발달시켜 나가기 어렵고, 자신이 전달하고자 하는 내용을 다양한 방법으로 표현하는 데도 한계가 있다.

의사소통이 중단된 경우 화자에게 명료화를 요구하는 시도는 건청아와 비슷하나 '어?, 뭐?'와 같이 주로 일반적인 내용이나 반복을 요구하고, 반대로 명료화 요구를 받은 경우에는 자신의 발화에 대한 자신감이 부족하여 발화를 수정하여 반응하는 경우가 많다. 그러나 수어를 쓰는 경우 명료화 요구에도 다양한 표현으로 발화가 더욱 정교해지는 것을 볼 수 있다. 이는 청각장애아에게 수어가 의사소통 기술을 효과적으로 사용하도록 도움을 줄 수도 있음을 의미한다.

이에 대하여 최성규(2011)는 청각장애아의 화용론적 발달이 어려운 원인을 사고발달에 맞는 언어적 지도전략이 없기 때문으로 보고, 다양한 전략을 통하여 사고를 촉진하고 언어가 사고를 투영할 수 있는 방안을 제공해야 한다고 하였다.

5. 청각장애아의 수어발달

1) 수어와 언어

수어는 음성언어가 아닌 손으로 표현하는 시각-운동 체계로서 독특한 표현방식과 문법적인 구조를 가진다. 수어는 청각장애인들 사이에서 자연발생적으로 습득된 자연수어와 국어의 어순에 따라 형식을 변화시킨 문법수어 2가지로 구분할 수 있다. 양손과 얼굴을 조동기관으로 하고 수형(손의 모양), 수위(손의 위치), 수동(손의 움직임), 수향(손 또는 손바닥의 방향), 비수지 기호(얼굴 표정 등)로 구성된 수화소를 가진다. 공간이나 몸에 수화소를 동시적으로 배열하여 의미를 지닌 단어를 만들고 얼굴의 표정이나 시선, 몸의 움직임 등의 비수지 기호를 수형과 결합하여 의미를 더하며, 이러한 단어를 연속적으로 결합하여 문장을 만든다.

수어는 동작이나 수형을 결합하여 의미를 가지는데 '학교'와 같이 더 이상 쪼개어서는 의미를 가지지 않는 단어도 존재하며, '귤(노랑+껍질 벗기는 동작)'과 같이 2개 이상의 형태소를 결합하여 하나의 의미 있는 단어를 만들기도 한다.

수어는 국어에 비해 어순이 자유로운데 이는 수어가 문법적 어순뿐 아니라 고개 끄덕임, 표정, 시선, 눈썹의 움직임, 신체의 자세 등 다양한 비수지 기호를 통합하여 의미를 만들기 때문이다. 즉, 눈썹 올리는 움직임은 의문문을 표현하며 수어 시 단호하고 속도감 있는 산출은 명령문을 표현한다. 또한 문장에서 단어 위치를 변경하거나 비수지 기호를 결합하는 방법으로 화자의 의도를 전달한다. 예를 들어 중요한 부분을 강조할 경우 명사나 의문사를 문장 끝에 위치시키며, 고개를 끄덕이거나 쉼을 이용하는 등의 비수지 기호를 결합하여 화자의 의도를 나타낸다(이준우, 남기현, 2014).

2) 수어발달

청각장애아의 수어는 건청아의 구어 습득 과정과 비슷한 단계로 발달한다. 건청아의 부모가 독특한 억양과 운율을 이용한 모성어로 언어발달을 돕는 것처럼 농부모 역시 잘 볼 수 있도록 눈 가까이에 제시하거나 같은 동작을 반복하는 등 청각장애 영유아에게 맞는 독특한 방법으로 수어발달을 돕는다.

6개월경에는 손으로 하는 옹알이(manual babbling)를 사용하고 12개월경에는 1어문과 같은 단일신호의 수어를 시작하며 18개월경에는 두 단어 수어표현이 가능하다. 그 후 여러 신호를 조합하여 점차 복잡한 형태소로 단어를 만들게 되고, 습득한 어휘가 많아지고 구문규칙이 발달하면서 문장형식으로 차례를 주고받는 경험을 통해 의사소통 능력은 발달하게 된다.

수어에서도 건청아의 발달처럼 과잉일반화 오류나 대명사 전도가 나타나고, 자신의 방식을 고집하여 성인의 교정에 따르지 않는 시기도 있다. 또한 대치, 생략, 첨가 등의 오류도 나타나며, 초기에는 의미 중심 표현으로 어순이나 문법 형태소의 오류가 많으나 점차 수어문법을 따라 표현할 수 있게 된다(유은정 외, 2013).

인공와우 수술이 보편화되고 있는 시점에서 청각장애아의 모국어를 수어로 단정 짓는 것은 논쟁의 여지가 있을 것으로 생각된다. 다만 청각장애아의 언어발달을 위해서는 보는 언어와 듣는 언어의 차이를 알고 보는 언어에 대한 이해를 통하여 듣는 언어의 특성을 지도하는 것이 효과적일 것이다(최성규, 2011). 그러므로 청각장애아의 언어발달을 위해서는 구어와 수어, 어떠한 몸짓이나 신호이든 사용할 수 있는 모든 양식을 통해 상호작용의 기회를 주고 원활한 의사소통을 이루는 것이 더욱 중요하다.

확인학습

1. 언어발달 과정에서 언어 습득 단계의 특징에 대하여 설명하시오.
2. 언어 구성요소의 5가지 체계에 대하여 설명하시오.
3. 단어를 습득하는 전략인 빠른 연결(fast mapping)에 대하여 설명하시오.
4. 언어발달에 영향을 미치는 요인에 대하여 설명하시오.
5. 청각적 경험손실이 청각장애아의 언어발달에 미치는 영향에 대하여 설명하시오.

참고문헌

권도하, 이명순, 신후남, 신혜정, 정분선, 전희숙 외 (2013). **언어발달**. 서울: 박학사.

권요한, 박용학, 이혜경 (2011). **의사소통장애아 교육**. 서울: 시그마프레스.

김성수, 김화수, 이상경, 황보명 역 (2010). **언어발달 이론에서 실제까지**. 서울: 학지사.

김수진 (2012). **교사와 부모를 위한 청각장애 아동 교육**. 서울: 학지사.

김수진, 신지영 (2007). **조음음운장애**. 서울: 시그마프레스.

김영태 (1996). 그림자음검사를 이용한 취학 전 아동의 자음 정확도 연구. **언어청각장애연구**, 1, 7-33.

김영태 (2002). **아동언어장애의 진단 및 치료**. 서울: 학지사.

김유정 (2002). 학령 전 단순언어장애아동과 정상언어발달아동의 이야기 능력. 한림대학교 사회복지대학원 재활학과 언어병리학전공 석사학위논문.

김현주 (2007). 청각장애 아동과 일반 아동의 단어 의미 추론 비교. 단국대학교 대학원 석사학위논문.

김화수 역 (2010). **언어장애와 의사소통장애**. 서울: 시그마프레스.

배소영 (2006). 한국어 발달 특성과 학령 전기 문법형태소. **한국어학회**, 31, 31-45.

유은정, 백무진, 안성우, 최상배, 서중현, 이광렬 외 (2013). **청각장애아동교육**. 서울: 학지사.

이연섭, 권경안, 정인실 (1980). **한국 아동의 어휘발달(1)**. 서울: 한국교육개발원.

이준우, 남기현 (2014). **한국 수어학 개론**. 경기: 나남.

이현진, 박영신, 김혜리 역 (2007). **언어발달**. 서울: 시그마프레스.

정은희 (2001). 의미적 제약성과 서술어 유형에 따른 청각장애 학생의 문장 이해 전략. 대구대학교 대학원 박사학위논문.

조명한 (1982). **한국 아동의 언어 획득 연구: 책략 모형**. 서울: 서울대학교 출판부.

최성규 (2011). **장애아동 언어지도**. 부산: 한국언어치료학회.

최성규, 허명진, 송혜경, 김미희, 김태임 역 (2012). **청각장애학생의 교수학습 방법**. 서울: 시그마프레스.

하은진 (1999). 사동문과 피동문의 이해 및 표현발달에 관한 연구. 이화여자대학교 대학원 석사학위논문.

한국청각언어장애교육학회 (2012). **청각장애아동교육**. 경기: 양서원.

한효섭 (2003). 청각장애아동과 언어발달지체 아동의 문법형태소 비교 연구. 단국대학교 특수교육대학원 석사학위논문.

홍성인 (2000). 한국아동의 음운인식발달. 연세대학교 대학원 석사학위논문.

Bloom, L., & Lahey, M. (1978). *Language development and language disorders.* New York: Wiley.

chapter

06 청능발달

집필자 : 박찬영

건청아는 성장함에 따라 청능, 청각적 인지, 언어능력 등이 발달한다. 그러나 청각장애아의 청능발달은 청각기관 및 기능의 결함으로 언어발달과 심리적 발달에 부정적인 영향을 초래한다. 이 장을 통하여 건청아의 청능발달을 토대로 청각장애아의 청능발달적 특성에 대한 이해를 돕고자 한다.

1. 건청아의 청능발달

건청아의 청능발달에 대하여 설명하기에 앞서 이 장에서는 먼저 청능(hearing ability)과 청력(hearing level)의 차이를 알아야 한다. 청력은 청각적 자극을 들을 수 있는 청력역치에 해당되고 청능은 다양한 청각적 정보를 인식하고 이해하여 반응하는 능력을 의미한다.

청각기관의 발달은 청능에도 영향을 미치는데, 태아기부터 신생아기의 초기 청각적 자극은 청지각능력뿐만 아니라 언어발달에도 영향을 미치게 된다. 그러므로 건청아의 연령에 따른 청능발달의 단계를 살펴보고, 청지각적 발달과 이에 따른 음운과 언어, 학습발달의 연계성을 알아보도록 한다.

1) 연령에 따른 청능발달

귀의 구조는 와우가 위치한 내이부터 형성이 시작되어 중이와 외이 순서로 발달한다. 태아기는 청각적 정보를 인식하고 수용할 수 있는 기관인 와우와 고막이 형성되기 시작하는 시기이다. 따라서 청능발달이 본격적으로 시작되는 시기 또한 태아기부터라고 할 수 있다. 태아기의 청각적 정보는 자궁벽과 양수 등의 매질을 통해 전달된다.

태아기의 청각기관의 발달은 다음과 같다(대한이비인후과학회, 2013).

① 내이

- 수정 후 2~3주경 배아기의 3배엽 세포층(내배엽, 중배엽, 외배엽) 중 외배엽의 이낭으로부터 내이가 형성된다.
- 수정 후 7~8주경 이낭 상부에서 3개의 반규관이 발생한다.
- 수정 후 8~16주 이낭 하부에서 와우가 발생하여 성인의 미로형태를 갖춘다.

② 중이

- 수정 후 3주경 중이가 발생하기 시작한다.
- 수정 후 4주경 고막이 형성된다.
- 수정 후 30~35주경 중이강의 구조가 완성이 되며 이관이 형성된다.

③ 외이

- 수정 후 4주경부터 이개가 발생하여 20주경에 완성된다.
- 수정 후 4~8주경 외이도가 형성되어 28주경에 완성된다.

이상에서와 같이 태아기는 청각기관이 형성되는 시기이므로 중이가 형성되었다고 하여도 매질의 저항에 따라 약 30dB의 손실은 나타날 수 있다. 그러나 생후 1년 이전에 와우 이후의 신경들은 성인과 같이 성숙하게 되어 매질의 저항 없이 대부분의 소리를 지각하게 된다.

출생 후 유아의 청능발달은 다음과 같다.

① 출생 후 6개월

- 큰 소리 또는 갑작스러운 소리에 깜짝 놀라며 온몸을 움직이거나 우는 반사작용이 나타난다.
- 소리뿐만 아니라 시각적, 촉각적 자극에 의해 반사행동이 나타난다.

② 출생 후 7개월에서 만 1세 5개월

- 어머니와의 애착을 형성시켜 신뢰감을 쌓아간다.

- 소리가 나는 곳을 찾고, 말을 거는 상대에게 관심을 나타낸다.
- 자신의 목소리를 듣는 데에 즐거움을 가진다.
- 주 양육자인 어머니의 목소리에 관심을 보이며, 어머니의 발성과 발음을 주의 깊게 듣는다.

③ 만 1세 6개월부터 만 2세 11개월

- 언어발달에 가속도가 붙어 급격하게 어휘가 증가하는 시기이다.
- 모방에 의해 표현한다.
- 주변 사람들의 말이나 소리를 듣고 따라 하거나 기억하였다가 생활 속에서 다시 활용한다.

④ 만 3세부터 만 4세 11개월

- 친한 사람과 이야기하고 친구들과 어울리며 언어적 모방을 시도하지만 완벽한 모방이 이루어지지 않는다.
- 현실과 가상을 혼동한 형태의 언어표현이 나타난다.

⑤ 만 5세부터 만 6세 11개월

- 관계를 형성해 나가는 시기이다.
- 상대방의 이야기와 생각에 귀 기울여주며 자기의 감정을 통제함으로써 관계를 유지한다.
- 익숙한 내용의 이야기를 듣기만 하여도 이해한다.
- 흥미 있는 이야깃거리에 집중하여 핵심을 생각하며 듣는다.

⑥ 만 6세 6개월부터 만 8세 5개월

- 그림이나 보조자료 없이 언어적, 청각적 정보 전달만으로도 이야기의 줄거리를 파악한다.
- 인지적 능력의 발달로 질문이 많아지고 질문을 통해 다양한 정보를 습득하여 이야기에 활용한다.

⑦ 만 8세 6개월부터 만 10세 5개월

- 그동안 습득하였던 언어적 표현의 기술을 다양한 대상과 상황에 따라 확대시켜 나가는 시기이다.
- 대화를 통해 상대방이 전달하고자 하는 핵심이 무엇인지 파악한다.
- 상대방의 기분이나 생각을 이해하고 배려하려는 노력이 나타난다.
- TV 프로그램의 유행어 등에 관심을 가지고 따라 말하며 즐거워한다.
- 인간의 청능적 발달이 거의 이루어진 상태로 일반적인 의사소통에 문제점이 나타나지 않는다.

건청아의 연령에 따른 청능발달적 특성을 정리하면 표 6-1 과 같다.

표 6-1 연령에 따른 청능발달

발달시기	내용
태아기	• 와우와 고막이 형성한다. • 약 20~50dB의 매질 저항에 따른 소리에너지가 손실된다. • 고음역(2000Hz)에 대한 감음이 발달한다. • 약 24~26주 심장박동음을 소리로 인식한다. • 500~2000Hz 소리음역에 민감한 반응을 보인다.
출생 ~출생 후 6개월	• 60dB 이상의 음에서 반사작용 : 갑자기 큰 소리에 몸을 움찔거리며 놀라는 모로반사, 눈꺼풀을 깜빡이는 눈꺼풀반사, 잠을 자는 유아가 소리를 듣고 눈을 뜨는 각성반사 등이다. • 출생 후 4개월 : 어머니의 목소리나 자기의 이름에 고개를 돌린다. • 출생 후 5개월 : 음성을 구별한다. • 출생 후 6개월 : 말소리에 의도적인 관심을 나타낸다.
출생 후 7개월 ~만 1세 5개월	• 출생 후 7개월 : 소리의 변화를 인지한다. • 출생 후 8개월 : 간단한 소리의 모방이 시작된다. • 출생 후 9개월 : 여러 가지 소리에 반응한다.
만 1세 6개월 ~만 2세 11개월	• 청각적 지연모방이 왕성해진다. • 언어적 지시를 이해하여 행동한다. • 만 2세까지 옆방이나 집 밖의 소리에 관심을 나타낸다. • 만 2세부터 다른 사람과의 관계를 맺기 위한 대화를 시도한다.

〈표 계속〉

발달시기	내용
만 3세 ~만 4세 11개월	• 언어모델을 부분적으로 모방한다. • 보고 들은 것을 전달한다. • 노래를 듣고 배운 것을 기억하여 불러준다. • 청각적 기억력의 증가로 현실과 가상을 혼동한다.
만 5세 ~만 6세 11개월	• 자기의 관심 분야에 집중하여 듣는다. • 간단한 지시 따르기와 유추하기가 가능하다. • 이야기의 핵심을 파악한다.
만 6세 6개월 ~만 8세 5개월	• 언어적 맥락을 활용하여 이야기를 이해한다. • 대화의 기술을 활용한다.
만 8세 6개월 ~만 10세 5개월	• 논리적 사고를 형성한다. • 비유, 은유 등의 표현을 이해한다. • 청능적 발달이 완성된다.

출처: 이상흔, 박미혜, 이달희, 허명진, 2006.

2) 청지각적 인지 및 언어발달

청지각적 인지 및 언어발달에서는 인간의 지각과 사고를 관련지어 알아보도록 한다. 인간은 성장하며 환경 속에서의 다양한 음을 인지하고 이것을 바탕으로 언어를 지각하게 된다. 그리고 언어의 지각은 곧 학습발달로 연계되어 나타난다. 따라서 지각과 사고의 관계를 바탕으로 청지각적 인지발달이 언어발달에 미치는 영향에 대하여 이해하도록 한다.

(1) 청지각적 인지발달

인간의 발달은 신체적 발달뿐만 아니라 인지적 발달도 함께 이루어진다. 여기서 말하는 인지란 사고의 능력을 의미한다. 인간의 사고는 성장하며 성숙되는데, 사고가 성숙되기 위해서는 올바른 지각이 기초가 된다.

뇌는 부분마다 특정한 영역을 담당하고 있으며, 대뇌는 좌반구와 우반구로 나뉜다. 특히 대뇌의 좌반구는 청각정보 처리 및 해독을 담당하고 있으며, 이것은 언어능력과 직결된다. 청각정보의 처리는 소리에 대한 인식 및 변별을 의미하고, 청각정보의 해독은 의미를 이해하는 것이다. 그러므로 언어 처리능력은 청각적 정보를 조직화하여 저장하고, 이를 다른 유사한 상황에서 기억해내어 해결한다. 예를 들어 후두적출 수술을 한 환자가 인공후두기를 사용하여 음성을 산출할 때, 청자는 기계음에 익숙하지 않아 소리는 인식하지만 의미를 파악하기 어렵다. 그러나 기계음에 적응하게 되면서 뇌에 저장된 청각적 정보를 활용하여 말소리를 인지하게 된다.

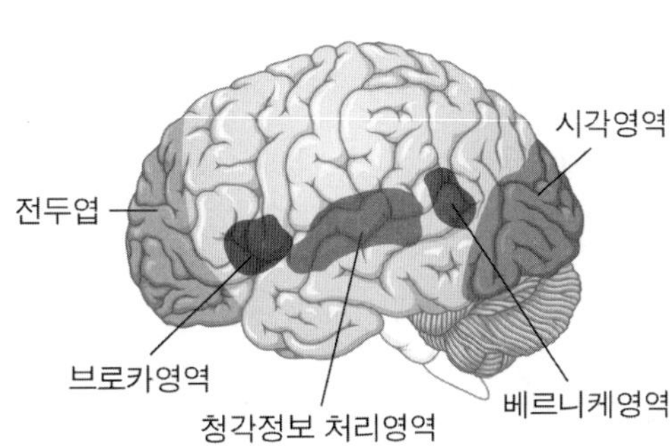

그림 6-1 청각적 인지발달

청지각은 귀를 통해 받아들인 청각적 자극에 대한 정보를 파악하여 해석하고 구분하여 조직화하는 능력을 말한다. 또한 청지각은 순간적 감각에 대한 반응을 의미하고, 자극의 재확인을 위해서 자신의 기억 속에서 피드백이 된다. 말소리 인지에 있어 뇌는 청각적 정보를 조직화하고 저장하는 과정에서 새로운 정보와 저장된 정보를 비교하고 유목화하여 재분류하게 된다. 따라서 상이한 청각자극을 유사한 것으로 인식하여 정보를 재조직화하는 과정을 통하여 말소리의 음향적 범주를 정립하는 범주적 지각이 형성된다. 즉, 태어나면서부터 경험하게 되는 모국어는 의도적인 노력 없이 자연스럽게 뇌에 범주적으로 저장된다. 이러한 범주를 정립해 나가는 곳이 대뇌 좌반구의 측두엽이다. 이 부분에 손상을 입은 아동의 경우 청각정보 처리의 문제로 청각장애뿐만 아니라 심한 언어 지체를 나타내며, 청지각적 음운발달에도 어려움이 있다.

이와 달리 대뇌 측두엽에 손상이 아닌 청각기관에 직접적인 손상이 있는 경우 대뇌의 청각피질영역에 청각적 자극이 전달되지 못하여 측두엽이 청각기능 대신 시각적 기능을 한다. 그러나 6세 이전에 보장구를 활용하여 청각적 피드백을 제공하였을 때 시각적 기능을 하였던 측두엽이 다시 청각적 기능을 하게 된다.

이것을 대뇌가소성이라 한다. 따라서 6세 이전에 보장구를 착용하여 청각적 피드백을 제공받은 청각장애아의 경우 대뇌가소성으로 인하여 건청아와 같은 음향학적 범주가 구축된다.

이처럼 대뇌에 구축된 음향학적 범주에 근거하여 조음과 음운이 형성되는데 이는 부모나 주위 사람과의 대화 속에서 음운의 청각적 피드백을 통하여 부모와 유사한 음향학적 자질을 형성해 나간다. 하지만 와우기형과 같은 보장구 착용의 효과가 없는 청각장애아의 경우 넓은 주파수대역의 청각적 보상의 제한으로 음성학적 자질을 형성하는 데 어려움을 나타내기도 한다.

청지각적 인지발달은 학습발달과 연관 지을 수 있으며 학습에 있어 중요한 역할을 한다. Kleiman(1975)은 학생들이 책에서 문장을 읽을 때 글자를 음성적 형태로 부호화한다고 하였다. 이러한 부호화는 음성언어의 사용에 있어서 이해가 용이하도록 도와준다. 청지각적 음운발달을 통하여 컵이라는 소리를 지각하고, 컵이라는 물체에 대하여 인식한다. 그리고 나서 컵이 어떻게 사용되는지 이해할 수 있어야 비로소 청지각적 학습발달이 이루어졌다고 할 수 있다. 따라서 청지각적 학습발달은 모든 청지각발달을 위한 요소들의 복합적 결과인 것이다.

청지각적 학습발달을 촉진시키기 위하여 이중부호화이론과 각성이론, 응집이론이 활용된다.

이중부호화이론은 하나의 내용을 가르칠 때 청각과 시각적 부호를 함께 사용하면 더욱 효과적이라는 이론이다. 예를 들어 강아지라는 단어를 가르칠 때 강아지라는 음성적 부호와 강아지 사진의 시각적 부호를 함께 제시하면 그것을 활용하는 능력이 더욱 높아진다.

각성이론은 적절한 청각적 자극을 추가할 때 학습에 더욱 집중할 수 있게 되는 것으로 각성 수준은 사람들마다 개인차가 나타난다. 따라서 개인에게 가장 집중도를 높일 수 있는 최적의 각성 수준을 찾는 것이 중요하다.

응집이론은 각성이론에 반하여 불필요한 청각적 자극을 제거하는 것이 학습의 효과를 높여준다는 이론이다. 즉, 불필요한 청각적 자극은 흥미를 유발할 수는 있으나 과부하를 일으켜 학습에 부정적인 영향을 미치게 된다는 것이다.

청지각적 발달은 개인의 특성을 고려하여 이루어져야 하며, 이를 위하여 다양한 청지각적 경험이 제공되어야 한다.

(2) 청지각적 언어발달

아동의 언어발달이 이루어지기 위해 언어이해를 담당하는 베르니케영역과 언어표현을 담당하는 브로카영역이 상호작용되어야 한다. 언어의 이해를 위해 청각적 정보를 활용하고, 언어의 표현을 위해 언어적 정보를 상호적으로 활용한다. 청각적 정보를 언어적 정보로 전달하는 과정을 통해 활모양 섬유다발이 발달되는데(Joseph, 1990), 이러한 과정의 반복으로 뇌의 활성화를 유발하여 정보를 처리하게 된다. 또한 앞서 말한 정보 처리 과정은 아동의 경험에 의하여 소리에 대한 청지각을 형성한다.

건청아는 보편적인 청능발달의 시기를 거친 후 모방을 통하여 언어를 습득하며, 이 과정에서 청각적 경험은 언어발달의 중요한 열쇠가 된다. 즉, 얼마나 많은 청각적 경험을 하였는가에 따라 언어발달의 정도가 결정되는 것이다. 하지만 청각에 문제가 있는 청각장애아의 경우 청지각경로의 차단 및 제한으로 인하여 청각적 경험을 하지 못함으로써 언어 습득 시기를 놓치거나 습득 과정에서 부정적인 영향을 초래하게 된다. 따라서 청지각은 아동의 청능발달을 통한 언어발달에 있어서 매우 중요한 역할을 담당하는 것을 알 수 있다.

언어영역 중 하위영역인 형태 및 구문, 의미적인 발달은 청지각적 인지능력과 관계가 있다. 형태론적 입장에서 살펴보면 청지각적 인지능력은 음운 처리 과정과 연관된다. 예를 들어 '학문'을 건청인이 읽을 때 /항문/으로 소리가 난다. 이것은 종성에 위치한 /ㄱ/음이 어두 초성에 위치한 /ㅁ/과 결합함으로 /ㄱ/음이 /ㅇ/으로 변환되어 산출된다. 건청인은 이러한 음운 처리 과정을 청각적 인지를 통해 학습하게 되는데 청각장애아의 경우 청각적 지각능력이 떨어져 이러한 처리 과정을 습득하는 데 어려움이 있다. 그러므로 청각장애아의 음운변환에 근거한 프로그램이 청각적 인지 수준에서 지원되어야 한다.

구문론적 측면에서 청지각적 수준은 크게 청각적 기억능력과 청각적 수행능력으로 나누어 볼 수 있다.

청각적 기억능력은 대화 속에서 말소리를 들을 수 있는 어절 수와 연관된다. 예를 들면, 선생님이 '대기류'에 대해 설명하였을 때 학생들이 모든 말을 기억하지 못하는 대신 설명의 내용만을 기억한다. '대기류'에 대한 전체 설명내용을 이해하기 위해서는 말소리를 기억할 수 있는 단어 수에 근거하여 내용의 의미를 정리하게 된다. 건청인들이 말소리를 지각할 수 있는 단어의 청각적 인지 수준은 7±2로 5~9개의 연속된 어휘를 듣고 말의 전체적인 내용의 흐름을 머릿속에 기억한다. 그러나 청각적 결함이 있는 청각장애아의 경우 이러한 청각적 인지능력이 현저히 제한된다. 청각장애아는 연속적인 긴 설명을 할 경우 처음 시작되는 일부 몇 단어를 듣거나 혹은 마무리되는 말소리의 일부 단어만 기억하고 그외 단어를 소음으로 지각하게 된다. 그러므로 청각장애아는 대화를 이해하기 위해 말소리를 기억하는 청각적 기억능력을 증진시켜야 한다.

청각적 수행능력은 문장을 듣고 과제를 수행하는 능력을 의미한다. 건청아는 단어에서 복문을 이해하는데까지 36개월에 이르는 장시간이 요구된다. 따라서 36개월의 유아는 부모의 2가지 연속과제 문장을 이해하고 수행할 수 있게 된다. 그러나 청각장애아는 연속적인 문장을 지각하는 한계로 인하여 한 가지 과제를 수행하기도 어려울 수 있다. 그러므로 청각적 수행능력을 증진시키는 체계적인 프로그램이 지원되어야 한다.

2. 청각장애아의 청능발달

청각장애아는 청각기관에 따른 청력손실로 인하여 건청아와 동일한 발달적 특성을 경험하지 못한다. 이에 청각장애아의 청능발달과 청지각적 인지발달, 심리적 발달에서 어떠한 특성의 차이가 나타나는지 알아보고자 한다.

1) 청능발달

청각장애아는 청각기관을 활용한 청각적 보상을 제공받는 데 한계점을 지니고 있다. 이러한 한계는 아동이 성장하고 발달함에 있어 언어 및 심리·정서발달에 많은 영향을 미치게 된다. 즉, 영유아기 부모와의 상호작용과 애착 형성부터 학령기 아동의 학습 지체와 또래와의 상호작용에 어려움을 유발하여 청각장애아로 하여금 사회성과 자아 형성, 학습에 부정적인 영향을 미치게 된다. 그러나 경도 청각장애아의 경우 충분한 청각적 경험의 제공, 적절한 보장구 착용 및 관련 서비스 제공으로 의사소통의 기회를 제공해 줌으로써 건청아와 유사한 청능발달을 경험한다.

이러한 청능발달은 크게 감지(detection), 변별(discrimination), 확인(identification), 이해(comprehension)의 4단계로 나눌 수 있다(Erber & Hirsh, 1978). 청능발달에 근거한 청능재활의 내용은 13장에서 구체적으로 설명한다.

① 감지 : 소리의 유무를 인지한다.
② 변별 : 음의 다름을 인지한다.
③ 확인 : 어떤 소리인지 안다.
④ 이해 : 청각적 정보의 의미를 안다.

일반적으로 조기 청능훈련 및 청각적 경험의 제공은 청각장애아의 청능발달에 매우 중요한 요소이다. 따라서 조기 발견과 즉각적인 교육적 지원으로 부족한 청각적 보상을 제공하고, 청각적 인지력을 발달시켜 나갈 수 있도록 뒷받침해 주어야 한다. 반면 고도이상의 청각장애아인 경우는 보장구를 착용하여도 청각적 보상에는 많은 어려움이 있으므로 청각적 인지발달의 제한과 이로 인한 학습, 사회성, 의사소통 등의 다양한 문제가 수반된다. 그러므로 발견 즉시 적절한 보장구 착용과 언어치료, 청능훈련, 감각훈련 등의 관련 서비스 지원으로 시지각적 인지발달과 더불어 말소리지각력을 향상시킬 수 있도록 해야 한다.

2) 청지각적 인지발달

인지발달은 유전과 환경에 영향을 받으며 이루어진다. 그러나 말소리지각의 저하와 의사소통의 한계는 인지적 발달의 제약으로 학습발달의 지체로 연계된다. 일반적으로 경도 청각장애아의 경우 청각적 자극에 대한 보상에 큰 어려움을 느끼지 못하며 소리를 지각하여 언어를 습득함에 있어서 자연스럽게 극복해 나갈 수 있다. 하지만 선천성 고도 청각장애아의 경우 청각적 보상의 결핍과 적절한 피드백의 부족으로 언어발달의 지체뿐만 아니라 학습발달의 지체와 사회성 결여의 문제까지 함께 나타나기도 한다.

그러나 청각장애아와 건청아의 인지발달을 비교한 최성규와 윤은희(2001)의 연구결과에 따르면 청각장애아의 인지발달은 건청아와 차이가 없으며, 단지 발달속도가 느릴 뿐이라고 하였다. 하지만 청각기관의 손실로 인한 청각적 보상의 결핍은 뇌의 청지각영역의 활성화를 저하시킨다. 이로 인하여 인지에는 문제가 없지만 인지발달의 속도가 느려지며, 언어적 · 교육적 · 사회적 발달의 지체가 초래된다. 또한 청지각의 결여는 청각장애아의 언어 습득을 저해하는 가장 큰 요인이다. 따라서 언어발달을 위해서는 충분한 자극의 제공이 필요하다. 이러한 이론에 근거하여 청각장애아의 언어적 결함을 보상하기 위하여 청능발달이 진행되는 시기에 다양한 환경적 자극을 제공해 줌으로써 대뇌의 활성화를 촉진시켜 언어적 결함에 대한 보상을 제공한다.

청각장애아는 청지각의 문제로 건청아와 비교하였을 때 정보를 처리하는 전략에 차이가 있는데 추상, 은유와 같은 사고나 단어의 연속적 기억능력에서 결함을 나타냈다(허명진 외, 2006; Blair, 1957; Myklebust & Brutten, 1953). 즉, 청각장애아는 청각적 자극의 경험 부족으로 청각자극에 대한 정보를 왜곡하여 인식하고 이렇게 왜곡된 자극들을 조직화하게 된다. 이는 언어 습득 및 표현에 어려움을 나타내고 언어발달에 부정적 영향을 미치게 되므로 청지각적 인지발달을 위한 청능훈련 및 생활 속에서의 다양한 청각적 자극이 필요하다.

3) 심리적 발달

인간의 신체 구조가 특정한 순서에 따라 발달하듯 인간의 심리도 연령에 따라 발달 단계를 거치며 성장한다. Erikson은 인간의 심리사회적 발달 단계를 8단계로 나누어 제시하였다. 이를 바탕으로 한 청각장애아의 심리사회적 발달 단계는 표 6-2 와 같다.

표 6-2 청각장애아의 심리사회적 발달 단계

단계 및 시기	심리사회적 위기	일반적 특징	청각장애아의 특징
1단계 (~생후 1년)	신뢰감 대 불신감	아기의 울음에 대하여 부모가 적절한 반응을 해줌으로써 아기와 부모 간에 신뢰감을 생성한다. 그러나 충분한 애착 형성이 이루어지지 않은 경우 불신감이 형성된다.	옹알이와 울음에 대한 부모의 무의미한 반응은 애착 형성에 부정적인 영향을 미치게 되어 불신감이 형성된다.
2단계 (2~3세)	자율성 대 수치심 및 의심	자기의 의사를 표현하며 옳고 그른 행동에 대하여 부모의 칭찬 또는 통제를 받게 된다. 이때 적절한 부모의 태도로 자율성을 형성하지만 그렇지 못한 경우 수치심 및 의심이 형성된다.	의사소통의 제한으로 자신의 행동에 대한 부모의 언어적 반응을 수용하는 데 어려움을 나타내며, 이는 자율성 발달에 부정적인 영향을 미쳐 수치심을 가지게 된다.
3단계 (4~5세)	주도성 대 죄책감	자율성에 대한 부모의 긍정적인 인식은 목표 지향적 태도를 형성하며 이를 통해 주도성을 격려받는다. 그러나 이러한 태도에 대한 부정적인 인식은 죄책감을 형성한다.	축적된 부정적인 심리상태와 의사소통의 문제로 자신의 계획이나 의사를 전달 및 표현하지 못함으로써 주도성을 발달시키지 못하고 죄책감으로 나타난다.
4단계 (6~11세)	근면성 대 열등감	사회적 기술을 습득하고 숙달되는 과정을 통해 자신의 역할에 대한 근면성이 형성된다. 하지만 이러한 과정의 위기는 열등감을 형성한다.	학령기 언어적 결핍으로 인하여 학습, 인성, 사회성 발달에 어려움을 나타내며, 이로 인하여 열등감이 형성된다.
5단계 (청년기)	자아정체감 대 역할	2차 성징과 같은 급격한 신체 변화로 정체성에 혼란을 경험하게 된	청각장애아 역시 건청아와 같이 자아정체성의 혼란을 경험하게 되며,

〈표 계속〉

단계 및 시기	심리사회적 위기	일반적 특징	청각장애아의 특징
	혼미	다. 그러나 독립적인 생활과 스스로에 대한 탐색 과정을 통해 정체성을 형성하게 된다. 하지만 올바른 정체성을 형성하지 못할 경우 역할 혼미가 나타난다.	이를 해결하기 위하여 청각장애인을 위한 교회, 농아인협회 등에 관심을 나타낸다.
6단계 (성인 전기)	친밀감 대 고립감	부모로부터 독립하여 직장동료와 배우자를 만나게 되어 새로운 친밀감을 형성한다. 하지만 원활한 인간관계를 형성시켜 나가지 못할 경우 고립감이 형성된다.	원활하지 못한 의사소통과 상호작용으로 인하여 사회적 친밀감을 유지하는 데 어려움이 있으며, 이로 인하여 고립감이 형성된다.
7단계 (성인 중기)	생산성 대 침체감	자녀를 낳아 기르거나 다른 사람들을 가르치고 이끌며 생산성을 형성한다. 그러나 이러한 과정이 올바로 이루어지지 못할 경우 침체감에 빠지게 된다.	결혼할 때 배우자는 주로 청각장애인이며, 자녀는 건청아일 확률이 90% 이상이다. 따라서 자녀양육에 문화적 이질감을 경험함으로써 자기 침체에 빠지게 된다.
8단계 (노년기)	통합성 대 절망감	은퇴, 배우자의 사망 등과 같은 무력감을 경험하게 되지만 인생을 되돌아보며 삶의 의미를 느낌으로써 통합성을 형성한다. 그러나 자신의 삶이 무의미하게 느껴질 때 절망감이 형성된다.	건청인과 같이 무력감을 경험하기도 하지만, 통합성을 경험하기도 한다. 그러나 이전 단계까지 부정적인 경험이 많았던 노년기의 청각장애인은 절망감을 경험하게 된다.

출처: Erick, 1963; 최성규, 1997.

Erikson의 심리사회적 발달 단계를 기초로 한 청각장애아의 심리사회적 발달에서 청각장애아들은 청각기관 및 기능의 결함에 따른 청력손실로 엄마와의 의사소통이 원활하지 않으며, 이를 바탕으로 한 상호작용에 어려움을 나타낸다.

1단계에서 건청아는 옹알이나 울음을 통해 엄마와의 음성반응을 통한 유대감 및 신뢰감을 형성시켜 나간다. 하지만 청각장애아의 경우 건청아와 같이 옹알이나 울음을 나타내지만 부모들은 음성적 표현에 무의미하게 반응함으로써 부모와의 애착 형성이 원활하지 않아 건청아에 비해 상대적으로 불신감이 형성되기도 한다.

2단계에서 건청아는 자기의 의지를 주장하며 부모로부터 칭찬과 통제를 받게 된다. 그러나 청각장애아는 의사소통의 제한으로 칭찬과 통제의 구분이 어렵고 통제에 대한 설명을 듣기보다는 단순히 꾸중을 받는 느낌으로 수치심을 가지기도 한다.

3단계의 건청아는 새로운 것을 도전하기 위하여 계획을 세우고 이를 실천해 보며 말로써 자기 자신을 표현한다. 그러나 청각장애아는 이전 단계에서부터 축적된 부정적인 심리상태와 의사소통의 문제로 스스로 계획한 것을 부모나 또래에게 표현하거나 전달 및 의논하지 못함으로써 실천의 어려움을 경험한다. 이러한 경험은 아동의 주도성을 발달시키지 못하게 되고 이는 곧 죄책감으로까지 나타난다.

4단계는 사회적 기술을 습득하고 숙달하는 시기로 그들이 속한 세상과 문화 속에서 주어지는 역할을 통해 근면성을 습득해 나가는 단계이다. 그러나 청각장애아의 경우 자신에게 주어진 역할을 수행하기 위한 기술 습득의 어려움뿐만 아니라 역할이나 기회 자체가 주어지지 않을 때도 있어서, 소외되거나 제대로 역할 수행을 하지 못하여 열등감을 형성하게 된다.

5단계는 자아정체성에 대하여 혼란이 오는 시기로 '나는 누구인가?'라는 질문과 함께 정체감을 형성하거나 그렇지 못하게 되기도 한다. 대부분의 건청아는 자신의 주변 사람, 즉 또래나 선배, 가족들과 상호작용을 통하여 궁금증에 대하여 공감하고 해결해나가는 과정에서 친밀감과 함께 정체성을 찾아 나간다. 그러나 청각장애아는 고민을 함께 나누고 소통할 수 있는 사람과 환경이 제한적이어서 자아에 대한 혼란을 많이 느끼게 된다. 그래서 이 시기의 청각장애아는 자아에 대한 고민을 해결하고 정체감을 형성하기 위해 농인단체나 농인이 많은 종교집단에 가입하는 등 자신과 같은 특성을 가진 이들을 찾아 교류하려는 노력이 나타난다.

6단계는 인간관계를 통해 친밀감을 형성시켜 나가는 시기이다. 그러나 청각장애아의 경우 원활하지 못한 의사소통과 상호작용으로 인하여 인간관계 형성과 사회적 친밀감을 유지하는 데 어려움이 따르고 심각하게는 어떤 집단에 소속되지 못하고 고립되는 경우도 나타난다. 이로 인하여 인간관계에서 위축되거나 건청인에 대한 부정적인 인식 및 편견을 가지게 되기도 한다.

7단계는 성인이 되어 대부분 결혼을 통해 자녀를 낳고 양육하며 생산성을 경험한다. 청각장애아 역시 이 시기에 결혼을 통하여 자녀를 출산하는 기쁨을 경험한다. 그러나 청각장애아의 자녀는 대부분 건청아라는 점에서 자녀양육에 있어 자신이 어렸을 때 부모에게서 느꼈던 문화적 이질감을 경험하게 됨으로써 자기 침체에 빠지기도 한다.

마지막 8단계는 노년기로 직장에서의 은퇴와 배우자의 사망 등으로 인하여 무력감을 경험하게 되기도 하고, 자신이 살아온 인생을 되돌아보며 삶의 의미를 느낌으로써 통합성을 형성하기도 한다. 그러나 Erikson이 제시한 8단계는 각 단계에서 경험한 부정적인 심리사회적 경험은 그 단계에서 끝나는 것이 아니라 다음 단계에 계속적인 영향을 미치므로 이전 단계까지 부정적인 경험이 많았던 노년기의 청각장애인은 이 시기에 절망감을 느끼기도 한다.

물론 대부분의 청각장애아들이 부정적인 심리사회적 발달만을 경험하는 것은 아니다. 청각장애부모를 둔 청각장애아의 경우 부모와 같은 문화와 언어 속에서 긍정적인 사회적 성숙과 자기 행동의 통제, 청각장애에 대한 적응을 나타냈다 (Heward, 1996). 하지만 대부분의 청각장애아들의 부모는 건청인이다. 이로 인하여 청각장애아는 자신과 다른 이질적 문화 속에서 자라게 되어 불신감부터 시작하여 절망감까지 부정적인 심리를 경험한다. 따라서 청각장애아의 심리적 안정 및 성공적인 발달을 위해서는 무엇보

다 가족의 이해가 바탕이 되어야 한다. 청각장애아의 가족구성원은 청각장애아와의 효율적인 의사소통 기술을 습득하여 가정생활에서 심리적 안정감을 느끼고 나아가 학령기 학교생활에 잘 적응할 수 있도록 지원해 주어야 한다. 또한 사회 구성원으로서 올바르게 성장할 수 있도록 학교교육 및 사회적 인식 개선을 통하여 문화적 이질성에 대한 배려가 이루어져야 한다.

확인학습

1. 아동의 청지각능력을 향상시킬 수 있는 방법에 대하여 서술하시오.
2. 청지각적 인지발달과 청지각적 언어발달과의 관계에 대하여 설명하시오.
3. 청각장애아의 청능발달에 대하여 서술하시오.
4. 청각장애아의 청지각적 인지발달을 위한 방법을 서술하시오.
5. 건청아와 청각장애아의 심리적 발달의 차이를 설명하시오.

참고문헌

강수균, 이규식, 전헌선, 최영하, 노동우, 백은아 (2009). **치료교육총서Ⅱ 감각 · 운동 · 지각 훈련**. 대구: 대구대학교 출판부.

김수진 (2012). **교사와 부모를 위한 청각장애 아동 교육**. 서울: 학지사.

대한이비인후과학회 (2013). **이비인후과학**. 서울: 일조각.

이상흔, 박미혜, 이달희, 허명진 (2006). **아동청능재활**. 경기: 양서원.

최성규 (1997). **청각장애아의 심리**. 서울: 도서출판 특수교육.

최성규, 윤은희 (2001). 청각장애아동과 건청아동의 조작 형태 특성에 기초한 인지발달 비교 연구. **특수교육저널: 이론과 실천, 2**(4), 147-163.

허명진 (2007). 인공와우 이식 아동의 듣기연령에 따른 청각적 인지변화. 대구대학교 대학원 박사학위논문.

허명진, 최성규, 이상흔 (2006). 선천성 청각장애아동의 청지각 발달에 미칠 수 있는 요인 고찰. **특수아동교육연구, 8**(4), 55-74.

Blair, F. X. (1957). A study of the visual memory of deaf and hearing children. *American Annuals of the Deaf, 102,* 254-263.

Erber, N. P., & Hirsh, I. J. (1978). Auditory training. In H. Davis, & S. R. Silverman (Eds.), *Hearing and deafness* (pp. 358-374). New York: Holt, Rinehard & Winston.

Erick, H. E. (1963). *Childhood and society*. New York: Norton.

Heward, W. L. (1996). *Exceptional children* (5th ed.). Upper Saddle River, NJ: Prentice-Hall/Merrill.

Joseph, R. (1990). *Neuropsychology, neuropsychiatry, and behavioral nerology* (p. 55). New York, London: Plenum Press.

Kleiman, G. (1975). Speech recording in reading. *Journal of Verbal Learning and Verbal Behavior, 14,* 323-339.

Myklebust, H. R. (1953). Towards a new understanding of the deaf child. *American Annuals of the Deaf, 98,* 345-357.

Myklebust, H. R., & Brutten, M. (1953). A study of the visual perception of deaf children. *Acta Otolaryng(Suppl. 105),* 1-126.

Schow, R. L., & Nerbonne, M. A. (2013). *Introduction to audiologic rehabilitation* (6th ed.). Boston, MA: Pearson.

chapter

07 주관적 청력검사

집필자 : 주미영

청력검사는 청력손실의 유무를 판별하는 선별의 목적과 청력손실의 정도와 유형을 파악하는 진단의 목적을 가진다. 다양한 청력검사의 결과에 기초하여 청각장애를 선별할 수 있으며 청력손실의 정도를 진단하여 적절한 청각 보장구를 선택하고 청각재활의 목표를 설정할 수 있다.

청력을 측정하는 방법은 검사를 받는 피검자의 자발적인 반응의 유무에 따라 주관적 청력검사와 객관적 청력검사로 나눌 수 있다. 주관적 청력검사는 자극음에 자발적인 반응이 요구되는 검사이며, 객관적 청력검사는 자발적인 반응이 요구되지 않는 검사이다. 이 장에서는 주관적인 검사에서 보편적으로 사용되고 있는 순음청력검사, 어음청력검사에 대해 알아보고 영유아를 위한 주관적 청력검사에 대해 살펴보고자 한다.

1. 순음청력검사

순음청력검사(Pure Tone Audiometry; PTA)는 말소리가 분포되어 있는 여러 주파수에서 순음을 자극음으로 제시하여 피검자가 소리를 듣고 감지하는 정도를 검사하는 것이다.

우리가 소리를 듣게 되는 경로는 2가지가 있다. 공기를 통해 귓바퀴에서 외이

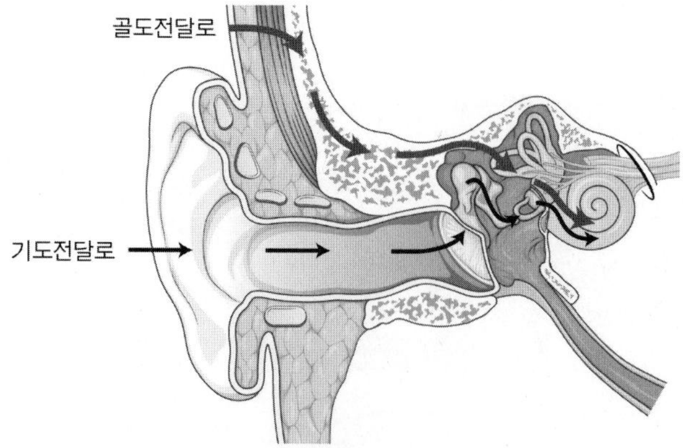

그림 7-1 소리를 듣게 되는 경로

도, 고막, 내이로 전달되는 과정의 기도전달로(Air Conduction; AC)와 유양돌기나 머리뼈와 같은 골도를 통해 내이로 바로 전달하게 되는 과정의 골도전달로(Bone Conduction; BC)이다. 순음청력검사는 이 2가지 과정으로 기도청력검사와 골도청력검사를 실시한다.

1) 검사 및 환경

정확한 청력을 측정하기 위해서는 우선 적절한 검사환경이 구성되어야 한다. 청력검사기를 이용하여 적정 소음 수준을 유지할 수 있는 청력검사실에서 여러 주의사항을 고려하여 검사의 신뢰성을 높여야 한다.

(1) 청력검사기

순음청력검사기는 다양한 주파수에 따른 청력역치를 통해 청력손실 정도를 파악할 수 있는 기기로 기도청력과 골도청력을 측정할 수 있다. 기도청력검사의 주파수는 125Hz에서 8000Hz까지 측정할 수 있고 강도는 0dB에서 120dB까지 측정할 수 있다. 검사 시 기도청력검사는 헤드셋으로 실시하고 골도청력검사는 진동자를 통해 실시한다.

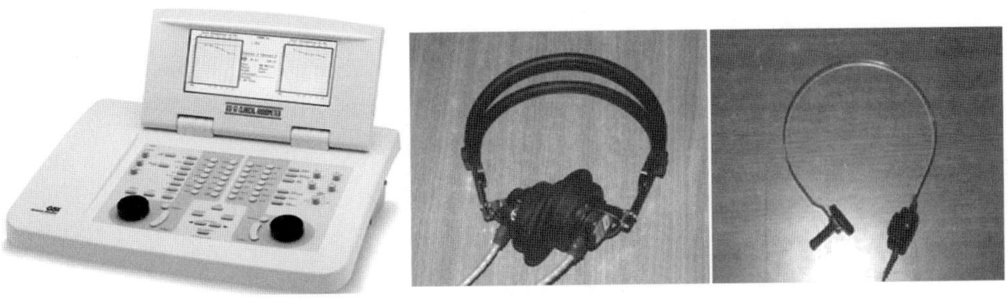

그림 7-2 청력검사기와 헤드셋, 진동자

(2) 청력검사실

청력검사실은 낮은 소음을 유지할 수 있도록 만든 방음실이나 반향을 최소화하고 외부 소음을 최대한 차단할 수 있는 조용한 방으로 준비한다. 일반적으로 소음 수준은 35dB SPL(A) 이하여야 하는데(허승덕, 2002), 그 이상의 소음이 있다면 청력검사에 영향을 줄 수 있기 때문이다. 청력검사실은 방이 1개 또는 2개로 구성되는데 2개의 방은 검사자와 피검자가 다른 방에 위치하므로 창문을 통해 의사소통을 할 수 있도록 되어 있다. 1개의 방은 선별검사 시에 적절하나 정확한 진단을 위해서는 신호 대 소음비를 고려해야 하므로 2개의 방으로 검사실을 구성하는 것이 좋다. 검사를 실시할 때 검사자와 피검자의 위치를 고려해야 하는데, 검사자가 피검자의 반응을 관찰하여 검사의 신뢰도와 정확성을 높일 수 있도록 T자 형태로 배치하는 것이 바람직하다. 그리고 방음실은 환기가 잘 되지 않아 환기시스템이 필요하지만 소음으로 인한 문제가 발생할 수 있으므로 환기장치에 유의해야 하며, 조명시설의 잡음도 고려되어야 한다(석동일 외, 2012).

그림 7-3 청력검사실

(3) 청력검사 전 주의사항

청력검사를 실시하기 전 몇 가지 주의해야 할 사항이 있다.

첫째, 청력검사기가 정상적으로 작동하고 있는지 확인해야 한다. 자극음에는 문제가 없는지, 헤드셋이나 이어폰을 통해 자극음이 잘 전달되는지 등 매일 점검해야 하며 1년에 한 번은 전문가에게 점검을 받는 것이 좋다. 또한 직접 접촉하는 청력검사기 부위를 항상 소독하거나 일회용 팁을 사용하여 감염을 예방할 수 있도록 관리해야 한다.

둘째, 청력검사를 실시하기 전 검이경(otoscope)을 통해 귀의 상태를 확인한다. 외이도의 귀지와 고막의 상태를 확인하여 의료적인 처치가 필요하다면 치료를 선행한 후 청력을 측정하는 것이 좋다. 만약 외이도염이나 중이염이 있는 상태에서 검사를 시행해야 할 경우 청력도에 자세한 사항을 함께 기록해야 한다.

셋째, 피검자가 편안한 상태에서 검사에 임해야 좋은 결과를 유도할 수 있으므로 피검자와의 간단한 대화 등으로 라포르 형성이 먼저 이루어져야 한다. 청력검사실은 일반적으로 좁은 공간의 방음실로 이루어져 있으므로 때로는 피검자가 위축되거나 불안감을 느낄 수도 있다. 특히, 피검자가 영유아라면 검사실상황이나 헤드셋 착용 등에 거부감이나 불안을 느끼게 되므로 장난감이나 놀이로 검사실의 상황에 친숙할 수 있도록 유도한 후 검사를 실시한다.

넷째, 피검자가 자극음의 유무에 대해 정확하게 인지할 수 있도록 훈련한다. 자극음에 대한 반응을 연습하여 청력검사 시 정확한 반응을 할 수 있도록 유도한다. 성인의 경우 검사 과정을 충분히 설명한 후 시행하면 되지만 영유아의 경우 충분히 설명하여도 검사 실시방법을 숙지하는 데 어려움이 있다. 따라서 영유아가 자극음의 반응에 대한 손들기, 퍼즐 맞추기, 고리 끼우기 등과 같은 놀이로 반응 연습을 충분히 한 후, 검사를 실시하여 검사의 신뢰도를 높인다.

2) 기도청력검사

기도청력검사는 양쪽 귀의 청력차가 있다면 좋은 쪽 귀를 먼저 검사하고 차이가 없다면 일반적으로 오른쪽 귀를 먼저 검사한다. 자극음은 연속음(continues tone)과 간헐음(pulse tone)으로 나누어지며, 자극음을 제시하는 방법은 규칙적으로 제공하기보다 간헐적으로 제공하는 것이 효과적이다.

(1) 주파수

기도청력검사에서 주파수는 앞서 언급했듯이 125Hz에서 8000Hz가 있으며, 단위는 cps(cycle per seconds)와 Hz로 사용된다. 주파수 측정방법은 말소리를 지각하는 데 가장 중심이 되는 주파수인 1000Hz부터 시작하여 2000Hz, 4000Hz, 8000Hz를 검사하고 다시 1000Hz를 검사한 후 500Hz, 250Hz, 125Hz 순으로 실시한다. 1000Hz를 2번 실시하는 이유는 검사의 신뢰도를 측정하기 위해서이며 그 결과가 10dB 이상 차이가 있다면 재검사를 실시해야 한다. 이들 주파수 중에서 이웃하는 두 주파수 간의 청력 차이가 20dB 이상일 경우 중간 주파수의 청력도 측정해야 한다. 예를 들어, 검사상의 2000Hz와 4000Hz의 결과가 20dB 이상 차이가 날 경우 중간 주파수인 3000Hz를 측정한다.

(2) 강도

기도청력검사는 다양한 주파수에서 들을 수 있는 강도를 측정한다. 이때 사용하는 검사강도는 0dB에서 120dB까지 분포되어 있다. 이 청력검사의 각 주파수별 강도를 측정하는 목적은 피검자가 자극음을 듣고 소리를 감지하는 역치를 찾기 위해서이다. 이를 최소가청역치라고 하고 강도를 측정하는 방법은 3가지로 나눌 수 있다.

첫째, 음강도를 들리지 않는 낮은 강도에서 시작하여 강도를 높여가며 피검자의 역치를 측정하는 것으로 이것을 상승법이라 한다.

둘째, 피검자가 충분히 들을 수 있는 강도에서 시작하여 낮은 강도로 측정하는 것으로 이를 하강법이라 한다.

셋째, 상승법과 하강법을 절충하여 측정하는 수정상승법으로 절충법이라고도 한다. 예를 들면, 먼저 30dB의 자극음을 제시하여 반응이 없으면 50dB로 높이고 반응이 나타날 때까지 10dB을 올려서 검사한 다음 반응이 있으면 10dB을 내리고, 반응이 없으면 5dB을 높여서 최소가청역치를 구하는 방법이다. 일반적으로

3가지의 방법 중 수정상승법을 많이 사용하고 있다(ASHA, 2005).

3) 골도청력검사

검사절차에서 주파수는 기도청력검사와 같이 1000Hz부터 시작하여 2000Hz, 4000Hz의 고음역을 검사하고 다시 1000Hz를 재검사한 후 500Hz, 250Hz 순으로 실시한다. 강도를 측정하는 방법 또한 기도청력검사와 유사하지만 최대자극강도가 대략 50~75dB HL 정도로 제한된다. 그러나 모든 주파수가 동일하지는 않다. 낮은 주파수인 125Hz의 경우 소리에너지가 지나치게 강해서 골도로 전달되는 소리를 피부로 지각하는 경우가 있기 때문에 보통 검사하지 않는다. 평균적으로 자극강도음은 250Hz에서 40dB, 500Hz에서는 60dB, 1000Hz에서는 70dB에서 진동감각을 느끼기 때문에 자극강도음은 그 이하로 제한한다(대한청각학회 편, 2010).

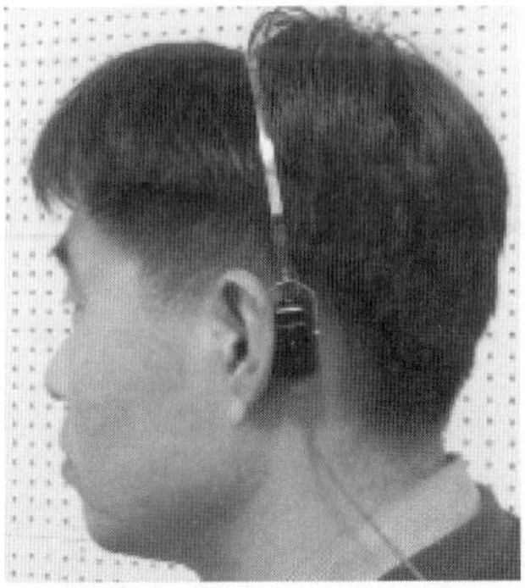

그림 7-4 골도진동자 및 진동자 부착위치

기도와 골도 청력역치의 차이로 청각장애의 유형을 결정할 수 있다. 청각장애 유형은 크게 전음성 난청, 감각신경성 난청, 혼합성 난청으로 나뉜다. 여기서 전음성 난청과 감각신경성 난청을 진단하는 방법으로 골도청력검사를 실시한다.

4) 차폐

청력검사를 할 때 양이의 청력손실이 존재하면 좋은 쪽 귀로 소리를 듣게 된다. 이를 반대청취라고 한다. 차폐는 이 반대청취를 차단하여 나쁜 쪽 귀의 청력손실 정도를 정확하게 검사하는 방법이다. 반대청취를 차단하는 방법은 좋은 쪽 귀에 잡음을 들려준다. 차폐잡음으로는 백색잡음(white noise), 협대역잡음(narrow-band noise) 및 어음잡음(speech noise) 등이 있다. 순음청력검사에는 백색잡음과 협대역 잡음을 사용하며 어음청력검사에서는 어음잡음을 사용한다.

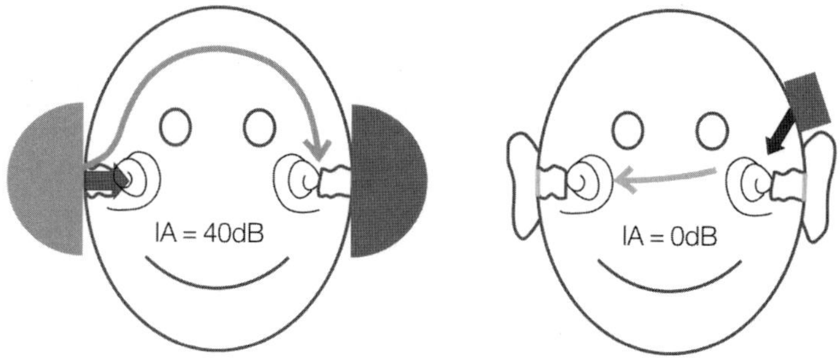

그림 7-5 기도청력검사와 골도청력검사의 양이감쇄

차폐에 영향을 주는 요인으로 양이감쇄(Interaural Attenuation; IA)와 폐쇄효과(Occlusion Effect; OE)가 있다. 양이감쇄는 검사 귀에 들려준 소리가 헤드셋의 진동을 통해 비검사 귀로 전달될 때 소리가 소실되는 정도를 말한다. 한쪽 귀를 통해 소리가 들어오면 중이와 와우를 거쳐 중추신경계에서 반대측으로 소리가 교차되기 때문에 다른 쪽 귀에서도 소리를 인식하게 된다.

이런 과정에서 다른 쪽 귀로 전달되는 동안 소리에너지가 감소하게 된다. 따라서 기도청력검사에서는 자극음에 대한 양이감쇄가 생기는 데 반해 골도청력검사에서는 양이감쇄가 나타나지 않는다. 왜냐하면 골도청력검사의 경우 두개골의 진동을 통해 자극음이 양이의 와우로 똑같이 전달되므로 음의 소실이 거의 나타나지 않기 때문이다. 기도청력검사 시 양이감쇄는 임상적으로 약 40dB을 적용하게 된다고 한다(Debonis & Donohue, 2004).

차폐의 실시 조건은 2가지가 있는데, 양이의 기도 청력차가 40dB 이상이거나, 동일한 귀의 기도와 골도 청력차가 10dB인 경우이다.

폐쇄효과는 골도청력검사의 차폐 시 비검사 귀에 헤드셋을 통해 잡음을 들려주게 되는데 이 헤드셋이 외이도를 막아 음압이 증가하여 소리가 더 잘 들리게 되는 것을 의미한다. 즉, 우리가 귀를 막고 소리를 듣게 되면 소리가 울려서 더 크게 들리는 것을 경험하게 되는데 이것이 폐쇄효과이다. 이러한 폐쇄효과는 저주파수대역에서 주로 나타나며 250Hz와 500Hz는 25dB, 1000Hz는 10dB이 증가된다(Vento & Durrant, 2009; 김규상 외, 2004에서 재인용).

따라서 표 7-1 에 제시된 소리의 크기만큼 더하여 차폐음을 들려주어야 한다. 그러나 전음성 난청일 경우는 폐쇄효과가 나타나지 않는다.

표 7-1 주파수별 폐쇄효과값

구분	250Hz	500Hz	1000Hz	2000Hz	4000Hz
이어폰	30	20	10	0	0
헤드셋	10	10	0	0	0

출처: Yacullo, 2009; 김규상 외, 2014에서 재인용.

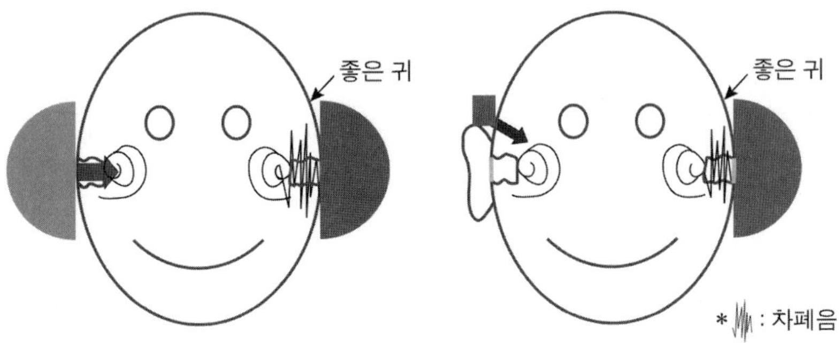

그림 7-6 기도청력검사와 골도청력검사에서 차폐의 예

5) 최소가청역치, 쾌적역치 및 불쾌역치

최소가청역치(hearing threshold level)는 들을 수 있는 소리의 가장 작은 크기를 의미한다. 측정하는 방법은 다음 표 7-2 와 같다.

●●● **표 7-2 최소가청역치 구하는 법**

자극음(dB)	반응	결과
30	×	20dB 상승
50	○	10dB 하강
40	○	10dB 하강
30	○	10dB 하강
20	×	5dB 상승
25	×	5dB 상승
30	○	최소가청역치

쾌적역치(Most Comfortable Level; MCL)는 검사음을 제시하였을 때 피검자가 가장 편안하게 잘 들을 수 있는 강도를 의미하며, 불쾌역치(UnComfortable Loudness Level; UCL)는 음을 점점 더 크게 들려주었을 때 불쾌감을 느끼게 되는 소리의 크기이다.

최소가청역치에서 불쾌역치 사이의 범위를 역동범위(Dynamic Range; DR)라고 하는데, 일반적으로 건청인의 경우 역동범위가 굉장히 넓다. 그러나 감각신경성 난청일 경우 역동범위가 건청인에 비해 상대적으로 좁다. 감각신경성 난청일 경우 불쾌역치에 쉽게 도달하게 되는데 이것을 보충현상(recruiment)이라고 한다.

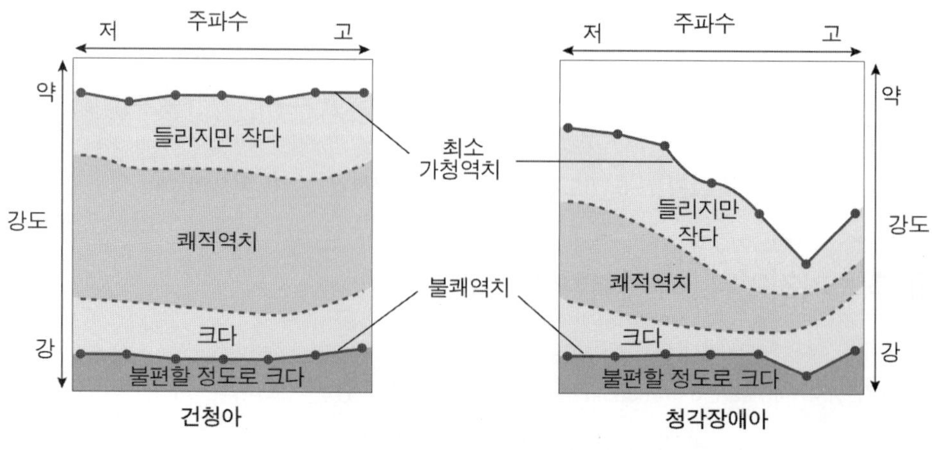

●●● **그림 7-7** 건청아와 청각장애아의 역동범위

6) 청력도

청력도는 주파수와 강도의 상관성을 나타내는 그래프이다. X축은 주파수를 Y축은 강도를 나타낸다.

(1) 작성법

청력도에 표기할 때 오른쪽 귀는 빨간색으로, 왼쪽 귀는 파란색으로 표시하며 기호는 다음 표 7-3 과 같다.

표 7-3 청력도 사용 기호

구분	오른쪽	왼쪽
기도	○	×
골도	<	>
기도 차폐	△	□
골도 차폐	[	]
무반응	↙	↘

(2) 해석법

청력검사 결과를 바탕으로 청력손실 정도, 청각장애 유형 및 청력형을 알 수 있다.

① 청력손실 정도

청력검사 결과에서 나타난 최소가청역치를 근거로 평균청력역치를 구해 청력손실 정도를 알 수 있다. 평균청력역치를 계산하는 방법은 3분법, 4분법, 6분법이 있으며, 공식은 다음과 같다.

표 7-4 평균청력역치 계산방법

구분	공식
3분법	$\frac{a+b+c}{3}$
4분법	$\frac{a+2b+c}{4}$ 또는 $\frac{a+b+c+d}{4}$
6분법	$\frac{a+2b+2c+d}{6}$

* a=500Hz, b=1000Hz, c=2000Hz, d=4000Hz

ASHA(2005)에서 제시한 4분법에서는 4000Hz를 포함하여 평균청력역치를 산출하도록 한다. 이는 의사소통에서 말소리의 이해와 청력손실의 관계를 정확하게 반영해 주기 때문이다(Debonis & Donohue, 2004). 평균청력역치 계산방법을 선택할 때, 청력검사의 목적이나 청각장애의 형태에 따라 적절한 방법을 사용하여 산출하면 된다.

② 청각장애 유형

청력도에서 나타난 기도청력과 골도청력의 차이를 통해 청각장애 유형을 알 수 있다. 청각장애 유형별 청력도는 그림 7-8 에 제시하였다. 전음성 청각장애는 외이나 중이에 병변이 있지만 내이에는 병변이 없기 때문에 그림 7-8 의 (A)처럼

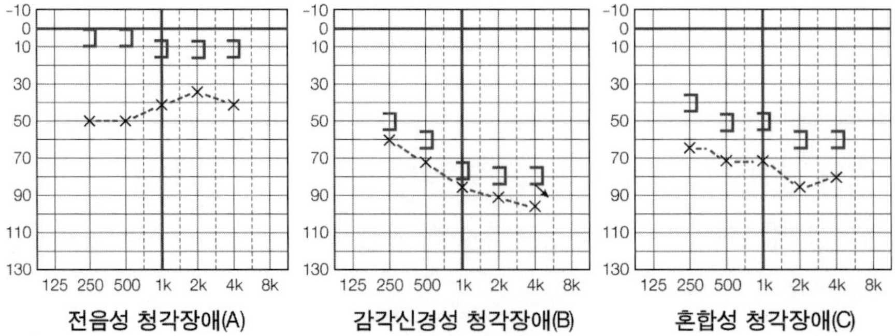

그림 7-8 청각장애 유형별 청력도

기도청력에서는 청력손실이 나타나고 골도청력은 정상역치를 보인다. 감각신경성 청각장애는 내이의 병변으로 인해 기도청력과 골도청력에서 비슷한 손실 정도를 보인다. 그림 7-8 의 (B)에서 볼 수 있듯이 기도 청력역치와 골도 청력역치가 근접하게 나타난다. 혼합성 청각장애는 외이나 중이, 내이에 병변이 있는 경우로 기도 및 골도청력에 모두 손실이 나타난다. 그림 7-8 의 (C)에서처럼 기도 청력역치와 골도 청력역치 간의 차는 감각신경성 청각장애보다 크다.

③ 청력형

청력형을 통해 청각장애의 상태를 대략적으로 파악할 수 있다. 청력형의 분류와 특징은 표 7-5 와 같다.

표 7-5 청력형의 분류와 특징

그림	청력형	특징
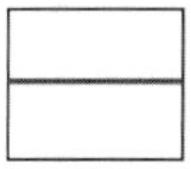	수평형	전 주파수대역에서 거의 비슷한 수준의 청력손실이 나타난다.
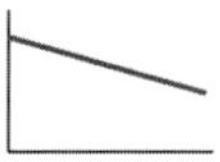	고음점경형 (경사형)	저주파수에서는 비교적 청력손실이 적지만 고주파수로 갈수록 청력손실이 커진다.
	고음급추형	저주파수에서 청력손실은 적은 편이지만 특정 고주파수에서 급격한 청력손실이 나타난다.
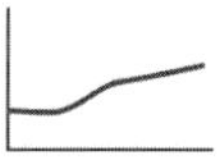	저음장애형	고주파수에 비해 저주파수의 청력손실이 크며 전음성에서 많이 나타나는 편이다.
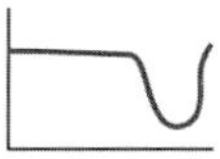	딥(dip)형	주로 4000Hz의 고주파수에서 급격한 청력손실을 보이며 그 이상의 고주파수의 청력손실은 적다. 초기 소음성 난청에서 주로 나타난다.
	산형	저주파수와 고주파수의 청력손실이 크며 중주파수의 청력손실 정도가 적다.
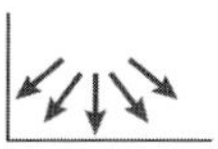	전농형	거의 대부분 주파수대에서 청력이 측정되지 않는다. 간혹 청력검사 시 저주파수대역에서 반응이 나타나기도 한다.

이상에서 청력도를 통해 알 수 있는 평균청력손실 정도와 청각장애 유형 및 청력형을 살펴보았고 청각장애에 따른 사례는 9장에서 자세히 알아보도록 한다.

2. 어음청력검사

순음청력검사는 말소리가 분포해 있는 주파수대역에 대한 청력의 정보를 제공하지만 우리가 실제 사용하는 언어를 듣고 이해하는 능력을 평가하는 데는 어려움이 있다(최성규, 2001). 이러한 단점을 보완하기 위한 어음청력검사는 일상생활에서 사용되는 말소리를 활용하여 음성언어의 듣기 및 이해능력을 평가한다.

어음청력검사에 사용되는 검사음은 녹음된 것을 사용하거나 육성으로 제시하고, 반응하는 방법에는 따라 말하기, 받아쓰기, 그림 지적하기 등이 있다. 여기서는 어음청력검사의 유형인 어음감지역치와 어음청취역치, 어음명료도검사에 대해 기술하고 어음청력도를 해석하는 방법에 대해 알아보고자 한다.

1) 어음감지역치

어음감지역치(Speech Detection Threshold; SDT)란 피검자가 어음의 존재를 50% 분별할 수 있는 최소강도 수준을 나타내는 것이다. 이것은 제시된 말이 무엇인지를 이해하는 수준을 의미하는 것이 아니라, 말소리를 감지(탐지)할 수 있는 수준에 해당된다.

역치를 측정하는 방법은 피검자가 듣지 못하는 수준에서 시작하여 겨우 말을 들을 수 있는 수준까지 점차적으로 강도를 높인다. 어음감지역치를 찾는데는 단어나 구보다 문장이 더 적절하며 피크가 없는 단음조로 읽어야 한다. 그리고 자료는 비교적 흥미가 없는 종류이어야 한다.

2) 어음청취역치

어음청취역치(Speech Reception Threshold; SRT)는 일반적으로 2음절의 강강격(spondee) 단어를 사용하여 50%를 이해할 수 있는 최소강도 수준이다. 즉, 제시된 어음을 듣고 이해하여 50% 이상 정확하게 반응하는 역치를 의미한다.

어음청취역치를 구하는 절차는 평균순음 청력역치의 10dB 전후에서 시작하며 2음절어를 들려준다. 예를 들어, 평균순음 청력역치가 60dB이라고 가정할 때 시작음은 70dB로 2음절어의 4개 단어를 들려주고 정반응의 결과에 따라 강도를 조절하여 어음청취역치를 찾는다. 그 절차는 표 7-6 과 같으며 여기서 최소 50% 이상 정확하게 반응한 강도 수준은 55dB이며 이것이 어음청취역치가 된다.

어음청취역치의 목적 중 하나는 순음청력의 신뢰도를 검증하는 것으로 검사 결과가 순음청력검사의 3분법 평균청력역치와 ±10dB 범위에서 나타나야 한다. 만약 그 이상 차이가 나타나면 피검자의 반응을 신뢰할 수 없다. 하지만 중추성 청각장애나 고음급추형 청각장애는 두 역치의 차이가 10dB 이상 나타날 수 있다는 것을 유의해야 한다.

표 7-6 어음청취역치(SRT)를 구하는 절차

자극강도 (dB HL)	2음절어 정답(+) · 오답(−)				해석	결과
70	학교(+)	장갑(+)	그림(+)	풍선(+)	제시된 4단어 모두 정반응으로 100% 수행	5dB 하강
65	전화(+)	병원(+)	과일(+)	땅콩(+)	제시된 4단어 모두 정반응으로 100% 수행	5dB 하강
60	나무(+)	참새(−)	달걀(+)	우산(+)	4단어 중 3단어 정반응으로 50% 수행	5dB 하강
55	전화(−)	병원(−)	과일(+)	땅콩(+)	4단어 중 2단어 정반응으로 50% 수행	5dB 하강
50	나무(−)	참새(−)	달걀(−)	우산(+)	4단어 중 1단어 정반응으로 25% 수행	50% 수행을 하지 못해 어음청취역치는 55dB이 된다.

3) 어음명료도검사

어음명료도검사(Speech Discrimination test; SD test)는 피검자가 편안히 들을 수 있는 강도에서 어음을 들려주었을 때 바르게 반응하는 비율(%)을 측정한다. 즉, 말소리에 대한 이해능력을 측정하는 방법으로 청력손실 정도를 알 수 있으며, 청각장애의 병변부위, 보청기 적용 및 선택, 청능훈련 및 언어치료 등에 필요한 정보를 제공하고 재활의 효과를 파악할 수 있다.

검사음은 주로 단음절의 음소적 균형 단어목록을 사용하며 일상회화에서 사용되는 친숙한 어음을 사용한다. 검사절차는 보통 쾌적역치나 어음청취역치보다 20~40dB 큰 소리를 들려주고 따라 말하기나 받아쓰기의 반응을 통해 다양한 강도에서 명료도를 구한다. 가장 좋은 명료도를 얻은 강도를 최대명료도(PB max)라고 하는데 일반적으로 건청인은 약 20~40dB, 전음성 난청은 40dB 이상의 어음강도에서 100%의 최대명료도를 얻을 수 있다. 감각신경성 난청은 최대명료도가 건청인보다 낮게 나타나며, 중추신경성 난청은 최대명료도 이후 어음강도가 더 커질 경우 오히려 명료도가 더 떨어진다. 이상에서와 같이 다양한 청각장애 유형에 따른 어음명료도 곡선은 그림 7-9 에 제시되어 있다.

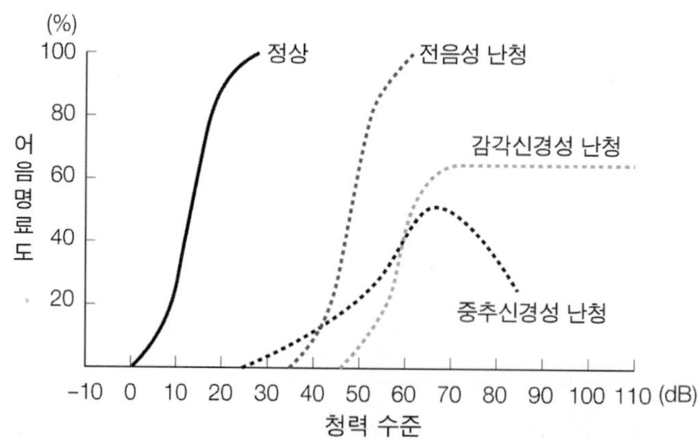

그림 7-9 청각장애 유형에 따른 어음명료도 곡선

4) 어음청력검사의 해석

어음청취역치와 어음감지역치는 10dB 내외의 차이를 보이며, 순음청력검사의 결과와도 유사하게 나타난다(Debonis & Donohue, 2004). 어음청력검사의 역치 수준은 순음청력검사의 역치 수준과 비교하여 해석한다.

어음청력검사의 2가지 사례를 살펴보자. 먼저 그림 7-10 의 경우 순음청력도와 어음청취역치의 관계를 볼 수 있는 사례이다. 이 사례에서 피검자의 순음청력검사의 평균청력역치는 오른쪽 귀는 55dB, 왼쪽 귀는 77dB이 되며 어음청취역치는 오른쪽 귀는 55dB, 왼쪽 귀는 60dB로 나타나 있다. 보통 순음청력검사의 평균청력역치와 어음청취역치 간의 차이는 10dB 이내의 수치를 보여야 두 검사 간 신뢰성이 유효하다고 볼 수 있다. 오른쪽 귀의 경우 조건을 충족하고 있으나 왼쪽 귀는 17dB 정도의 차이가 난다. 이런 사례처럼 고음점경형이나 고음급추형과 같은 급격한 경사를 보이는 경우는 예외적으로 해석해야 한다.

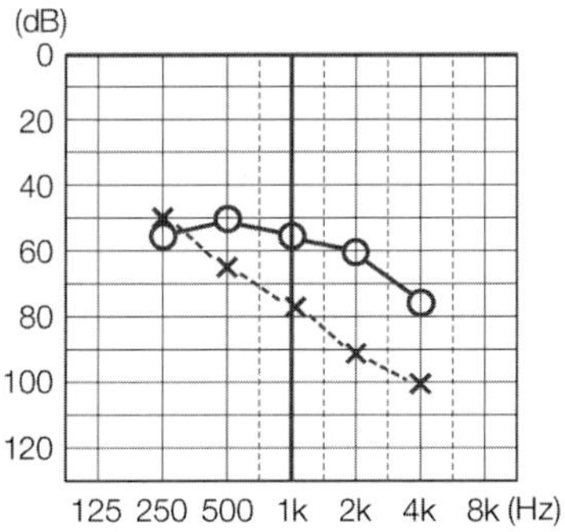

구분	오른쪽	왼쪽
어음청취역치 (SRT)	55	60
어음명료도 (SD test, %)		

그림 7-10 순음청력검사와 어음청취역치

그림 7-11 은 순음청력검사와 어음명료도와의 관계를 제시한 사례이다. 이 사례에서 오른쪽 귀는 순음청력검사와 어음청취역치가 7dB과 10dB로 정상청력역치를 보이지만 왼쪽 귀는 감각신경성 난청으로 순음청력역치는 57dB, 어음청취역치는 45dB인 것을 알 수 있다. 어음명료도는 오른쪽이 90%로 매우 좋은 변별

능력을 보이지만 왼쪽의 경우 50%로 저조한 변별능력을 보여 일상생활에서 대화가 곤란한 정도라고 해석할 수 있다. 어음명료도는 최대명료도에서 얻어진 점수에 따라 96~100%는 아주 뛰어남, 88~95%는 매우 좋음, 80~87%는 좋음, 70~79%는 보통, 50~69%는 저조함, 50% 미만은 매우 저조함으로 해석한다(Debonis & Donohue, 2004).

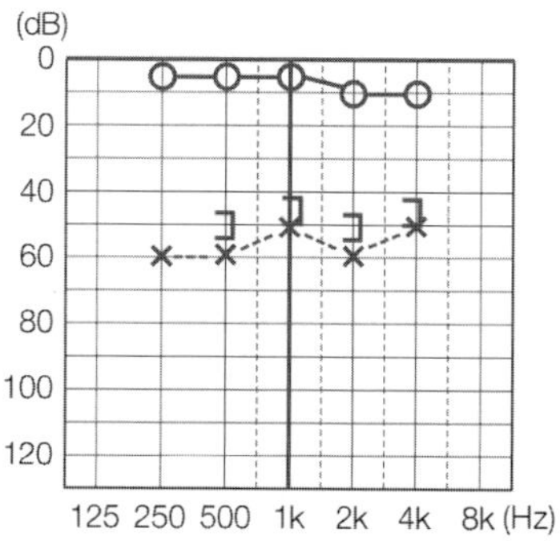

구분	오른쪽	왼쪽
어음청취역치 (SRT)	10	45
어음명료도 (SD test, %)	90	50

그림 7-11 순음청력검사와 어음명료도

이와 같이 순음청력검사나 어음청력검사의 결과를 함께 해석하여 청각재활을 위한 기초자료로 활용할 수 있다.

3. 영유아를 위한 주관적 청력검사

청력검사의 종류는 그 목적과 대상, 난이도에 따라서 나누어질 수 있는데, 여러 청력검사 중에서도 특히 영유아의 청력을 진단하고 검사하는 과정은 매우 중요하다. 생후 24개월까지는 언어발달에 가장 중요한 시기로서 이 시기에 청력손실을 입은 아이는 언어발달에 부정적인 영향을 미치게 된다. 신생아 청각장애의 출현율은 1,000명당 1~5명 정도로 꾸준히 발생하고 있어 신생아 청각선별검사를 통한 조기 발견과 조기 진단의 중요성이 대두되고 있다. 이는 한국형 신생아 청각선별검사지침(보건복지부, 2014)에서 생후 1개월 이내에 모든 신생아가 청각선별검사를 받도록 제시한 권고사항에서도 그 중요성을 알 수 있다. 따라서 영유아의 경우 소리자극에 따른 행동반응을 관찰함으로써 청력이상 유무를 의심해 볼 수 있고, 청력손실이 발견된 영유아에게는 지속적인 중재 및 지원이 필요하다.

1) 영유아 행동반응 관찰

청각장애가 의심된다면 청력검사를 통해 정확하게 진단할 수 있으나 평소 영유아의 행동반응을 관찰함으로써 청각장애의 유무를 대략적으로 파악해 볼 수 있다. 다음에 제시된 영유아의 행동반응을 주의 깊게 관찰하여 청각장애 조기 발견에 활용할 수 있다(대한의학회, 2013).

① 갑작스러운 큰 소리에 놀라거나 울지 않는 경우
② 소리가 나는 방향으로 고개를 돌리지 않는 경우
③ 이름을 불러도 응답하지 않는 경우
④ 개 짖는 소리를 듣지 못하는 경우
⑤ 환경음에 반응하지 않고 간단한 음절의 말도 하지 않는 경우
⑥ TV를 바짝 다가앉아 시청하거나 볼륨을 크게 틀어서 시청하는 경우
⑦ 사람들이 말한 것을 한 번에 알아듣지 못하고 반복적으로 물어보는 경우

이 기준은 난청을 의심해 볼 수 있는 가장 쉽고 간단한 활용방법이다. 그러나 이 기준만으로 난청을 판단할 수 없기 때문에 영유아의 행동반응에 따라 평가하는 주관적 검사와 타당성과 신뢰도가 확보된 객관적 검사가 추가적으로 필요하다.

2) 신생아 청력검사

신생아의 청력검사는 대개 신생아의 소리에 대한 반사반응 유무를 통해 검사

를 실시하며 소리자극에 대한 반사적 행동이나 반응은 약 2초 이내에 나타나야 한다. 신생아의 초기 반사를 바탕으로 청력검사를 적용해 보면 다음과 같다.

(1) 눈꺼풀반사검사

눈꺼풀반사는 물체가 갑작스럽게 눈 가까이로 다가올 때 눈을 감는 반사반응이다. 이 검사를 청력검사에 적용할 수 있다. 예를 들면 귀에 방울을 가까이 대고 망치로 가볍게 쳐서 소리를 들려주고 반응을 관찰한다. 이때 신생아의 눈 주위 근육이 수축하는 반응이 나타나면 청력에 이상이 없는 것으로 판단할 수 있다. 이것을 눈꺼풀반사검사(Auro-Palpebral Reflex; APR)라고 한다.

(2) 모로반사검사

모로반사는 신체의 위치가 갑자기 변화할 때, 팔을 바깥쪽으로 벌렸다가 무엇을 껴안는 것처럼 팔을 안쪽으로 가져가는 반사행동을 말하며, 이것을 껴안기 반사라고도 한다. 이를 청각검사에 활용하면 갑자기 큰 소리를 들려주었을 때 신생아가 놀라며 팔을 껴안는 행동이 관찰된다. 이것을 모로반사검사(Auro-Moro Reflex; AMR)라고 한다.

(3) 방향정위검사

방향정위검사(Auro-Orienting Reflex; AOR)는 신생아에게 소리자극을 제시할 때, 자신이 놓여 있는 곳에서 들려오는 소리의 방향 쪽으로 몸이 향하는 행동반응 유무를 관찰하는 것이다.

이외에도 신생아에게 소리자극을 갑작스럽게 들려주면 맥박속도가 빨라지거나 호흡속도의 변화 또는 움직임을 멈추는 등의 행동반응이 관찰된다. 이것을 행동관찰 청력검사라고 하며, 소리강도는 60~80dB로 제시한다.

3) 영유아의 청력검사

영유아의 청력검사는 주로 놀이상황에서 음성이나 악기, 순음에 대한 반응을 관찰하는 것으로 다음과 같다.

(1) 음성에 의한 청력검사

음성에 의한 청력검사는 방음실이나 조용한 장소에서 영유아가 좋아하는 소리나는 장난감을 놀이 중에 활용하여 실시하는 검사로 자신의 이름을 부르는 목소리나 음성자극에 대한 반응을 관찰한다. 이때 음성자극은 80~100dB 정도의 강도가 적합하며 다양한 음성을 사용할 수 있다. 이 검사를 통하여 영유아의 언어습득 가능성과 보청기가 적합한지의 여부를 확인한다.

(2) 악기에 의한 청력검사

악기에 의한 청력검사는 영유아에게 악기 소리를 들려주고 그 반응을 관찰하는 것으로, 검사를 실시할 때 영유아의 등 뒤에서 소리자극을 제시하고 거리는 2m 정도의 간격을 유지하도록 한다. 또한 악기뿐만 아니라 소리를 가지고 있는 모든 물체를 활용할 수 있다는 장점을 가지고 있으며, 악기나 물체마다 가지고 있는 주파수와 강도를 파악하여 검사에 활용하여야 한다.

(3) 음장상황에서의 청력검사

음장상황에서의 청력검사(sound field test)는 확성기나 스피커를 통해 자극음을 영유아에게 제시하여 반응을 관찰하는 것으로, 이를 이용한 검사들은 다음과 같다.

① 조작조건화 반응 청력검사

조작조건화 반응 청력검사(Conditioned Orientation Reflex; COR)의 대상은 6~30개월

그림 7-12 조작조건화 반응 청력검사

의 영유아이며, 순음청력검사의 일종으로 시각적으로 조건화된 행동관찰 청력검사이다. 영유아는 주의 집중시간이 짧고 스스로 오랜 시간 동안 착석이 어렵기 때문에, 일반적인 순음청력검사가 불가능하다. 따라서 이 검사는 소리를 제시한 쪽에 빛을 깜박여 장난감이 움직이도록 하여 시각적으로 조건화시켜 반응을 유도하는 방법이다. 검사에 사용되는 자극음의 주파수는 500Hz, 1000Hz, 2000Hz, 4000Hz의 범위로 선정하는 것이 일반적이다.

검사방법은 검사자가 있는 곳을 어둡게 하고, 영유아와 부모가 있는 검사실만 밝게 한다. 그리고 검사실에서 영유아는 인형이 들어있는 2쌍의 스피커 사이에 앉는다. 검사자는 소리와 빛을 함께 제시하여 영유아가 장난감이 움직이는 것을 볼 수 있게 한다. 이와 같은 자극을 반복 제시하게 되면 소리는 빛에 의해 조건화되어 영유아는 소리만 들어도 그쪽의 장난감으로 고개를 돌리게 된다.

② 유희 청력검사

유희 청력검사(play audiometer)는 3~5세의 영유아를 대상으로 자극에 대한 반응 게임을 하는 것을 의미한다. 즉, 놀이를 청력검사에 접목시켜 시행하는 것이다. 검사에 주로 사용하는 놀이는 고리 걸기, 퍼즐 끼우기, 구슬 꿰기, 구슬 넣기 등이 있다. 이때, 영유아가 검사를 거부하거나 두려워하지 않도록 검사자와 좋은 라포르를 형성하는 것이 선행되어야 한다. 또한 영유아는 집중시간이 짧기 때문에 검사가 진행되는 동안 영유아의 흥미와 동기 유발을 유지시킬 수 있는 몇 가지 놀이를 제공하여, 단시간에 검사를 실시하여야 한다.

그림 7-13 유희 청력검사

지금까지의 영유아를 위한 주관적 청력검사는 소리자극에 대한 영유아의 반응을 토대로 검사를 실시하였다. 그러나 이러한 주관적인 검사들은 검사에 대한 타당도와 신뢰도에 제한점이 있어 객관적인 검사들을 추가적으로 실시해야 한다.

확인학습

1. 주관적 청력검사의 종류를 설명하시오.
2. 기도청력검사에서 역치를 구하는 방법 중 수정상승법을 설명하시오.
3. 전음성 난청과 감각신경성 난청의 특징을 청력손실 정도 및 기도와 골도청력 차이를 비교하여 설명하시오.
4. 기도와 골도청력검사에서 차폐를 하는 경우에 대해 설명하시오.
5. 어음청력검사의 종류를 말하고 순음청력검사와의 관계를 설명하시오.
6. 다음 청력도를 보고 평균순음 청력역치를 구하고 어음청력검사 결과와 함께 이 사례가 인지하는 소리를 중심으로 특성을 기술하시오.

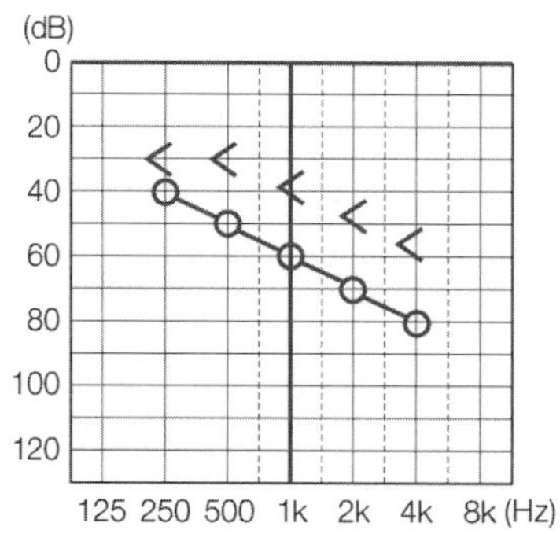

구분	오른쪽	왼쪽
어음청취역치 (SRT)	55	
어음명료도 (SD test, %)	40	

참고문헌

김규상 외 (2014). **청각학개론**. 서울: 학지사.

대구 · 경북 청각연구회 편 (2001). **교사와 부모를 위한 청각 활용 가이드**. 대구: 대구 · 경북 청각연구회.

대한의학회 (2013). http://www.kams.or.kr/health/index.php, 건강교육-알기 쉬운 건강정보.

대한청각학회 편 (2010). **청각검사지침**. 서울: 학지사.

보건복지부 (2014). 한국형 신생아 청각선별검사지침.

석동일 외 (2012). **청각학개론**. 대구: 대구대학교 출판부.

이정학 외 (2010). **어음청각검사**. 서울: 학지사심리연구소.

이학선 (2001). 최고 쾌적 수준과 최고 불쾌 수준. **대한청각학회 제1회 청력검사 강습회 자료집**, 19-22.

최성규 (2001). 순음청력검사와 어음변별력검사 결과의 상관관계 분석. **난청과 언어장애연구, 24**(3), 109-121.

한국청각언어장애교육학회 편 (2013). **청각장애아교육**. 경기: 양서원.

허승덕 (2002). **Audiology**. 부산: 동아대학교 출판부.

American Speech-Language-Hearing Association(ASHA) (2005). Guidelines for manual pure-tone threshold audiometry. http://www.asha.org/policy

Debonis, D. A., & Donohue, C. L. (2004). *Survey of audiology*. Boston: Pearson Education, Inc.

Newby, H. A., & Popelka, G. R. (1992). *Audiology*. Englewood Cliffs, NJ: Prentice-Hall.

chapter

08 객관적 청력검사

집필자 : 주미영, 정승희

우리는 청각기관을 통해 소리를 듣게 되는데 최종적으로 소리를 인지하여 정보를 처리하는 것은 대뇌의 청각피질에서 이루어진다. 소리 전달경로의 병변 유무와 정확한 진단을 위하여, 그리고 주관적 반응을 나타내는 데 어려움이 있는 피검자나 거짓반응을 나타내는 피검자의 정확한 청력 측정을 위하여 객관적 검사를 실시하게 된다. 객관적 청력검사는 주관적 청력검사와 더불어 청각장애의 정확한 진단과 청각재활의 기초자료를 제공할 수 있다.

이 장에서는 객관적 검사 중에서 가장 널리 사용되고 있는 중이검사와 이음향방사, 청성뇌간반응검사에 대해 알아보고 신생아 청각선별검사에 대해 기술하고자 한다.

1. 중이검사

중이는 외이와 내이의 중간에 위치하며 공기로 가득 차 있다. 이러한 중이의 상태를 파악하기 위해 중이검사를 시행한다. 중이검사는 외이도를 통해 들어오는 음압을 중이를 거쳐 내이로 전달되는 수용에너지(admittance)와 고막에 반사되어 다시 나오는 저항에너지(impedance)를 이용하여 측정할 수 있다. 따라서 우리는 중이검사를 임피던스검사라고도 하며, 저항에너지와 수용에너지의 복합어인 이미턴스(immitance)를 사용하여 이미턴스검사라고도 한다. 이러한 검사를 통해 중이상태 및 질환, 이관기능, 뇌간장애 진단 등을 객관적으로 평가할 수 있다(허승덕, 2002). 중이검사에서는 고막운동성(tympanometry)검사와 등골근반사(acoustic reflex)검사에 대해 알아보고자 한다.

1) 고막운동성검사

고막운동성(tympanometry)검사는 피검자의 외이도에 프로브(probe)를 통해 소리를 주고 고막에서 반사되는 음향에너지를 외이도 내의 압력 변화에 따라 측정하는 검사이다. 외이도를 완전히 막고 검사하므로 외이도 내에는 일정한 공기의 부피가 형성되어 폐쇄감이나 불쾌감을 느낄 수 있다. 따라서 검사하는 동안 움직이거나 침을 삼키거나 또는 말을 하지 않는 등의 주의사항을 검사 전에 알려 주어야 한다.

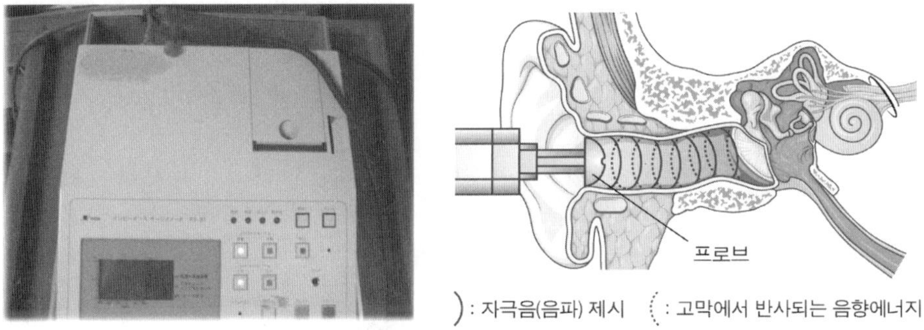

그림 8-1 고막운동성 검사기
출처: Himelfarb, Popelka, & Shanon, 1979.

고막운동성검사는 삽입된 프로브를 통해 200Hz, 85dB SPL 자극음을 연속적으로 주면서 양압(+200daPa)과 표준기압, 음압(-400daPa)의 순서로 압력 변화를 준다. 정상적인 귀는 중이의 압력이 대기압과 같은 수준으로 유지되어 외이도와 중이강의 압력이 같거나 큰 차이를 보이지 않는다. 따라서 양압을 주면 고막이 중이강 쪽으로 함몰되고, 표준기압을 주면 편안한 상태로 이완되었다가 다시 음압을 주면 반대편 외이도 쪽으로 팽창된다(허승덕, 2002). 이러한 고막운동을 좌표상에 기록한 것이 고막운동도(tympanogram)이다.

고막운동도에는 외이도의 용적, 정적 탄성, 중이강의 압력, 고막운동도의 폭과 기울기 등이 나타난다. 외이도의 용적에서 정상 범위는 아동 0.4~1.0cc, 성인 0.6~1.5cc이다. 정적 탄성은 대기압에서 소리의 운동성을 나타낸 것으로 정상인 경우 아동 0.2~0.9mL, 성인 0.3~1.4mL이다. 고막운동도의 폭은 아동 60~150daPa, 성인 50~100daPa이며, 최대정점(그래프의 꼭짓점 위치)은 양압 쪽으로 50daPa과 음압 쪽으로 −50daPa 사이의 100daPa 범위에서 나타나야 한다(황혜경, 2007).

고막운동도에 나타난 형태를 통해 중이강 내 압력, 고막의 운동성, 이소골 연쇄, 이관상태 등을 확인할 수 있으며, 그림 8-2 와 같이 5가지 유형으로 분류할 수 있다.

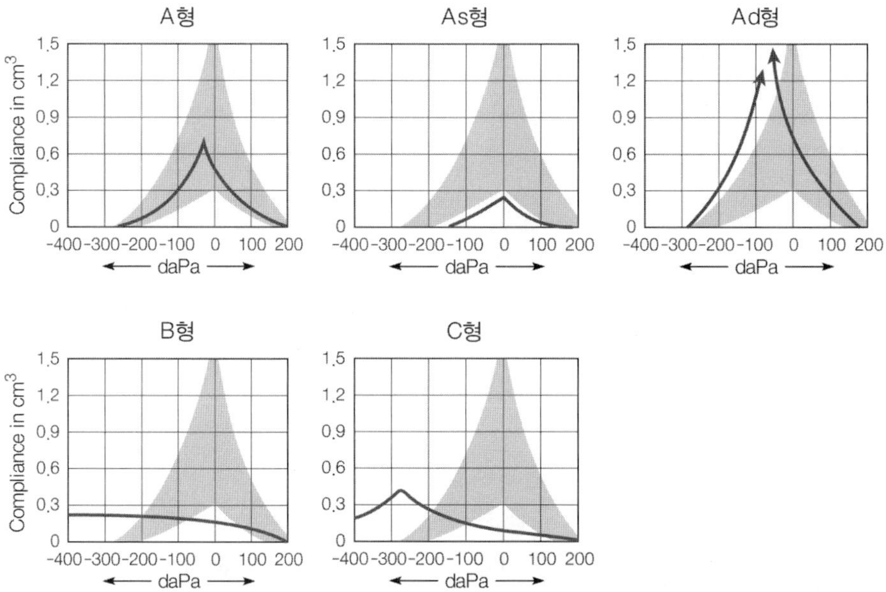

그림 8-2 고막운동도(tympanogram)의 유형

출처: Jerger, 1970; 홍성화, 2001에서 재인용.

① A형 : 중이기능에 문제가 없는 건청인이나 감각성 난청에서 대부분 나타난다.

② As형 : 고막의 움직임이 감소하여 탄성의 변화가 적은 형태로 이소골의 유착, 고실경화증, 이경화증 등에서 나타난다.

③ Ad형 : 고막의 움직임이 비정상적으로 증가된 형태로 이소골의 단절, 고막의 노화, 고막 천공 후 부분 치유된 경우에 나타난다.

④ B형 : 최대정점이 없고 수평 혹은 궁형을 보이는 것으로 중이염, 중이강 내에 액체가 있을 때 나타난다.

⑤ C형 : A형과 유사하나 최대정점의 압력이 -100daPa 이하의 음압에 위치하며, 이관기능장애로 중이강의 압력이 외이도 내의 압력보다 낮을 때 관찰된다.

고막운동성검사의 결과는 그림 8-3 과 같이 고막운동도의 형태와 수치를 통해 해석할 수 있다. 오른쪽 고막운동도의 수치를 보면 외이도 용적은 0.9cc이고, 정적 탄성은 0.5mL이며, 최대정점은 85daPa로 중이에는 병변이 없는 A형임을 알 수 있다.

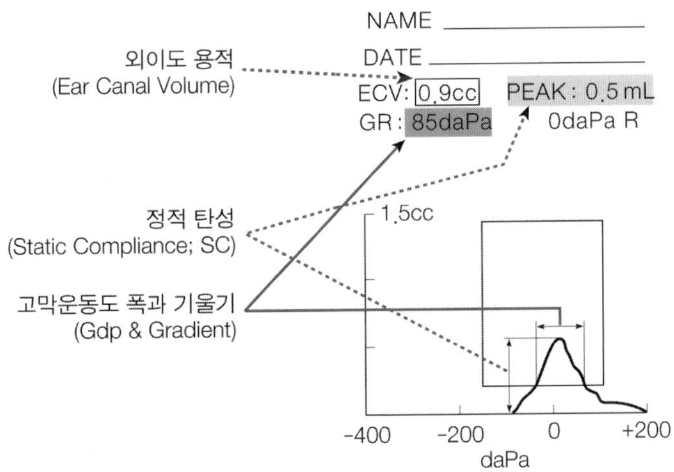

●●● 그림 8-3 고막운동도

출처: Himelfarb, Popelka, & Shanon, 1979.

2) 등골근반사검사

중이에는 외부의 강한 음으로부터 내이를 보호하는 이내근, 즉 고막장근과 등골근이 있는데 이 중 등골근이 반사에 주도적 역할을 한다. 따라서 고막을 통해 전달되는 음압으로 등골근의 움직임을 분석하여 내이의 기능이나 청신경의 상태를 파악할 수 있는데, 이것이 등골근반사(acoustic reflex)검사이다(그림 8-4). 등골근반사검사는 크게 2가지 방법으로 할 수 있다. 한쪽 귀의 등골근 수축을 측정하는 동측검사와 양측 귀의 등골근 수축을 측정하는 대측검사이다. 동측검사에서는 음압이 외이를 통해 중이, 와우를 거쳐 청신경(VIII)으로 전달되고 이어 복측 와우핵(VCN)과 상올리브복합체(SOC)를 거쳐 안면신경(VII)을 통해 등골근이 수축된다. 대측검사는 동측검사에서 전달되는 과정에서 상올리브복합체를 거쳐 동측으로 지나 안면신경으로 전달되는 동시에, 반대측 상올리브복합체와 안면신경으로도 자극을 보내어 반대측 등골근이 수축하여, 양이의 등골근반사를 측정하는 방법이다. 그러므로 동측과 대측의 등골근반사를 통해 중이, 내이 및 청신경의 상태, 안면신경의 이상을 파악할 수 있다.

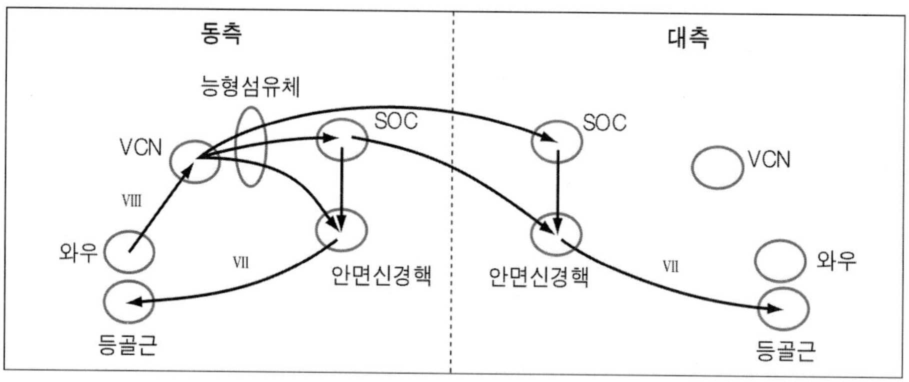

그림 8-4 등골근반사

출처: Debonis & Donohue, 2004.

이 검사는 500～4000Hz의 자극음을 70～120dB HL에서 들려주고 양쪽 귀를 모두 측정해서 나타난 결과에 따라 병변을 확인할 수 있다. 보통 70～100dB에서 반사가 나타나면 정상이며 100dB보다 큰 수치나 반응이 없는 경우 병변을 확인한다.

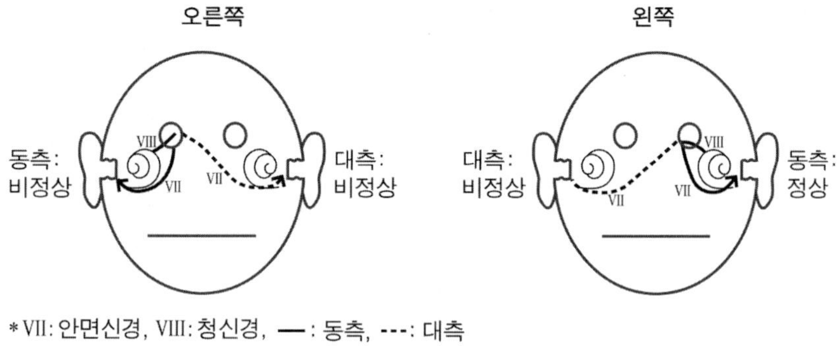

그림 8-5 중이에 병변이 있는 경우

그림 8-5 는 오른쪽 중이에 병변이 있는 경우로 오른쪽 귀의 동측과 대측은 자극음이 제대로 전달되지 못해 등골근반사가 비정상으로 나타난다. 왼쪽 귀의 동측은 반사가 정상으로 측정되지만 대측은 비정상으로 나타난다. 이는 등골근반사를 측정하거나 자극음을 제시할 때 모두 중이의 영향을 받기 때문이다.

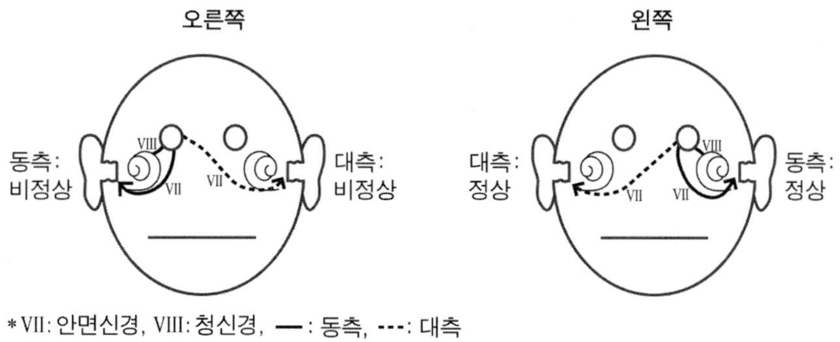

그림 8-6 내이 및 청신경에 병변이 있는 경우

그림 8-6 은 오른쪽 내이 및 청신경에 병변이 있는 경우의 등골근반사 검사결과이다. 오른쪽 동측과 대측은 모두 비정상으로 나타나지만 왼쪽의 동측과 대측

은 반사가 정상으로 측정된다. 이는 자극음이 제시되는 왼쪽의 내이 및 청신경에 병변이 없기 때문이다.

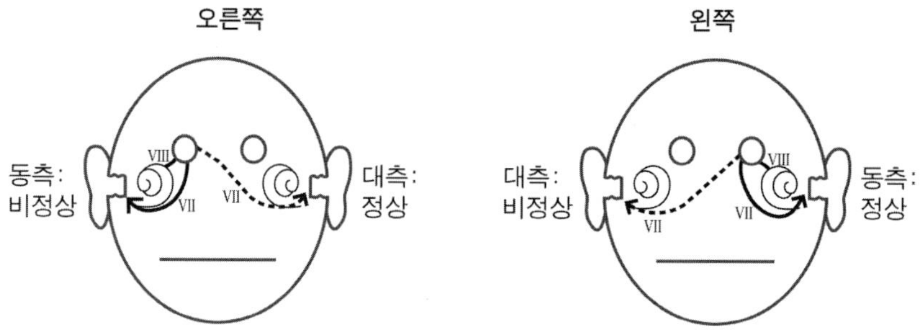

그림 8-7 안면신경에 병변이 있는 경우

그림 8-7 은 오른쪽 안면신경에 병변이 있는 경우이다. 오른쪽의 대측과 왼쪽의 동측은 정상으로 측정된다. 그러나 오른쪽의 동측과 왼쪽의 대측은 반사가 비정상으로 나타난다. 이는 반사를 측정하는 오른쪽의 안면신경에 병변이 있기 때문이다.

중이검사는 전음성과 감각신경성 난청을 진단할 수 있고 거짓 난청 및 심인성 난청의 보조진단이 가능하다. 또한 감각신경성 난청에 삼출성 중이염이 동반된 경우가 있어 중이검사의 결과와 함께 청성뇌간반응 결과 판정에 도움을 줄 수 있으므로 영유아 청력검사의 보조진단으로서도 의의가 있다(대한청각학회, 2010).

2. 이음향방사

이음향방사(OtoAcoustic Emissions; OAE)는 와우의 외유모세포에서 자발적 또는 외부 자극음이 증폭되어 발생하는 소리에너지로 중이를 거쳐 외이도로 전달된다. 이 검사는 와우에서 외이도로 방사되어 감지되는 전기반응을 측정하여 와우의 기능을 평가하고 내이나 청신경의 병변이 있는 감각신경성 난청의 유무를 파악할 수 있다.

이 검사는 방법이 간단하므로 청각학적 지식이 적고 숙련되지 않은 검사자도 수행할 수 있는 장점이 있어 청각선별검사로서 유용성이 높으며, 감각신경성 난청의 미로성 또는 후미로성의 판별, 청신경의 병변 등을 진단할 수 있다. 그러나 와우로 소리를 자극하고 외이도에서 방사음을 기록하기 위해서 중이를 반드시 통과해야 하므로 중이에 병변이 있는 경우 이음향방사를 관찰할 수 없다.

이음향방사의 종류에는 와우의 외유모세포에서 자발적인 전기반응이 나타나는 자발이음향방사와 외부 자극음을 통해 발생되는 유발이음향방사가 있다.

1) 자발이음향방사

자발이음향방사(Spontaneous OtoAcoustic Emission; SOAE)는 외부의 자극음을 주지 않고 와우에서 능동적으로 발생한 음향에너지를 외이도에서 측정하는 검사이다. 정상청력을 가졌다고 해서 자발이음향방사가 모두 나타나는 것은 아니지만 측정된다면 최소한 청력역치가 25dB 이내의 정상청력임을 나타낸다(김규상 외, 2014). 이 검사는 외부의 소음, 온도 변화, 약물 등에 의해 영향받을 수 있으며 나이, 성별, 좌우 귀 등의 변인에도 다른 결과를 얻을 수 있어 임상에서 잘 사용되지는 않는다.

2) 유발이음향방사

유발이음향방사(Evoked OtoAcoustic Emission; EOAE)는 주로 클릭음(click)과 같은 짧은 자극 후에 나타나는 클릭이음향방사(Transient Evoked OAE; TEOAE)가 있고, 서로 다른 두 주파수 순음을 자극음으로 제시하였을 때 다른 여러 주파수의 변조음을 발생하게 되는 변조이음향방사(Distortion Product OAE; DPOAE)가 있다.

(1) 클릭이음향방사

클릭이음향방사(TEOAE)는 주로 클릭음으로 검사하며 나이와 성별에 관계없이 거의 모든 건청인에게서 나타나는 반응이지만 청력손실이 30~40dB 이상이면 나타나지 않는다. 따라서 청력손실의 유무를 진단할 수 있고 비용이 저렴하며 검사시간이 짧아 청각장애 선별검사로 많이 사용되고 있다.

(2) 변조이음향방사

변조이음향방사(DPOAE)는 2개의 순음을 자극음으로 들려주면 외유모세포에서 이 2개의 음과는 다른 음으로 변조되어 나타나는 방사이다. 이 검사는 클릭이음향방사와 마찬가지로 대부분 정상청력에서 나타나지만 청력역치가 50dB 이상이면 나타나지 않는다(장선오, 장영주, 1996). 이러한 장점으로 이독성 약물 투여 후 청력관찰, 소음성 난청, 연령에 따른 초기의 와우손상 등을 민감하게 나타내므로 임상적 유용성이 높다(김규상 외, 2014).

3. 청성뇌간반응검사

청성뇌간반응(Auditory Brainstem Response; ABR)검사는 두피에 전극단자를 부착하고 이어폰이나 헤드셋을 통해 자극음을 제시하여 와우에서 중뇌까지의 전기적 신호를 전극을 통해 기록하는 검사이다. 마취나 수면 등의 영향이 적어 임상에서 영유아부터 성인까지의 청각장애를 진단하는 필수적인 검사로 사용되고 있다. 자극음으로 클릭음을 사용하는데 짧은 시간에 많은 뉴런을 자극하므로 검사시간이 짧은 장점이 있어 청각선별검사로 사용되고 있지만 주로 2000~4000Hz의 고주파수대역의 정보만을 제공하는 단점도 있다(김규상 외, 2014).

정상적인 청성뇌간반응은 보통 6~7개의 파가 나타나며, 그중 I파, III파, V파가 비교적 다른 파들에 비해 잘 나타나기 때문에 각 파의 반응한 시간을 중심으로 신경 전달 과정의 문제나 각 위치의 활성기능을 파악한다(한국청각언어장애교육학회 편, 2012). 각 파의 해부학적 발생은 그림 8-8 과 같이 나타낼 수 있으며, I파는 청신경의 말단부, II파는 와우핵, III파는 상올리브복합체, IV파는 외측모대, V파는 중뇌에 있는 하구에 이르기까지 전기적 활성반응을 파악할 수 있다. 이 중 청력검사에서 가장 중요하게 보는 것은 안정적으로 나타나는 V파인데 정상 성인의 경우 대부분 6ms 이전에 나타난다. 그러나 신생아나 난청, 뇌간장애 등은 반응시간이 길어질 수 있으며, 지나치게 지연될 경우 청신경이나 중추청각경로의 병변을 의심할 수 있다.

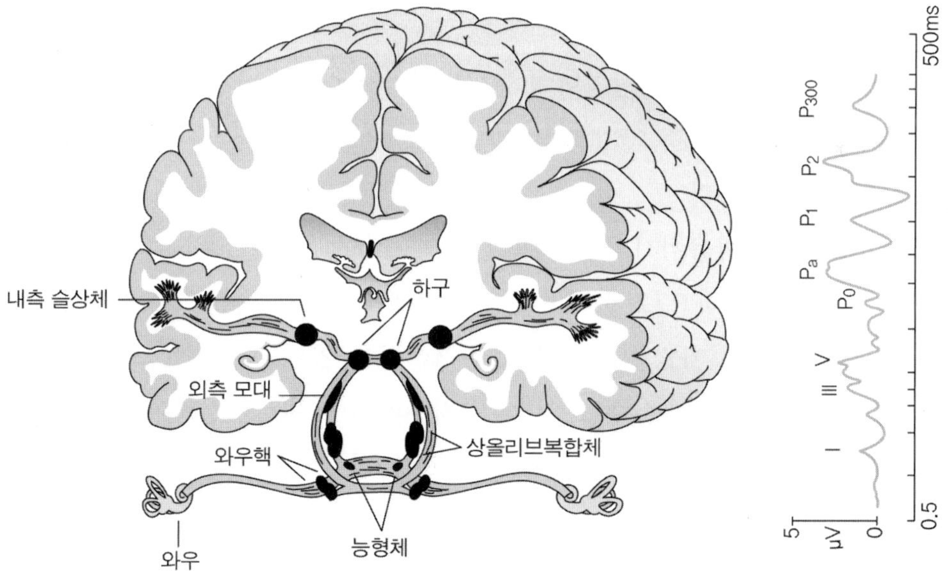

그림 8-8 중추청각경로에 따른 청성뇌간반응 간의 관계
출처: Debonis & Donohue, 2004.

청력역치를 구하는 방법은 처음에는 강한 음을 들려주다가 점차 작은 음을 들려준다. 이 과정을 통해 파형을 얻게 되는데 소리가 작아질수록 파형도 작아지며 점점 파형이 나타나지 않게 된다. 이때 V파를 마지막으로 발견하게 되는 자극음의 크기가 청력역치가 된다. 그림 8-9 에서 왼쪽은 V파가 마지막으로 20dBnHL

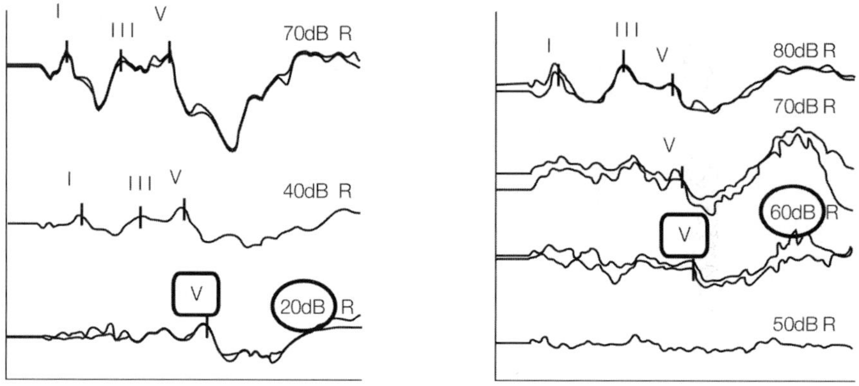

●●● 그림 8-9 정상청력과 청각장애의 ABR
출처: Gorga et al., 2006.

에서 나타나 있으므로 정상청력의 청성뇌간반응이다. 반면 오른쪽은 V파가 50dBnHL에서는 나타나지 않았고, 마지막으로 60dBnHL에서 나타나 청력손실이 있다고 해석할 수 있다.

그러나 청성뇌간반응검사의 자극음은 1000~4000Hz의 고주파수의 특성을 반영한 클릭음을 사용하므로 전체적인 주파수대역의 청력손실 정도는 반영하지 못하는 단점이 있다. 가령 저주파수에 청력손실이 있는 경우 청성뇌간반응검사에서 정상청력으로 해석될 수도 있으며, 저주파수대역에는 청력이 있으나 고주파수대역에서 아주 심한 청력손실이 있는 경우 검사에서는 반응이 나타나지 않아 잔존청력이 없다는 오류를 범할 수도 있다. 따라서 청성뇌간반응의 결과는 고주파수대역의 정보임을 주의하여 해석해야 하며, 주관적 청력검사나 이음향방사, 등골근반사검사 등의 검사를 보완하여 오류를 방지해야 한다.

현재 임상적으로는 저주파수대역의 청력손실을 파악할 수 없고 결과 해석에서 검사자의 주관적 판단에 의존하는 청성뇌간반응의 한계점을 보완한 청성지속반응(Auditory Steady State Response; ASSR)검사가 많이 사용되고 있다. 청성지속반응검사는 순음역치와 상관관계가 매우 높고 120dB HL 이상까지 자극이 가능하며, 고도 이상의 난청을 판별하여 객관적 청력역치를 제공하는 장점이 있다. 그러나 정상청력과 경도 난청을 일관되게 구별하지 못하는 제한점도 있으므로 결과 해석에서 다른 검사와 함께 적용해야 할 것이다.

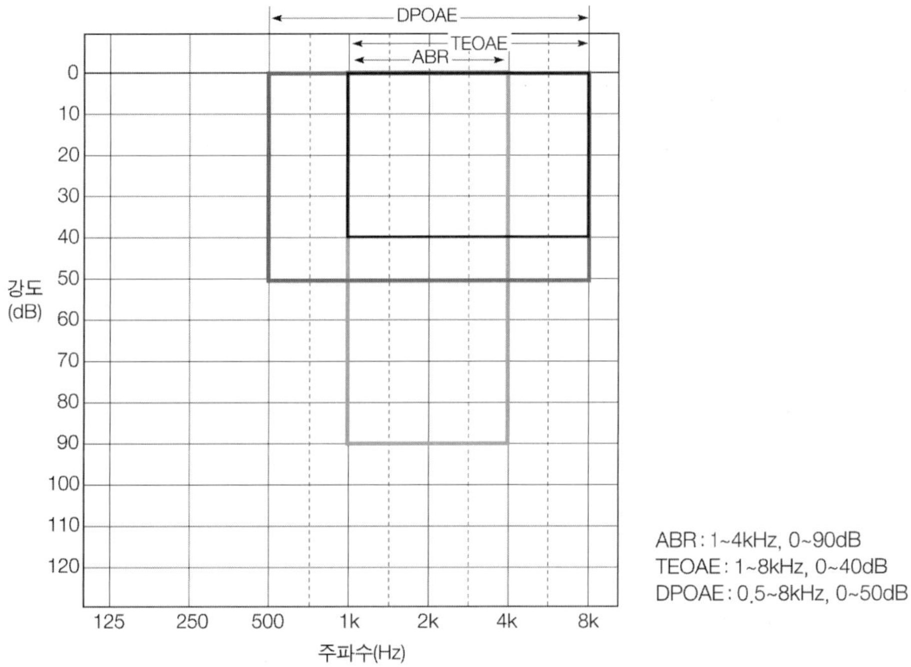

그림 8-10 이음향방사와 청성뇌간반응의 검사 범위

4. 신생아 청각선별검사

신생아와 영유아를 대상으로 검사를 실시하는 궁극적인 목적은 출생 직후에 청각장애를 발견하고 적절한 중재를 지원하기 위함이다. 그리고 대부분의 청각장애는 언어장애도 함께 동반하기 때문에 주관적·객관적인 청력검사를 실시하여야 한다. 이를 바탕으로 조기 발견 및 진단과 함께 적절한 중재와 지원으로 청각재활과 언어발달에 긍정적인 결과를 기대하고, 일상생활과 학습상황에서 불편함을 최소화할 수 있다.

청각장애는 어린 영유아일수록 뚜렷한 증상을 발견하는 데 어려움이 있으므로 객관적 청력검사를 통해 청각장애를 조기에 진단하여 검사의 신뢰성을 높여야 한다. 여기에서는 객관적 검사인 자동이음향방사와 자동청성뇌간반응을 서술하고 신생아 청각선별검사의 프로그램에 대해 알아보고자 한다.

1) 자동이음향방사검사

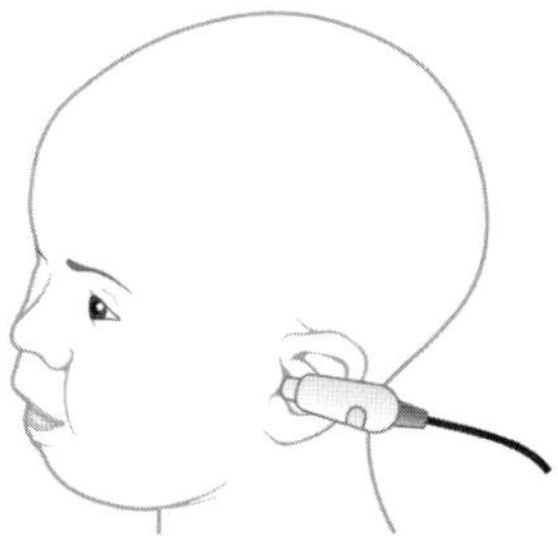

그림 8-11
자동이음향방사검사

이 검사는 변조이음향방사를 이용하여 검사하며 결과는 자동으로 측정된다. 25~35dB의 자극음을 주고 와우에서 방사되어 나온 진동파를 측정하여 와우의 이상 유무를 확인한다. 대개 30~40dB 이상의 난청 유무를 선별하여 통과(pass) 또는 재검(refer)으로 결과를 표시해 준다.

자동이음향방사(Automated OtoAcoustic Emissions; AOAE)검사의 장점은 전극단자를 붙이지 않고 귀에 프로브를 꽂아 짧은 시간 내에 간단하게 측정할 수 있다. 검사시간은 약 10~20분 정도 걸리며 수면 중에 검사를 한다면 3~5분 정도가 소요된다. 그러나 자동이음향방사검사는 청력손실 정도를 파악할 수 없고 난청의 유무만을 선별할 수 있다.

2) 자동청성뇌간반응검사

자동청성뇌간반응(Automated Auditory Brainstem Respons; AABR)검사는 자극음을 들려주고 청신경 및 뇌간 내 반응을 측정하는 검사이다. 이 검사는 조용한 상태에서 실시해야 하므로 신생아나 영유아의 경우 수면 중 피부에 부착된 전극단자를 통해 뇌파를 검사하게 된다.

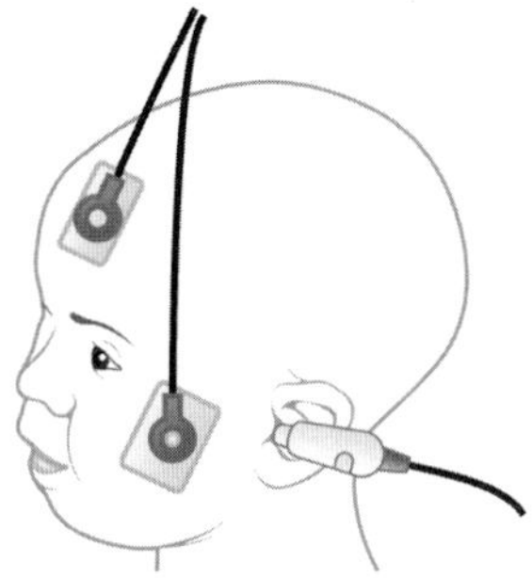

●●● 그림 8-12
자동청성뇌간반응검사

자동청성뇌간반응검사는 약 35dB 이상의 난청을 선별하여 자동으로 통과(pass) 또는 재검(refer)으로 결과를 표시해 준다. 검사시간은 20~40분 정도 걸리며 수면 중인 경우는 10분 정도 소요된다.

이 검사는 중이나 외이의 영향을 받지 않으므로 전문가의 도움이 없어도 결과 분석이 가능하다. 또한 검사시간이 짧고 비침습적이며 이동이 용이하다는 장점이 있다(박성원 외, 2006). 그러나 저주파수대역과 아주 높은 고주파수의 청력 손실은 알기 힘들다는 제한점이 있다. 그러므로 청력의 이상이 와우의 신경세포에 문제가 있는 것인지 또는 중추신경계의 문제인지를 파악하기 위해서는 이음향방사와 같이 사용되어야 한다.

3) 청각선별검사 프로그램

신생아 청각선별검사는 정부사업으로 청각장애를 조기에 발견하여 2차 장애를 예방하고 사회적 부담을 경감하고자 실시하고 있다. 여러 선진국에서는 모든 신생아를 대상으로 청각선별검사를 실시하도록 권고하고 있으며, 우리나라의 경우 2007년부터 시범사업을 거쳐 현재 최저생계비 200% 이하 가구에 검사비를 지원하고 있다. 보건소에서 신청하여 발급받은 쿠폰으로 청각선별검사를 무상으로 받을 수 있으며, 재검으로 결과가 나오면 청각장애 확진 검사비도 지원하고 있다.

청각선별검사 결과에서 통과가 나타나더라도 청력손실 위험군에 있는 신생아는 주기적으로 청력검사를 실시하여 난청을 조기에 발견할 수 있도록 해야 한다. JCIH(Joint Committee on Infant Hearing, 1994)는 모든 신생아는 생후 3개월까지 청각장애를 진단하여 생후 6개월부터는 조기 중재를 시작해야 한다고 강조하였으며, 유발이음향방사와 자동청성뇌간반응검사를 이용하여 청각장애를 진단하도록 권고하고 있다.

(1) 청력손실 위험군

JCIH(1994)가 제시한 청력손실 위험군 영유아는 정기적인 검사와 관리가 필요하며, 청각장애를 조기에 발견하여 조기 청각재활로 이어질 수 있도록 해야 한다.

① 가족 중에 청각장애가 있는 경우
② 임신 중 풍진, 매독 등의 감염
③ 두개안면기형
④ 1,500g 이하의 미숙아
⑤ 빌리루빈(황달) 수치가 높아 교환수혈이 필요한 경우
⑥ 이독성 약물 사용(항생제, 이뇨제 등)
⑦ 5일 이상 인공호흡기를 사용한 경우
⑧ 아프가 점수가 생후 1분 후 5점 이하, 5분 이후 검사에서 7점 이하인 경우
⑨ 세균성 뇌막염을 앓은 경우
⑩ 청각장애 관련 증후군

(2) 청각선별검사 과정

신생아 청각선별검사는 그림 8-13과 같은 과정으로 이루어지는데 유발이음향방사나 자동청성뇌간반응검사 중 한 가지를 검사하여 재검으로 결과가 표시되면 나머지 다른 검사를 실시한다. 두 검사 모두 외이나 중이에 병변이 있을 경우 재검이 나올 수 있고, 40dB 미만의 난청이나 특정 주파수대의 청력손실이 있는 경우 통과로 나올 수 있으므로 결과 해석에 주의를 기울여야 한다. 청성뇌간반응검사에서 재검으로 나타나고 2회 검사로 유발이음향방사를 실시하였는데 통

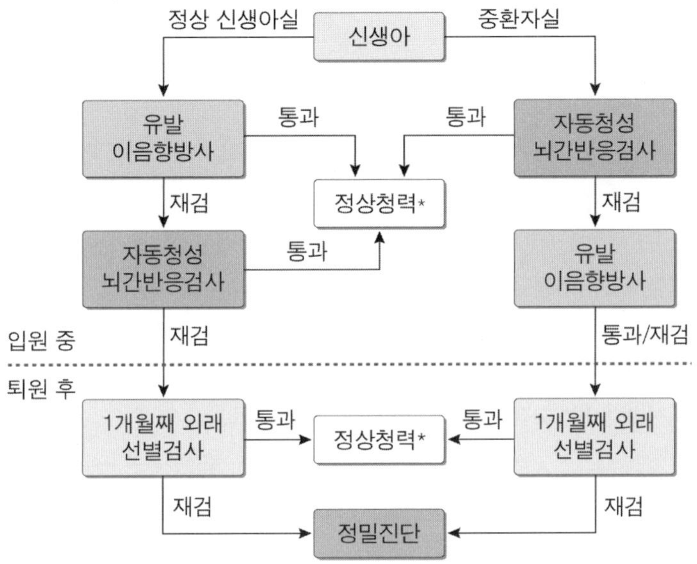

* 정상청력으로 판정받았더라도 난청 고위험군에 해당하는 경우 생후 6개월에 반복검사를 시행하고 적어도 3세까지 6개월마다 청력검사를 권장한다.

그림 8-13 청각선별검사 과정

출처: http://www.audiosoc.or.kr/info/index.php?category=09

과가 되었다면 중추신경계의 병변을 예측할 수 있다. 선별검사는 검사의 민감도를 떨어뜨릴 수 있기 때문에 2번 반복검사로 검사를 종료해야 한다(김규상 외, 2014). 따라서 2번 검사 이후 결과가 다시 재검으로 분류된다면 확진을 위해 청성뇌간반응검사를 실시하여 난청 유무와 더불어 청력 정도를 파악한 후 최대한 빨리 조기 중재를 실시해야 한다.

확인학습

1. 객관적 청력검사의 종류를 설명하시오.
2. 고막운동도의 5가지 유형과 그 특징에 대해 설명하시오.
3. 신생아 청각선별검사에서 사용되는 대표적 객관적 청력검사에 대해 말하시오.
4. 신생아 청각선별검사의 과정에 대해 간략하게 설명하시오.

참고문헌

김규상 외 (2014). **청각학개론**. 서울: 학지사.

김리석 (2007). 신생아 청력장애의 선별검사와 의의. *Korean Journal of Pediatrics, 50*(1), 7-13.

대구·경북 청각연구회 편 (2001). **교사와 부모를 위한 청각 활용 가이드**. 대구: 대구·경북 청각연구회.

대한청각학회 (2010). 신생아 청각선별검사지침.

대한청각학회 편 (2010). **청각검사지침**. 서울: 학지사.

박성원, 윤병호, 김경아, 고선영, 이연경, 신손문, 홍성화 (2006). 자동화 청성뇌간반응을 이용한 신생아 청력선별검사 결과 분석. *Korean Journal of Pediatrics, 49*(10), 1056-1060.

박현민, 정필상, 이현주, 황의진, 오장근, 이정구 (1999). 신생아에서 자발이음향방사의 특성 및 클릭유발이음향방사와의 상관관계. *Korean Journal of Otolaryngol, 42*(1), 359-363.

석동일 외 (2012). **청각학개론**. 대구: 대구대학교 출판부.

장선오, 장영주 (1996). 이음향방사의 임상. **임상이비**, 7(2), 294-307.

홍성화 (2001). 임피던스 청력검사의 기본 원리와 측정법. **대한청각학회 제1회 청력검사강습회자료집**, 32-38.

홍성화 (2008). 이음향방사. **임상이비**, **19**(1), 25-35.

황혜경 (2007). 중이검사. 안전보건공단 청력정도관리 교육자료. http://oshri.kosha.or.kr.

American Academy of Pediatrics Joint Committee on Infant Hearing. (1995). Joint Committee on Infant Hearing 1994 position statement. *Pediatrics*, *95*, 152-156.

American Speech-Language-Hearing Association(ASHA) (2005). Guidelines for manual pure-tone threshold audiometry. http://www.asha.org/policy

Debonis, D. A., & Donohue, C. L. (2004). *Survey of audiology*. Boston: Pearson Education, Inc.

Gorga, M. P., Johnson, T. A., Kaminski, J. R., Beauchaine, K. L., Garner, C. A., & Neely, S. T. (2006). Using a combination of click and toneburst-evoked auditory brainstem response measurements to estimate pure-tone thresholds. *Ear and Hearing, 27*(1), 60–74.

Himelfarb, M. Z., Popelka, G. R., & Shanon, E. (1979). Tympanometry in normal neonates. *Journal of Speech, Language, and Hearing Research, 22*, 179–191.

Joint Committee on Infant Hearing(JCIH) (2007). JCIH Position Statement 2007. Year 2007 Position Statement: Principles and Guidelines for Early Hearing Detection and Intervention Programs. http://jcih.org/posstatemts.htm.

Newby, H. A., & Popelka, G. R. (1992). *Audiology*. Englewood Cliffs, NJ: Prentice-Hall.

chapter

09 청력손실 정도와 교육 지원

집필자 : 허명진, 이정우

청력검사를 통해 아동의 청력손실 정도를 알게 된다면 다음으로 청력손실에 따른 말소리인지 정도를 이해하는 것이 중요하다. 이 장에서는 청각장애아의 청력손실 정도에 따른 말소리인지 특성을 알아보고 교육적 지원에서 고려되어야 할 사항을 정리해 보았다.

1. 청력손실 정도에 따른 듣기능력

청각장애는 크게 농(deaf)과 난청(hard of hearing)으로 나누어진다. 여기서 농은 음을 증폭하여 들려주더라도 청각으로 정보를 처리하는 데 장애를 가져 교육적 효과를 보지 못하는 심한 청각장애를 말한다. 난청은 농과는 달리 교육적 효과에 곤란함을 느끼는 청각장애를 말한다(Individuals with Disabilities Education Act, 2004). 좀 더 세부적으로 ISO(국제표준화기구, 1964)에 근거하여 청각장애를 분류해 보면 청력손실 정도에 따라 정상청력(0~25dB), 경도 청력손실(26~40dB), 중도 청력손실(41~55dB),

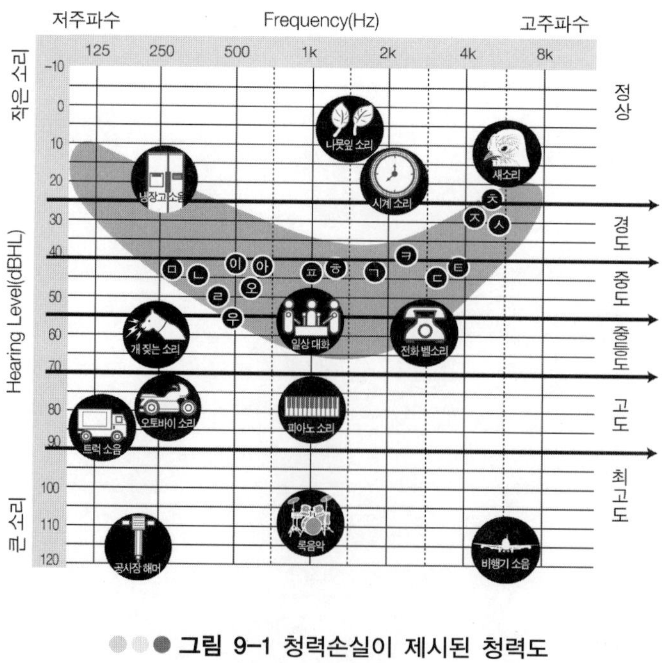

그림 9-1 청력손실이 제시된 청력도

중등도 청력손실(56~70dB), 고도 청력손실(71~90dB), 최고도 청력손실(91dB 이상)로 분류된다. 청력손실 정도에 따라 나누어진 청력도는 그림 9-1 에 제시하였다.

청각장애아의 청력손실 정도에 따른 말소리인지 정도를 이해하는 것은 아동교육의 첫걸음이다. 그러므로 청각장애아의 청력손실 정도에 따른 말소리지각 능력과 표현능력을 살펴보고자 한다.

1) 정상청력(0~25dB)

일반적으로 이 청력은 정상적인 범주에 속하는 청력이다. 다른 사람과 대화를 나누는 데 문제가 없다. 소음이 있는 환경에서 작은 목소리를 이해하기 어려울 수 있으며, 경우에 따라서 말할 때 가끔씩 약간의 조음 오류를 동반하기도 한다. 그러나 일상적인 대화에는 큰 문제가 드러나지 않는다.

2) 경도 청력손실(26~40dB)

일반적으로 소음이 없는 공간에서의 대화 시 비교적 잘 듣고 대답할 수 있다. 그러나 소음이 있을 때 일부 음소를 지각하지 못하고 놓치게 되며, 멀리서 나는 소리나 작은 말소리를 듣는 데도 어려움을 겪는다. 학급활동 중 토론할 때 친구의 말소리 일부를 듣지 못하고 내용을 놓쳐 버리는 경우가 자주 나타난다. 또한 화자가 보이지 않는 상태에서 대화할 경우 내용을 정확하게 파악하는 데 어려움을 나타낸다.

3) 중도 청력손실(41~55dB)

말소리를 크게 해주면 듣고 이해하는 데 어려움을 보이지 않으나, 소음이 많거나 말소리가 충분히 크지 않으면 말소리만 들어서는 이해하기가 어렵다. 여러 사람과의 대화식 모둠수업이나 소음 속에서 말을 들어야 할 경우에는 상당한 어려움을 보인다. 보장구를 착용할 경우 일부 효과를 볼 수 있지만 보장구를 통한 불쾌감을 호소하는 사례도 볼 수 있다. 중도 청력손실을 가진 청각장애아는 잔존청력으로 보장구 없이 자신의 음성을 피드백 받으며 말할 수 있으나 일부 음소 발음이 어눌한 것을 볼 수 있다.

4) 중등도 청력손실(56~70dB)

일반적인 대화 시 보통 말소리 크기는 듣지 못하므로 큰 목소리로 말해 주어야 한다. 따라서 청각적 단서로 모든 말소리를 인지하기는 어려우므로 시각적 단서를 함께 활용하여 대화하는 것이 효과적이다. 또한 효과적인 말소리인지를 위하여 반드시 보장구를 착용하는 것이 좋다.

중등도 청력손실을 가진 청각장애아는 보장구를 착용할 경우 일부 음소의 왜곡이 존재하지만 전반적인 이해에는 큰 지장이 없다. 그러나 보장구를 착용하지 않을 경우 발음의 오류가 많이 존재하고 과대비성이나 맹관공명(즉, 성조의 일부가 폐쇄된 듯한 웅얼거리는 소리)과 같은 공명장애를 동반하며 산출하게 된다.

5) 고도 청력손실(71~90dB)

큰 소리로 말할 경우 단지 소리 감지만 된다. 따라서 어떤 말을 하는지 구분하기 어렵고 청각적 단서만으로 대화가 불가능하다. 반드시 보장구를 착용하여야 하며, 몇몇 아동의 경우에는 보청기를 착용하였다 하더라도 정확하게 말소리를 지각하지 못할 수도 있다.

고도 청력손실을 가진 청각장애아는 반드시 보장구를 착용하여야 말소리를 인지할 수 있으며 이를 통해서 자신의 말소리를 수정하여 산출할 수 있게 된다. 그러나 보장구를 착용하지 않는다면 발음이 어눌하여 정확한 내용을 파악하기가 어렵다.

6) 최고도 청력손실(91dB 이상)

청각적 단서만으로 전혀 말소리를 지각하지 못한다. 단지 환경음에 해당되는 소리를 때때로 감지한다. 그러므로 반드시 보장구를 착용하는 것이 효과적이다. 전혀 듣지 못하기 때문에 이 청력손실 범위에 속하는 청각장애아의 경우 말소리 산출이 어렵고 매우 부정확하다.

위의 내용을 사례에 적용시켜 보면 다음과 같다.

사례 1

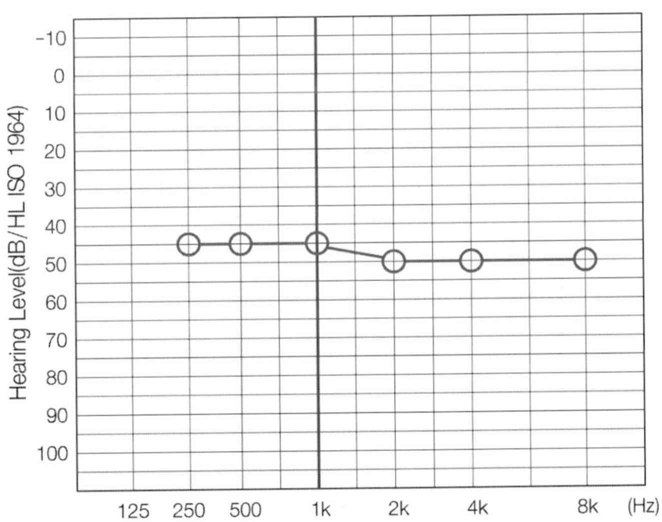

그림 9-2 청력도(I) : 오른쪽 귀의 중도 청력손실

그림 9-2 의 청력도를 통해 알 수 있는 내용은 먼저 이 검사는 오른쪽 귀를 검사한 것이다. 즉, 제7장에서 언급된 바와 같이, 청력검사 결과 표기 시 오른쪽 귀를 ○표로 왼쪽 귀를 X표로 표시한다. 이 청력도의 평균청력은 4분법으로 할 경우 {45dB + (45dB × 2) + 50dB}/4로 하면 46.25로 약 46dB로 중도 청력손실임을 알 수 있다. 그림 9-2 의 아동의 경우 골도나 청각 전달경로에 문제를 동반하지

않았다면 기도청력검사 결과에서 46dB의 가청역치이다. 이 아동의 경우에는 모든 말소리를 듣는 것은 어렵다. 예를 들어 이런 결과를 보일 경우, 우리가 대화하는 말소리의 크기를 60dB이라고 가정하였을 때, 이 아동은 46dB의 청력손실을 가졌으며, 수치적으로 계산해보면 말소리는 약 14dB의 작은 소리로 청각장애아는 듣게 되는 것이다. 물론 모든 사람들이 이러한 계산식처럼 정확하게 들려지는 것은 아니다. 이는 소리의 원리를 설명한 제2장을 보면 알 수 있다. 청각장애아는 14dB의 작은 소리이기 때문에 대화 속에 다양한 음소 중에서 작은 에너지를 가진 음소를 알아듣는 것은 어려울 수 있다. 그러므로 일반적인 대화크기 수준으로 이야기할 경우 대화 말소리의 일부를 듣지 못할 수 있다. 또한 모둠수업이나 토론수업처럼 많은 사람들이 동시에 이야기해야 하는 경우에 더욱 대화내용을 파악하기 어렵다. 그러므로 대화할 때는 가능하면 소음이 없는 곳이 좋다.

사례 2

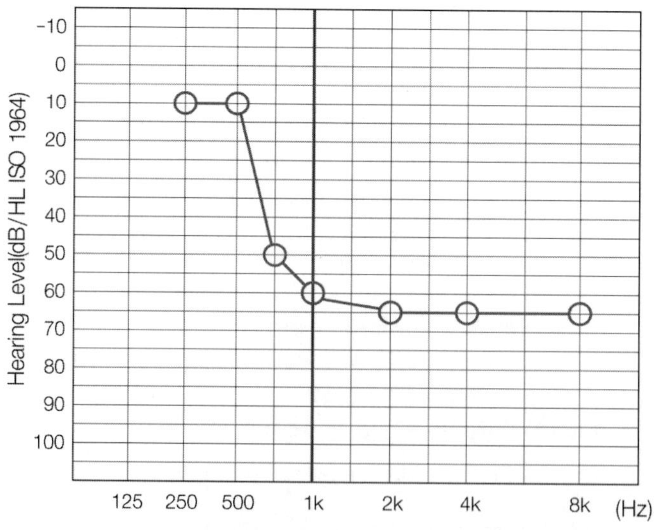

그림 9-3 청력도(II) : 오른쪽 귀 고주파수대역의 청력손실

그림 9-3 의 아동은 저주파수대와 고주파수대로 나누어 보았을 때 두 주파수대역의 가장 큰 차를 계산해 보면 60dB(500Hz의 10dB, 2000Hz의 70dB)이 된다. 이런 경우 '이 아동은 정상인가? 아니면 중도인가? 아니면 중등도인가? 무엇을 보고 청력손실 정도를 판단해야 하는 것일까?'라고 고민하게 된다. 일반적으로 우리는 평균청력을 가지고 청력손실 정도를 말한다. 이 아동의 평균가청역치는 50dB에 해당된다. 그러나 그림 9-3 아동의 경우에는 말소리를 인지하는 것을 이해하기 위해서는 청력손실 형태를 정확하게 파악하는 것이 중요하다. 즉, 말소리와 청력도의 관계가 설명되어 있는 제2장과 제3장을 참조해야 한다. 우리의 말소리는 복합음이라 하여 다양한 주파수대역이 동시에 존재한다. 그중에서도 자음은 넓은 주파수대역으로 퍼져 있는 마찰음과 파열음, 파찰음 등과 같은 잡음이 많다. 이런 잡음에 비해 에너지가 다소 약한 저주파수대역의 공명자음인 비음과 유음도 존재한다. 이러한 내용은 제2장과 제3장에 걸쳐 자세하게 설명되어 있다. 이러한 이론에 기초해서 이 청력도를 살펴보았을 때, 저주파수대역에 존재하는 청력이 정상청력이므로 /ㅁ, ㄴ, ㅇ/과 같은 공명자음은 잘 들을 수 있지만 고주파수대역에 위치한 자음(잡음)은 청력이 중등도 정도로 점차 떨어지는 것으로 보아 인지하기가 어려울 것으로 판단된다. 따라서 그림 9-3 아동은 '사랑해요'라는 말을 '아랑애요'로 들을 수도 있다. 그러므로 이 아동은 자음 말소리를 들으려면 반드시 보청기를 착용해야 한다. 보청기는 모든 소리를 증폭시켜 주는 역할을 하는데 이 아동의 경우에는 보청기를 착용할 경우 약간의 문제가 발생된다. 즉, 이 아동은 소리를 증폭하기에 저주파수대역이 정상이기 때문에 저주파수를 증폭할 경우 불쾌감을 호소하게 된다. 일반 보청기는 저주파수와 고주파수대역이 함께 증폭되는데 그림 9-3 아동의 경우 저주파수대역을 그대로 두고 고주파수대역의 증폭을 올릴 수 있는 보청기를 사용해야 한다. 더 자세한 내용은 10장 보청기를 참조하여 이해하길 바란다.

지금까지 우리는 청력도와 말소리 인지관계를 살펴보았고, 실질적인 사례인 그림 9-2 와 그림 9-3 의 아동을 통해서 이해해 보았다. 이 아동의 교육적 접근을 위해 청각장애아를 위한 교육적 환경에 대해 알아보기로 하자.

2. 교실에서의 말인지도

청각장애아가 말소리를 인지하는 데 있어 소음에 영향을 받는다. 지나친 소음이 존재하는 경우 말소리인지력은 매우 낮아진다. 이렇듯 소음 속에서 말소리를 인지하는 정도를 파악하기 위해 우리는 신호 대 잡음비(Singal to Noise Ratio; SNR)를 고려해야 한다. 이것은 잡음 속에서 말소리 같은 신호음을 인지하는 비율이라고 생각하면 이해하기가 쉽다. 이를테면 교실에서 들리는 소음 속에서 화자가 말하는 신호음을 파악하는 것으로 신호음이 소음보다 큰 경우 말소리인지력이 향상될 것이며, 소음이 더 큰 경우 말소리인지력이 떨어질 것이다. 이것을 살펴보면 그림 9-4 와 같다.

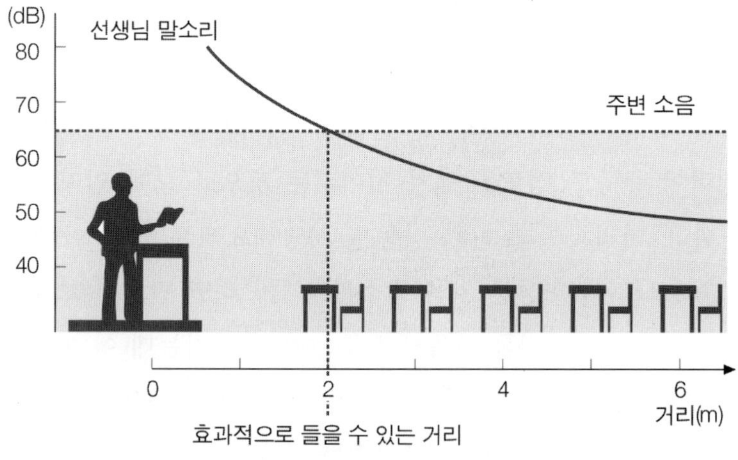

그림 9-4 소음 속에서 말소리인지

그림 9-4 는 교실에서 소음에 대한 신호음을 그림화시켜 제시한 것으로 선생님의 말소리를 앉아 있는 학생들의 거리에 따라 인지할 수 있는 정도가 달라진다. 선생님의 말소리에 해당되는 곡선이 주변 소음에 해당되는 소리크기보다 아래로 내려가는 것이 약 2m 기준이다. 즉, 학생들이 선생님으로부터 2m 이내에

앉아 있게 된다면 말소리인지하는 데 큰 어려움 없이 명확하게 잘 파악할 수 있는 데 반해, 2m를 넘게 되면서 소음이 선생님의 목소리보다 크게 들리게 되므로 말소리를 알아듣는 것이 어려워지게 된다. 따라서 소음 속에서 말소리를 효과적으로 들을 수 있는 거리는 약 2m가 되고, 이때 'SNR=1'이 된다. 그러므로 신호 대 잡음비가 1보다 클 경우 말소리인지력이 상승하게 될 것이고, 1보다 적을 경우 말소리인지력도 감소할 것이다.

건청아동의 말소리인지력은 선생님과 2m 떨어지면서부터 급격히 감소하게 되는데 이런 경우 청각기능의 손실이 존재하게 된다면 어떻게 될 것인가? 보장구를 착용하게 된다면 모든 소리를 보상받을 수 있을까? 먼저 청력손실을 갖게 된다면 이 2m 거리보다 훨씬 짧아지게 되는 것은 너무나 당연하다. 그러므로 보장구를 착용하게 되고 보장구를 착용한 보정청력의 정도에 따라 건청아동과 유사한 말소리인지 반응을 보일 수 있고 그렇지 않을 수도 있게 된다. 청각장애아가 인공와우를 착용할 경우 약 20~25dB의 가청역치가 나타난다. 그런 경우 모든 소리를 들을 수 있다. 그러나 실제로 인공와우를 착용한 청각장애아의 경우 소음 속에서 말소리인지력이 이와 관련된 이론이 적용되지 못하는 것을 종종 볼 수 있다. 이것은 청각장애아가 기계를 통해 모든 소리를 듣기 때문에 소리를 선별하여 듣는 능력이 떨어져 모든 소리가 들릴 것이며, 특히 가까이에 있는 소리를 더 잘 듣게 되는 것이다. 따라서 인공와우를 착용한 청각장애아는 말소리인지 능력이 뛰어나지만 소음 속에서 말소리를 파악하는 것이 어렵다. 그러므로 소음이 적은 2m 주위에 앉아서 수업을 듣게 된다면 학습효과가 향상될 수 있게 된다. 보통 청각장애아를 위한 신호 대 잡음비는 +15~+25dB인 경우가 가장 효과적이다. 교실상황에서 청각장애아가 교사와 2m 안에 앉고 효과적인 신호 대 잡음비를 제공하는 것은 쉬운 일이 아니다. 이를 보완하기 위해 학교에서 FM보청기를 청각장애아에게 제공해 주게 된다면 거리와 상관없이 신호 대 잡음비가 높아져 말소리의 인지능력이 향상된다. FM보청기에 대한 자세한 설명은 제10장 보청기에서 다루어질 것이다.

3. 청각장애아의 교육적 환경

청각장애아의 교육환경은 크게 일반학교 및 특수학급, 특수교육지원센터 및 청각장애학교, 치료지원센터로 나누어진다. 교육적 접근에 있어 유아기에는 어린이집과 유치원을 다니고 학령기가 되면서 학교를 다니게 된다. 그러나 청각장애아는 건청아동에 비해 청각적인 문제가 동반되어 동일한 교육환경이라고 하더라도 건청아동과 동일하게 교육할 경우 정확하게 이해하지 못하는 경우가 흔히 발생하게 된다. 따라서 이러한 교육적 문제를 배제하기 위해 현재 국내에 존재하는 청각장애아를 위한 교육기관이나 학교를 살펴보고자 한다.

1) 일반학교

청각장애아가 일반학교에서 학습을 하기 위해서는 실제로 많은 변인을 포함하고 있지만 청각장애학생들 역시 통합교육의 흐름 속에 일반학교에서 교육받기를 희망하는 경우가 많다. 이것은 부모가 아동이 일반 학급환경에서 일반아동과 공통의 경험을 하며 성장하였으면 하는 바람이 내포되어 있다. 2014년도 4월 1일 현재 일반학교에 재학 중인 청각장애학생 현황은 다음과 같다.

표 9-1 일반학교에 재학 중인 청각장애학생 현황

구분	특수학교	일반학교		계
		특수학급	일반학급	
학생 수	976	808	1,779	3,563

출처: 교육부, 2014.

장애 발견의 조기 치료교육은 말지각능력에 도움이 되고 성공적인 통합교육으로 이어질 가능성이 높다. 특히 일반학급으로 통합하기 위해 청각장애학생의 부모는 집중적인 청각-구화교육을 시킨다.

일반학급에서는 장애이해교육을 통해 일반학생들이 청각장애학생을 이해하고 도와주려는 태도와 배려, 소음으로 인한 앞자리 배치의 배려 등을 정해줌으로써 일반학급에 적응을 돕고, 청각장애학생은 통합교육 장면에서 일반학교에 적응하기 위해 일반학생들을 이해해야 하고 수용적인 태도가 아닌 적극적인 태도로, 자신과의 차이를 받아들이며 학교생활에 적응해야 할 것이다. 때때로 일반학교에 다니는 청각장애학생은 종종 일반학생에게 심리적인 상처를 입거나 불평등한 경쟁 속에서 여러 가지 갈등을 겪는 경우도 있다. 그리하여 일반학교에서 생활하다가 초등학교 고학년 시기부터 청각장애학교로 전학오는 역통합 사례도 조금씩 늘고 있는 실정이다.

한편 일반학교에도 특수학급에 배정된 학생들은 통합교육을 목표로 한 특수교육의 혜택을 받을 수 있으며, 2014년 특수교육연차보고서에 의하면 전국적으로 특수학급에서 808명의 청각장애학생들이 교육을 받으면서 일반학급 속에서의 통합교육의 지원을 받고 있다. 그러나 '특수'라는 인식을 받고 싶지 않아서 일반학교 내의 특수학급에서 받을 수 있는 교육적 지원을 누리지 못하는 경우도 있다.

2) 특수교육지원센터 및 청각장애학교

장애인 등에 대한 특수교육법(2008)에 의하면 청각장애를 지닌 특수교육대상자는 청력손실이 심하여 보청기를 착용해도 청각을 통한 의사소통이 불가능 또는 곤란한 상태이거나, 청력이 남아 있어도 보청기를 착용해야 청각을 통한 의사소통이 가능하여 청각에 의한 교육적 성취가 어려운 사람으로 정의하고 있다.

만 3세 미만의 청각장애영아 보호자는 조기교육이 필요한 경우 교육장에게 교육을 요구할 수 있으며, 그 요구를 받은 교육장은 특수교육지원센터의 진단·평가결과를 기초로 만 3세 미만의 장애영아를 청각장애학교의 유치원 과정, 영아학급 또는 특수교육지원센터에 배치할 수 있다(장애인 등에 대한 특수교육법 제18조)고 하였다. 또한 동법 제3조(의무교육 등)에 의하면 유치원·초등학교·중학교 및 고등학교 과정의 교육은 의무교육으로 하고, 전공과와 만 3세 미만의 장애영아교육은 무상으로 한다고 명시하였다.

동법 제14조(장애의 조기 발견 등)에 의하면 교육장 또는 교육감은 영유아의 장애 및 장애 가능성을 조기에 발견하기 위하여 지역주민과 관련 기관을 대상으로 홍보를 실시하고, 해당 지역 내 보건소와 병원 또는 의원에서 선별검사를 무상으로 실시해야 한다고 하였다. 실제로 장애영아교육 실시를 위한 다양한 지원시스템을 개발하고 있는데, 청각장애학교 유치원 과정, 특수교육지원센터 및 청각장애학교 내 영아학급 편성, 가정 순회교육 등을 지역 실정에 맞게 실시하고 있다. 2014년도 4월 1일 현재 청각장애학교 및 특수교육지원센터 현황은 표 9-2 와 같다.

표 9-2 청각장애학교 및 특수교육지원센터 현황

구분	청각장애학교	특수교육지원센터	계
학생 수	976	18	994

출처: 교육부, 2014.

또한 청각장애학교 내 영아부, 유치원 과정, 초등학교 과정, 중학교 과정, 고등학교 과정, 전공과 등의 운영을 통해 청각장애인들을 지도하고 있으며, 특수교육 연차보고서(2014)의 자료를 바탕으로 현재 운영되고 있는 청각장애학교를 부록 에 제시하였다.

3) 특수교육 관련 서비스

장애인 등에 대한 특수교육법 제28조에 의하면 교육감 또는 특수학교의 장은 특수교육대상자가 필요로 하는 경우 가족에 대하여 가족상담 등의 가족 지원, 물리치료, 작업치료 등 치료 지원을 제공할 수 있으며, 특수교육대상자를 위하여 보조인력을 제공할 수 있다고 하였다. 뿐만 아니라 각종 교구, 학습보조기, 보조공학기기 등의 설비를 제공하여야 하며, 특수교육대상자의 취학 편의를 위하여 통학차량 지원, 통학비 지원, 통학 보조인력의 지원 등 통학 지원대책을 마련하여야 한다. 각급 학교의 장은 특수교육대상자의 생활지도 및 보호를 위하여 기숙사를 설치 · 운영하여야 하며, 이때 자격이 있는 생활지도원을 두어야 한다. 또한 각급 학교에서 제공하는 각종 정보를 특수교육대상자에게 제공하는 경우 특수교육대상자의 장애 유형에 적합한 방법으로 제공하여야 한다.

4. 청각장애아의 교육적 접근 및 배치

국내에 인공와우를 이식받은 아동들의 수가 급격히 증가함에 따라 청각장애아가 특수학교가 아닌 일반학교로 통합되는 사례가 많아졌다. 청각장애학생이 청각장애학교에서 일반학교로 통합되는 학생 수가 유치원 과정에서는 34.8%, 초등학교 과정에서는 52.9%, 중학교와 고등학교에서는 약 6%로 유치원 과정과 초등학교 과정에서 일반학교로 통합되는 학생 수가 많은 반면 중학교와 고등학교에서는 적게 나타났다. 이는 인공와우 시술을 통해 청각적 보상이 이루어지면서 일반학교에서 잘 적응할 수 있을 것이라는 청각장애아 부모의 기대심리가 작용하기 때문으로 생각된다. 그러나 실제로 일반학교에서 청각장애학교로 다시 되돌아가는 역통합현상[1)]이 초등부 과정에서 49.9%로 중학교나 고등학교의 약 20%에 비해 높은 것으로 보아 청각장애학생이 통합하는 데 있어 반드시 청각적 보상이 이루어진다고 적응을 잘할 수 있는 것은 아닌 것으로 판단된다. 그러므

---

1) 역통합

① 장애아동을 위한 교육환경에 일반아동을 배치시키는 교육활동 모형으로 특수학교나 시설에 있는 장애학생의 활동에 일반학생이 참가하는 것을 의미한다. 주로 유아특수교육기관의 교육환경과 교육내용이 좋은 경우 역통합이 이루어진다.

② 특수교육 대상학생이 통합교육환경에서의 부적응으로 다시 특수학교로 되돌아가는 현상으로 이 장에서는 ②의 의미로 역통합을 사용한다.

로 통합교육에 있어 가장 고려되어야 하는 것은 학습문제와 또래와의 관계, 통합학교 담당교사와의 관계 등 다양한 요인들이 있을 것으로 사료된다(김정화, 2009).

그렇다면 보장구를 착용하였을 때 반드시 확인되어야 하는 것은 보청기를 착용하든 인공와우를 착용하든 보장구를 착용하여 보정되는 청력역치를 파악해야 한다. 보정역치에 근거한 말소리인지 정도를 파악하여 교육적 접근을 고려해야 한다. 교육적 환경에 배치하기 위해 청각장애아에게 파악해야 할 요소들로는 청각장애아가 갖고 있는 잔존청력, 보장구의 착용 유무, 보장구 착용시점 및 기간, 보장구를 착용한 보정청력, 의사소통 방법, 언어의 수용 및 표현능력, 유전적인 요인, 동기 유발, 부모의 태도 등과 같은 다양한 유전적 및 환경적 요소들이 포함된다. 이외에 교육적 접근으로 잔존청력을 활용한 말소리지각 능력 혹은 치료지원 정도나 교육적 접근방법 및 전략 등이 포함될 수 있다. 그러나 일반적으로 위의 9가지 요소들을 바탕으로 교육적 효과를 예측하기도 한다. 예를 들면 잔존청력이 좋은 편이면 말소리를 잘 인지할 것이므로 개별적인 교육을 통해 원하는 교육환경 배치가 충분히 가능하게 된다. 그러나 잔존청력이 좋다고 하더라도 정상청력보다 떨어지는 것은 당연하다. 소음이 존재하거나 많은 사람들이 동시에 대화를 시도할 경우 충분히 이해가 되지 않아 의사소통이 어려울 수 있게 된다. 소음이 존재한다면 청각적 단서 이외에도 시각적 단서 혹은 다감각적 단서를 함께 제시하면서 의사소통을 지원해야 한다.

청각장애아를 교육적 환경에 배치하는 데 위의 9가지 요소 중에서 무엇보다도 중요한 것이 의사소통 방법을 고려하는 것이다. 예를 들어 구화를 사용하지 않는 청각장애아의 경우 일반학교에서 건청아동과 통합되기가 어려울 것이 너무나 당연하다. 왜냐하면 그들이 사용하는 언어 자체가 다르기 때문이다. 많은 부모님들이 청각장애아가 태어날 경우 수화교육보다는 구화교육 받기를 희망한다(박귀메 2003; 박설학, 2005). 청각장애아 중 난청아동의 경우에는 지속적인 교육을 통해 구화로 건청인과 대화하는 데 용이하게 접근할 수도 있지만, 수화를 사용하는 농인인 경우 구화보다는 수화에 대한 의존도가 높은 편이다. 그러므로 성공적인 통합교육을 이루기 위해서 건청인의 주된 의사소통 양식인 구화적 접근을 잘하는지의 여부도 중요하다. 이외에도 원만한 대인관계를 형성하는 사회성 학급경험, 또래와의 놀이경험 등도 중요하다.

다음은 청각장애학교에 재학 중인 청각장애학생들이 경험하는 학교환경, 학교환경에서 어려운 점, 의사소통 정도, 지원방법 등에 대해 사례를 통해 살펴보았다.

사례 1

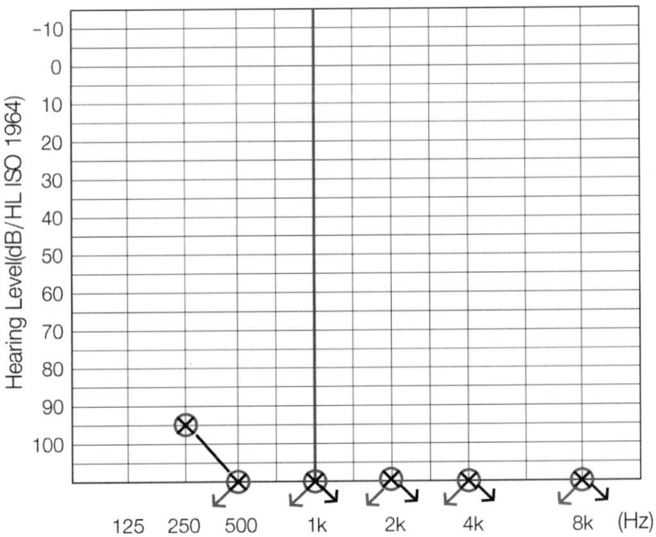

주파수(Hz) / 강도(dB)	250	500	1000	2000	4000	8000	평균
우측 역치	100	무반응	무반응	무반응	무반응	무반응	무반응
좌측 역치	95	110	무반응	무반응	무반응	무반응	무반응
보정역치	35	30	40	35	35	-	36.25

사례 1 의 정보를 간략히 정리하면, 잔존청력이 저주파대역에서 존재하며 다른 주파수대역에서는 전혀 반응이 나타나지 않았다. 보청기로 효과를 보지 못할 것으로 판단되어 오른쪽 귀에 인공와우 이식수술을 받았고 현재 보정청력이 30~40dB 정도에 해당된다. 인공와우를 착용하였음에도 불구하고 이러한 보정역치가 나타난 것은 아동이 영유아로 정확한 청력검사가 어려웠을 것으로 판단된다. 따라서 여러 번의 반복검사를 통해 정확한 보정역치를 측정하는 것이 좋은데 영유아의 경우 다소 시간이 오래 걸릴 수 있다.

사례 1 아동의 듣기능력을 부모나 검사자의 관찰을 바탕으로 정리하면, 인공와우를 통해 소음이 없는 공간에서 간단한 대화내용은 비교적 잘 듣고 간단한 놀이에서도 자신의 의사를 구화로 표현하려고 노력하는 모습을 보인다. 그러나 소음이 있는 공간에서는 화자의 목소리를 종종 듣지 못하고 놓치며, 멀리서 나는 소리나 작은 말소리에는 거의 반응하지 않았다. 텔레비전에 나오는 동요를 재미있게 들을 수 있으며 흥얼거리면서 가끔씩 따라 부르기도 하였다.

사례 1 아동에게 교육 및 재활 지원이 지속적으로 이루어져야 하는데, 지금 아동은 청각과 구화를 사용하는 청각-구화법으로 의사소통을 하고 있다. 따라서 아동의 생활 연령을 고려하여 말소리인지 능력이 증진될 수 있도록 프로그램을 지원해야 할 것이다. 이것은 선천적으로 청력이 손실된 아동의 경우 말소리를 처음 들으므로 자신의 머릿속에 말소리를 정립해 나가야 한다. 아동이 반복해서 들은 간단한 문장으로 대화는 가능하나 학습을 위해서는 다양한 경험을 통한 언어능력의 향상과 더불어 말소리 이해능력을 증진시켜야 한다.

사례 2

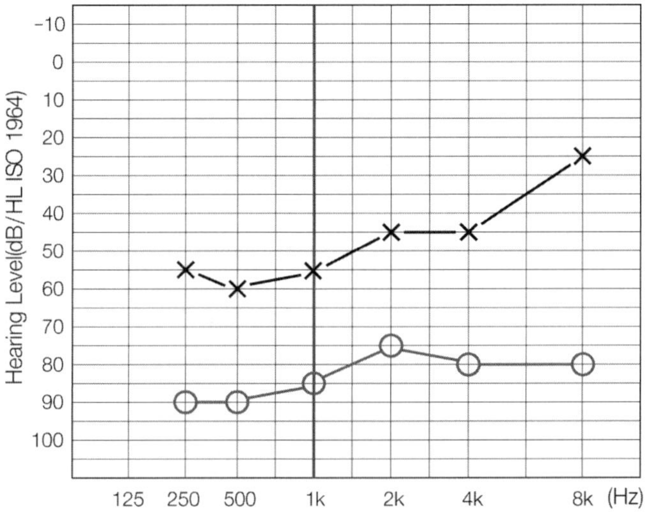

주파수(Hz) / 강도(dB)	250	500	1000	2000	4000	8000	평균
우측 역치	90	90	85	75	80	80	83.75
좌측 역치	55	60	55	45	45	25	53.75
보정역치	40	30	35	35	30	–	33.75

사례 2 의 정보를 간략히 정리하면, 고등학생으로 왼쪽 귀와 오른쪽 귀의 청력 차가 약 30dB 정도 존재하고 있으며, 일반적으로 보청기를 착용하지 않을 경우 왼쪽으로 큰 소리를 들을 수 있다. 현재 귀걸이형 보청기를 착용하고 있으며 보정된 청력을 살펴보면 경도 수준의 청력손실을 보이는 것을 알 수 있다. 이 보정 청력은 양이에 보청기를 착용한 상태에서 동시에 양이에서 듣는 정도를 살펴본 검사결과이다.

사례 2 학생의 듣기능력을 부모나 검사자의 관찰을 바탕으로 정리하면, 보청역치가 회화음역에 들어가므로 보통 크기의 목소리로 대화 시 큰 어려움이 생기지 않을 것이며, 특히 일대일 대화에서 구화로 의사소통하는 것이 더 소통하기

용이한 편이다. 그러나 속삭이는 소리, 작은 말소리 및 먼 거리의 소리를 놓칠 수 있으며, 시끄러운 장소에서 가끔 말소리를 알아듣지 못하고 여러 사람과의 대화 시 어려움이 있다.

사례 2 학생의 교육 지원에 있어서 시청각 단서를 받을 경우 말소리를 인지하는 데 큰 문제가 동반되지 않으므로 또래들과 의사소통에는 큰 문제가 없을 것으로 판단된다. 현재 이 학생은 구화와 수화 모두 잘 사용하여 급우들 사이에서 인기가 많고 리더십이 있어서 학생자치회 활동에 적극 나서서 자신의 의사를 잘 표현하고 있다. 그러나 일반학교나 일반인들과 교류를 하는 데 있어 일반인에게 자신의 특성을 충분히 이해시키고 일반인과 소통하는 방법을 알려줄 필요가 있다. 예를 들면 많은 친구들과 토론식 대화할 경우 잘 이해하지 못할 수 있으므로, 한 친구가 이야기할 때 다른 친구들이 말하지 말고 기다렸다가 말하는 친구가 끝나고 난후 반론을 제기해야 친구들의 대화가 잘 이해가 될 것이다. 따라서 친구들에게 이러한 배려를 받을 수 있도록 자신의 상황을 설명하여 교류가 이루어지도록 노력해야 할 것으로 판단된다.

사례 3

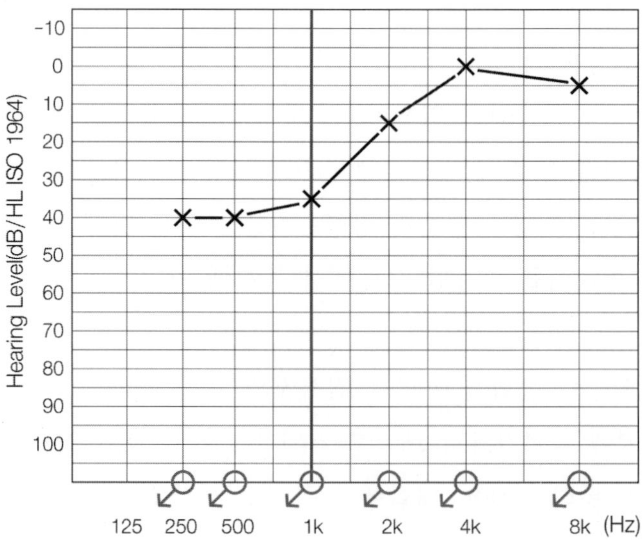

주파수(Hz) / 강도(dB)	250	500	1000	2000	4000	8000	평균
우측 역치	무반응	무반응	무반응	무반응	무반응	무반응	–
좌측 역치	40	40	35	15	0	5	36.25
보정역치	–	–	–	–	–	–	–

사례 3 의 정보를 간략히 정리하면, 오른쪽 귀에서 소리에 반응이 전혀 나타나지 않았고 왼쪽 귀에서 저주파수대역이 경도 정도의 청력손실을 보이며, 고주파수대역에서는 전혀 문제가 드러나지 않는 것으로 나타났다.

사례 3 학생의 부모나 검사자의 관찰을 바탕으로 정리하면, 말소리나 환경음 소리 중에서 높은 주파수대역에 속하는 소리에 민감하게 반응하게 될 것이다. 그러므로 일반적인 대화를 할 경우 집중력이 떨어질 수 있다. 높은 주파수대역의 소리를 잘 듣고 있기 때문에 낮은 주파대역의 말소리를 지각하는 것이 상대적으로 어렵고, 주의를 기울일 경우 피곤함을 쉽게 느낄 수 있다. 그러나 소음이 없는 조용한 장소에서 말소리를 듣는 데 큰 어려움이 드러나지 않는 것처럼 보여진다.

사례 3 학생의 교육 및 재활 지원에서 먼저 고려되어야 하는 것이 이런 학생의 경우에는 보청기를 권하지 않는 것이 일반적이다. 이 학생이 학교환경에 노출된다면 어떤 일이 생길까? 먼저 일반학급에서 이 학생은 수업을 할 때 큰 문제가 드러나지 않는다. 그러나 만약 수업 중에 옆자리 친구가 책장을 계속해서 넘기거나 속삭이면서 말을 한다면 선생님의 수업내용이 잘 들리지 않을 수 있다. 그 이유는 고주파수대역의 소리가 저주파수대역의 소리에 비해 청력이 좋아 잘 들리기 때문이다. 쉬는 시간 역시 옆에 앉은 친구 이외에 멀리 있는 친구와 이야기를 주고받는 상황에서 주의를 기울이지 않는다면 주위 소음으로 인해 어려울 수 있다. 그렇다면 어떤 교육적 환경에 배치하는 것이 좋을까? 사례 3 의 청각장애학생은 일반학교에 배치될 것이다. 그러나 이 학생을 위한 다양한 배려가 있어야 한다. 예를 들면, 쉬는 시간에 대화하기 위해 친구 가까이에 와서 입을 보여주며 대화하는 것이 좋으며, 가능한 한 소음이 없는 장소여야 할 것이다. 수업시간에 일어날 수 있는 걸상 끌기, 연필로 글 쓰는 소리, 책상 두드리는 소리, 박수 소리, 잡음 등을 최소화할 수 있는 수업 진행이 필요하다. 이를테면 모둠수업에서 친구들이 대화할 때 순서를 지키며 말을 해주거나 수업시간에 친구들이 떠들지 않도록 유도하며 동시에 선생님과 근접한 거리에 청각장애학생의 자리를 배치하는 것도 좋은 방법이다.

사례 4

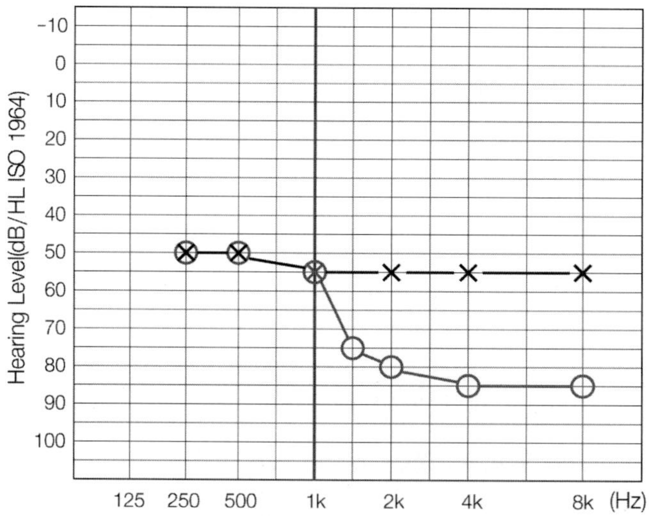

주파수(Hz) / 강도(dB)	250	500	1000	2000	4000	8000	평균
우측 역치	50	50	55	80	85	85	60
좌측 역치	50	50	55	55	55	55	53.75
보정역치	35	30	30	35	50	-	36.25

사례 4 의 정보를 간략히 정리하면, 저주파수대역의 청력은 양이 모두 비슷하게 반응하였는 데 반해 고주파수대역의 청력이 오른쪽 귀에 비해 왼쪽 귀의 청

력이 좋은 것으로 나타났다. 또한 보청기의 평균청력이 50～60dB에 해당되고 있다. 현재 귀걸이형 보청기를 착용하여 보정청력은 양이를 착용한 상태에서 검사되었다.

사례 4 학생의 듣기능력을 부모나 검사자의 관찰을 바탕으로 정리하면, 보장구를 착용하지 않을 경우 다소 큰 목소리로 대화할 때 소리를 들을 수 있다. 따라서 입을 보지 않을 경우 대화가 어렵다고 보아야 한다. 귀걸이형 보청기를 착용해서 상대방의 목소리를 듣고 대화가 가능하다.

사례 4 학생의 교육 지원은 먼저 청각장애아가 보청기를 착용하여 보정되는 청력 정도를 살펴보아야 한다. 학생의 청력도를 보면 기도만 제시되어 있다. 만약 골도청각의 청력손실을 동반한 경우라면 혼합성 청각장애로 진단받게 된다. 여기서는 골도청력에 문제가 없다고 생각하고 오직 기도의 청력손실만을 고려하기로 하자. 보청기를 착용할 경우 보정청력이 20～30dB 정도 향상되므로 대화의 말소리를 지각하는 데 어려움이 거의 없을 것이다. 그러나 소음 속에서는 이 학생 역시 말소리를 지각하는 데 어려워할 수 있다. 그러므로 가능한 조용한 환경에서 대화하는 것이 좋다. 이 학생의 경우 부모는 대부분 구화를 요구한다. 그러므로 이 정도의 청력손실을 가진 학생들은 일반학교로 가는 사례가 일반적이며 이 학생 역시 일반학교에 재학 중이다. 그러나 청각 이외에 다른 인지적 문제를 함께 동반할 경우 청각장애학교를 제안해 주기도 한다. 일반학교에 배치된 청각장애학생은 수업시간에 선생님이 학생과 멀리 떨어져서 이야기를 하거나 선생님의 수업속도가 빠르거나 친구들이 떠들거나 웃어버리면 말의 이해력이 급격히 떨어질 수 있다. 따라서 수업시간에 선생님은 여러 변인을 고려하여 수업을 이끌어 가면 좋을 것이다. 이를테면 멀리 앉은 청각장애학생을 위해 FM보청기를 이용해 수업 지원을 받거나 혹은 청각장애학생이 키가 작다면 선생님의 말소리와 입모양을 잘 볼 수 있는 앞자리에 앉히는 것도 좋은 방법이 될 수 있다. 또한 가정에서 수업내용을 미리 공부하여 수업할 단어들을 숙지한 후에 수업에 참여한다면 이러한 어려운 문제점이 많이 해결될 것으로 판단된다.

확인학습

1. 청력손실의 정도를 국제표준화기구(ISO)에 근거하여 6단계로 나누어 설명하시오.
2. 장애인 등에 대한 특수교육법에 나타난 특수교육대상자 선정기준과 특수교육진흥법에 나타난 선정기준의 차이점을 기술하시오.
3. '특수교육 관련 서비스'의 정의를 쓰고, 그중에서 청각장애학생 관련 치료 지원과 기기 지원에 대해 약술하시오.
4. 2000Hz 이상에서 전혀 소리를 듣지 못하는 청각장애아가 지각하는 음소를 기술해 보시오.

참고문헌

교육과학기술부 (2008). 장애인 등에 대한 특수교육법령 해설자료.

교육부 (2014). 특수교육연차보고서.

교육부 (2014). 특수교육통계.

국립특수교육원 (2007). 인공와우아동을 위한 교사용 지침서 개발 연구.

김수진 (2008). 치료지원 바우처사업 대상아동의 장애유형과 연령에 따른 재활치료 실태 및 부모욕구조사. **언어청각장애연구**, 12(4), 691-706.

김정화 (2009). 청각장애교육의 전망과 과제. **한국청각장애교육 100주년 기념 국제학술대회 자료집**.

대구 · 경북 청각연구회 (2001). **교사와 부모를 위한 청각 활용 가이드**. 대구: 대구·경북 청각 연구회.

박미혜 (2005). FM시스템의 사용이 청각장애아동의 말소리 수용에 미치는 효과. **언어치료 연구**, 14(1), 43-54.

이정우 (2011). 청각장애학교에서 실시한 통합교육이 건청학생과 청각장애학생의 인식에 미치는 효과. 대구대학교 특수교육대학원 석사학위논문.

정정표 (2013). 청취환경 개선에 따른 교실 수업 모델 제시를 위한 공개 수업(생명과학 I 과 교수-학습 과정안). 미출판원고, 대구영화학교.

정춘혜 역 (1990). **엄마의 문답교실-청각장애유아의 지도-**. 서울: 정각당.

최성규 (1996). FM보청기를 장용한 편측성 난청아동과 건청아동의 어음 변별력 비교. **언어 치료연구**, 5(1), 187-203.

함미나 (2010). 바우처 활용방식의 치료지원 실태연구: 서울지역을 중심으로. 단국대학교 특수교육대학원 석사학위논문.

부록 청각장애학교

연번	교명	지역	교육 과정
1	서울농학교	서울특별시	영, 유, 초, 중, 고
2	서울삼성학교	서울특별시	영, 유, 초, 중, 고
3	서울애화학교	서울특별시	영, 유, 초, 중, 고
4	한국구화학교	서울특별시	유, 초, 중, 고
5	부산배화학교	부산광역시	영, 유, 초, 중, 고
6	부산구화학교	부산광역시	영, 유, 초, 중
7	대구영화학교	대구광역시	영, 유, 초, 중, 고
8	인천성동학교	인천광역시	영, 유, 초, 중, 고
9	메아리학교	울산광역시	영, 유, 초, 중, 고
10	에바다학교	경기도 평택시	초, 중, 고
11	한우리학교	경기도 화성시	유
12	춘천계성학교	강원도 춘천시	유, 초, 중, 고
13	충주성심학교	충청북도 충주시	영, 유, 초, 중, 고
14	전주선화학교	전라북도 전주시	유, 초, 중, 고
15	소림학교	전라남도 영암군	유, 초, 중, 고

출처: 교육부, 2014.

chapter

10 보청기

집필자 : 송혜경, 이수연

청각장애아의 청력을 보상하기 위해 가장 많이 사용되는 보장구는 보청기이다. 청각장애아는 보청기를 착용함으로써 소리를 듣는 데 더욱 용이하게 되고, 이는 원활한 의사소통을 지원하며 사회성 발달에 긍정적인 영향을 미친다. 이 장에서는 보청기의 기본 구조와 종류, 보청기의 음향적 이해, 보청기 적합, 보청기를 선택·사용함에 있어 알아야 하는 제반지식들에 대해 알아보고자 한다.

1. 보청기 구조 및 종류

보청기는 청각장애를 가진 사람에게 청력손실 정도에 따라 음압을 증폭시켜 주는 도구이다. 보청기의 구조와 종류는 다음과 같다.

1) 보청기 구조

보청기의 구조는 종류에 따라 다르지만 일반적인 구조는 크게 송화기, 증폭기, 수화기로 이루어져 있다. 그외에도 보청기의 구조를 이루기 위해서는 여과기, 음량조절기, 텔레코일 등이 필요하다.

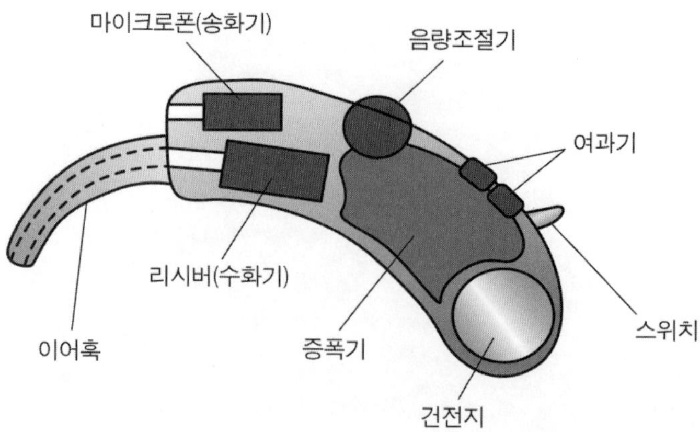

그림 10-1 보청기 구조

(1) 송화기

송화기(microphone)는 소리를 받아들이는 장치이며 일명 마이크로폰이라고 한다. 보청기로 입력된 음성신호 음압은 파동을 일으켜 진동판을 아래위로 움직이게 하여 전류를 발생시킨다. 이로써 보청기로 입력된 음성신호는 전기신호로 바뀌게 된다.

(2) 증폭기

증폭기(amplifier)는 확성기처럼 소리를 크게 해준다. 송화기에서 바뀐 전기신호를 사용자가 잘 들을 수 있는 소리의 크기로 바꾸어 준다. 증폭 유형은 선형과 비선형으로 분류할 수 있다.

(3) 수화기

수화기(receiver)는 증폭된 전기신호를 음성신호로 바꾸어서 사용자에게 전달한다. 송화기와 구조는 비슷하나 그 역할은 반대다.

(4) 여과기

여과기(filter)는 보청기에서 그물망이나 체판과 같은 역할을 한다. 예를 들어 체판의 구멍크기에 따라 입자크기가 다른 모래와 자갈을 구별할 수 있는 것처럼 여과기는 소리를 선별하여 증폭시키는 역할을 한다. 여과기를 수화기나 송화기에 삽입하여 사용하면 주파수대역을 다르게 증폭하게 된다.

(5) 음량조절기

보청기의 음량조절기(volume control)는 라디오의 볼륨조절기와 유사한 기능을 한다. 즉, 음성신호로 바뀐 소리를 상황에 알맞게 사용자의 필요에 따라 적절히 조절할 수 있는 장치이다. 음향 조절방법은 사용자가 직접 조절하는 수동방식,

주변 소음의 크기에 따라 자동으로 조절되는 자동방식, 입력된 몇 개의 저장된 프로그램으로 조절되는 반자동방식으로 나누어진다.

(6) 텔레코일

텔레코일(tele-coil)은 자기장을 통해 전기신호를 음향신호로 바꾸어 주는 역할을 한다. 텔레코일이 장착된 보청기를 착용하는 청각장애아는 전화기 혹은 스피커에서 나오는 소리를 수화기 내 자기장을 감지하여 소음은 작게, 통화 소리는 크게 증폭해 줌으로써 일상생활에 더 효과적일 수 있다. 현재 텔레코일은 모든 보청기에 장착하는 것이 아니라 귀걸이형 보청기에 선택적으로 부착할 수 있다.

이상의 구조를 토대로 보청기의 소리 전달 과정을 나타내면 그림 10-2 와 같다. 외부에서 들어오는 음향신호는 송화기를 거쳐 전기신호로 전환되고, 전환된 전기신호는 증폭기를 통해 커진다. 이 증폭된 전기신호는 수화기를 통하여 음향신호로 바뀌어 청각장애아의 귀에 전달된다.

그림 10-2 보청기 소리 전달 과정

2) 보청기 종류

보청기 종류는 보청기의 착용위치, 신호 처리방식, 청각 보조장치에 따라 다양하게 분류할 수 있다.

(1) 착용위치에 따른 분류

보청기는 착용위치에 따라 주머니형, 귀걸이형, 개방형, 귓속형, 고막형, 안경형, 골도형 보청기 등이 있다.

① 주머니형 보청기

주머니형 보청기(box type hearing aid)는 그림 10-3 의 (A)와 같이 주머니에 넣거나 벨트에 부착하여 사용할 수 있게 작은 상자모양을 하고 있어 상자형 보청기라고 부르기도 한다. 다른 보청기에 비해 상대적으로 크기 때문에 고심도 이상의 청력손실이 있는 청각장애아에게 음의 증폭을 크게 할 수 있어 유용하다. 보청기의 모든 구성품들이 주머니에 들어갈 만한 크기의 상자에 위치하므로 조작하기가 쉽다. 또한 송화기와 수화기의 거리가 멀어 음향 되울림 없이 높은 이득과 출력을 줄 수 있다. 그러나 송화기가 옷의 주머니 속에 있으므로 옷이 스치는 소리와 같은 소음이 증폭되어 불쾌할 수도 있다. 과거에는 영유아 난청이나 고도 난청자에게 사용되었으나 최근에는 소형 보청기의 발달로 인해 제한적으로 사용된다.

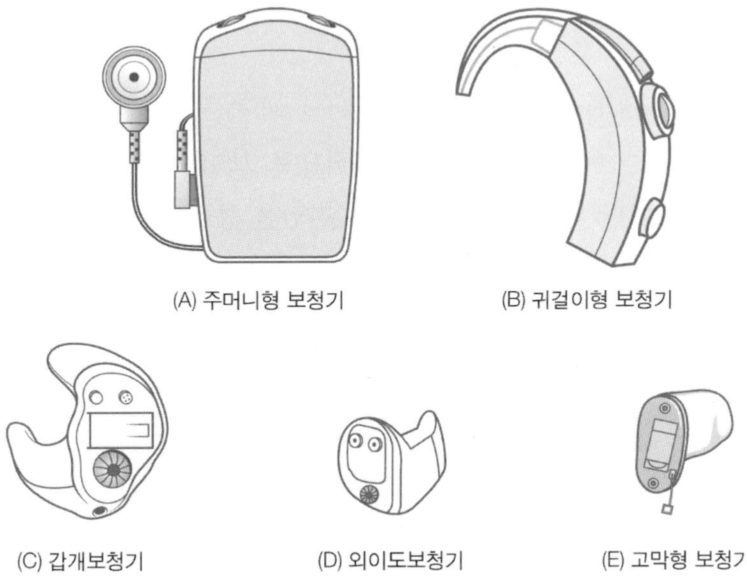

(A) 주머니형 보청기 (B) 귀걸이형 보청기

(C) 갑개보청기 (D) 외이도보청기 (E) 고막형 보청기

●●● 그림 10-3 보청기 형태별 종류

② 귀걸이형 보청기

귀걸이형 보청기(Behind The Ear; BTE hearing aid)는 그림 10-3 의 (B)와 같이 비교적 작고 귓바퀴 뒤에 착용하는 것으로 송화기, 증폭기, 수화기, 건전지와 함께 들어있는 몸체와 소리를 외이도로 전달하는 귀꽂이(ear mold)로 나뉜다. 몸체와 귀꽂이는 도음관(tube)으로 연결되며, 도음관은 수화기(receiver)에서 나온 소리를 외이도로 전달하는 데 사용된다. 이어몰드는 형태 및 사용목적에 따라 여러 종류가 있다. 대개 귓속형 보청기보다 저렴하며 전화를 받기 위한 텔레코일, 음질조절기, TV 시청을 위한 음향 입력단자(audio input jack) 등이 부착되어 있다. 이 보청기는 주머니형 보청기보다 작고 의복에 의한 잡음을 배제할 수 있으며, 경도에서 고심도 청력손실까지 사용된다. 한편 외부적으로 보이는 부분이 크기 때문에 미용적인 면에서 단점이 있으며 외이도를 꽉 막아 답답한 느낌을 많이 받는다.

③ 개방형 보청기

개방형 보청기(Receiver In the Canal; RIC hearing aid)는 귀걸이형(BTE) 보청기의 가압효과(외이도 입구를 완전히 막아서 발생)와 외부적으로 보이는 부분의 단점을 개선하여, 본체에서 수화기만 따로 분리하여 가는 전선을 통해 귀 안에 넣게 되어 있는 보청기로 귀걸이형 보청기로 분류되기도 한다. 외이도를 꽉 막지 않는 형태로서 마이크로폰과 리시버의 거리가 멀어지므로 피드백 발생이 거의 없어 출력을 최대한으로 올릴 수 있는 장점이 있다. 또한 피드백 발생이 없으므로 리시버를 외이도에 밀착하지 않아도 귀울림현상인 폐쇄효과를 없앨 수 있으며, 개방형이라 통풍이 잘 되어 중이염이나 외이도에 염증이 자주 발생하는 청각장애아에게 적용하면 좋다. 과거에는 크기가 다소 커서 불편했지만 최근에는 초소형으로 고막형 보청기만한 크기가 개발되어 시판되고 있다. 이 보청기는 저주파수대의 역치는 좋으나 고주파수대의 역치가 좋지 않은 고음급추형의 난청형태에 적용하면 효과가 매우 좋으며 난청의 범위는 경도에서 중고도 난청까지 적용 가능하다.

④ 귓속형 보청기

보청기의 모든 구성품들을 포함한 외형이 귓바퀴 속이나 외이도에 위치하고 있는 형태로, 보청기를 착용하였을 때 보이는 정도에 따라 갑개보청기(In The Ear; ITE hearing aid)와 외이도보청기(In The Cannal; ITC hearing aid)로 나뉜다(그림 10-3의 (C)와 그림 10-3의 (D)). 갑개보청기는 비교적 심한 난청자에게도 사용할 수 있으며, 고막보청기나 외이도보청기에 비해 건전지를 오래 사용할 수 있는 장점이 있다. 반면 고막보청기나 외이도보청기에 비해 크기가 커서 외형적으로 보이는 부분이 많다는 단점을 갖고 있다. 중도, 고도 등의 청력손실자에게 사용하면 좋다. 외이도보청기는 비교적 작은 외형이면서 착용과 제거가 쉬운 편이며, 청력손실의 보상과 적당한 가격으로 많이 선호하는 편이나 고심도 이상의 청력손실자에게는 사용이 제한적이다. 외이도보청기의 이득은 송화기의 위치로 인해 갑개보청기보다 상대적으로 적은 이득을 필요로 한다. 귓속형 보청기는 이개 공명이나 외이도 공명효과를 볼 수 있기 때문에 다른 형태의 보청기보다 고음영역에서 약간의 이득(15~20dB)을 얻을 수 있으나 보청기의 피드백현상으로 인해 고출력이 필요한 경우에는 적합하지 않다. 최근에는 이어몰드의 제작기술 발달로 인해 이러한 문제가 많이 줄어들고 있으나 최고도 난청자에게는 사용이 제한되기도 한다. 귀걸이형 보청기의 외형상 문제로 인해 아동이 청소년기에 들어서면서 귓속형 보청기로 바꾸려는 경향이 종종 있는데 이때는 아동의 청력손실 정도와 귀 내부의 상태, 즉 외이도의 각도나 면적 등을 고려하여 전문가와 충분히 상담한 후 결정해야 한다.

⑤ 고막형 보청기

고막형 보청기(그림 10-3의 (E))는 귀 안쪽으로 깊숙이 착용하기 때문에 남의 눈에 잘 띄지 않으며 귓속형 보청기보다 적은 이득을 필요로 한다. 즉, 낮은 이득으로도 잘 들리므로 음향 되울림이 적다. 이 보청기는 고주파수에서 더 높은 음압을 얻을 수 있고, 폐쇄효과를 줄일 수 있으며, 외이도보청기보다 5~10dB의 이득을 얻을 수 있다는 장점이 있다. 따라서 적은 이득으로도 고도의 청력손실자가 사용할 수 있다. 반면 소형으로 인해 증폭해 주는 정도가 약하여 최고도 이상의 난청자에게는 제한적일 수 있다. 최근에는 고막형 보청기(Completely In the Canal; CIC hearing aid)와 성능은 비슷하나 보다 더욱 작은 형태로 초소형 고막형 보청기가 개발되어 시판되고 있다. 고막형 보청기는 보청기 중 가장 작은 것으로 형태 면에서 귓속형 보청기로 분류되기도 한다.

⑥ 안경형 보청기

안경형 보청기(eyeglass hearing aid)는 기도형과 골도형이 있는데 대개 골도형으로 이용하고 있다. 기도형은 안경테 아래로 도음관을 연결하여 귓속으로 소리를 전달하는 형태이며, 골도형은 진동자가 안경의 다리 끝부분에 있어 골도뼈에 밀착시켜 사용한다. 경도 및 중등도 청력손실자에게 유용하나 현재는 잘 사용하지 않는다.

⑦ 골도형 보청기

보청기는 음전도방식에 따라 기도형과 골도형으로 구분된다. 골도형은 소리가 기도를 통해 전달되는 것이 아니라 뼈의 진동을 통해 와우로 바로 전달되는 방식을 이용한 보청기이다. 증폭신호를 수화기 대신 진동체를 통해 전달하는 방식으로, 진동체는 주로 유양돌기에 부착하여 사용한다. 종류로는 안경형 보청기, 머리띠형 보청기 등이 있다. 골도형 보청기(bone conduction aid) 착용대상은 외이도가 폐쇄되었거나, 소이증과 같은 외이의 기형 또는 심한 만성중이염 등과 같은 문제로 기도형 보청기를 착용하지 못하는 청각장애인 등이며, 전음성 난청이나 경중도 감각신경성 난청인 경우 매우 효과적이다.

(2) 신호 처리방식에 따른 분류

보청기는 신호 처리방식에 따라 아날로그보청기, 디지털보청기, 프로그램형 보청기로 나눌 수 있다.

① 아날로그보청기

아날로그보청기(analog hearing aid)는 입력된 소리신호를 변환 없이 처리하여 증폭하는 방식의 보청기이다. 즉, 소리신호를 전기적 신호로 바꾸어 증폭하고 다시 소리신호로 바꾸는 가장 단순한 형태의 보청기이다(그림 10-4). 아날로그보청기는 소리의 압축 과정 없이 원음 청취가 가능하고 가격이 저렴하다는 장점이 있으며 순수 전음성 난청인 경우 효과적이다. 그러나 아날로그보청기의 증폭방식은 일대일 비율방식을 이용하므로 소리가 클 경우 포화점에 도달하여 왜곡현상이 쉽게 일어나고 잡음이 많아 최근에는 제한적으로 사용된다.

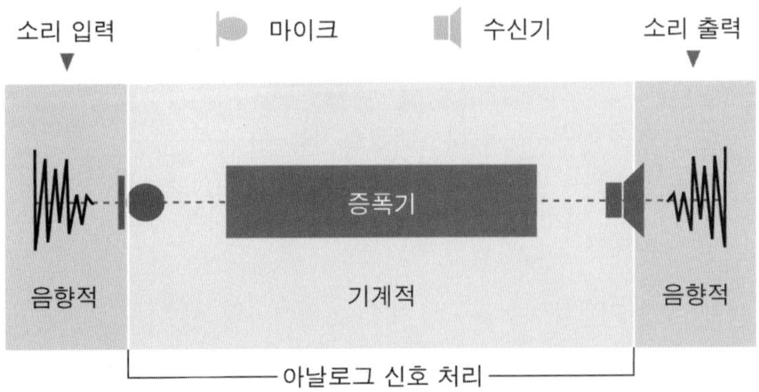

그림 10-4 아날로그 신호 처리

② 디지털보청기

디지털보청기(digital hearing aid)는 입력된 전기신호를 2진수 0과 1의 숫자로 저장한 후 컴퓨터를 통해 변환하여 다시 음향신호로 바꾸어 처리하는 방식의 보청기이다. 즉, 아날로그 신호를 A/D변환기를 이용해 디지털 신호로 바꾸어 증폭한 후 다시 D/A변환기를 이용하여 일반 소리로 출력 처리한다(그림 10-5). 따라서 아날로그보청기에서 발생하는 음 증폭에 따른 왜곡현상을 줄일 수 있고, 채널을 이용해 증폭·압축을 정확하게 조절할 수 있다. 또한 적응형 필터를 이용해 피드백만을 제거하여 소음을 감소시킬 수 있으며, 유연성이 높다는 것이 장점이다. 단점으로는 가격 부담이 크고, 많은 장점을 가졌음에도 불구하고 아직도 사용자 개인의 많은 요구를 충족시킬 수는 없다는 것이다. 따라서 향후 좀 더 많은 연구와 발전이 필요할 것으로 보인다.

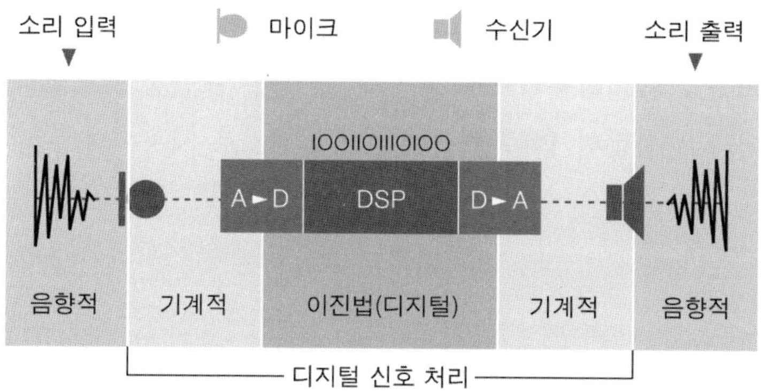

그림 10-5 디지털 신호 처리

③ 프로그램형 보청기

신호 처리 과정과 상관없이 신호 조절방식이 컴퓨터의 소프트웨어를 이용하는 방식을 프로그램형 보청기(programmable hearing aid)라고 하며, 디지털 및 아날로그 방식의 두 종류 모두 존재할 수 있다. 음량, 최대출력, 음질, 압축비율(CR), 압축역치(CT) 등을 컴퓨터의 소프트웨어로 조절한다. 프로그램형 아날로그보청기는 신호 처리방식이 아날로그 체계이지만 신호의 조절방식이 컴퓨터 소프트웨어를 이용하는 방식이다. 보청기 안의 컴퓨터칩에 내장되어 있는 것으로 생활환경 소음의 종류에 따라 여러 종류의 증폭 특성을 컴퓨터를 통해 프로그램화한 후 인터페이스를 거쳐 조절한다(그림 10-6). 이 보청기의 장점은 조절기를 프로그램화함으로서 크기를 줄일 수 있으며, 보청기 적합 시 음량, 음질 등을 원하는 대로 쉽게 조절할 수 있다. 따라서 저음영역과 고음영역의 청력손실 정도가 많은 차이를 보이는 고음급추형이나 계곡형 또는 산형 등의 청력손실일 때 유용하다.

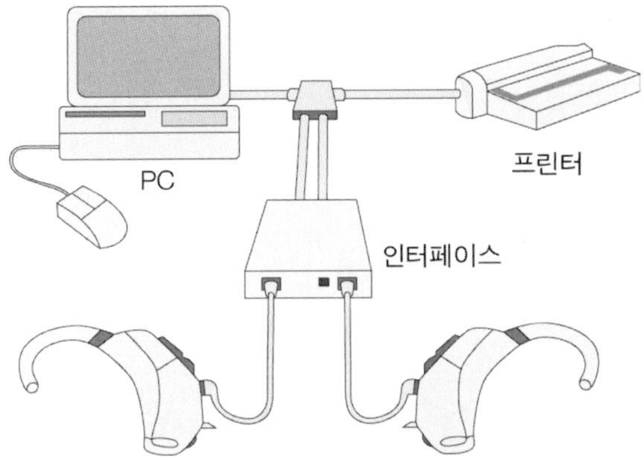

그림 10-6 프로그램형 보청기와 조절장치와의 연결

(3) 청각 보조장치에 따른 분류

학교나 단체 등 집단교육이 필요한 곳에서는 학생들의 개인용 보청기를 사용하는 것만으로는 의사소통이 원활하지 못하거나 교육적인 정보가 충분히 전달되지 못한다. 그래서 이러한 환경에서 원활한 의사소통이 되기 위하여 환경적으로 보조시스템을 이용하는 방법이 있다. 종류로는 음성신호를 FM마이크를 통해 보청기로 소리를 전달하는 FM보청기, 유도파를 이용하여 전달하는 유도파보청기, 적외선을 이용하여 음성신호를 보내는 적외선보청기 등이 있다.

① FM보청기

청각장애아가 교실환경 등과 같은 곳에서 집단으로 있거나 먼 거리 또는 소음상황 등 듣기에 어려움이 있는 상황에서 어음변별 및 언어명료도를 높이기 위하여 FM마이크를 통해서 소리를 FM보청기로 전송하는 시스템이다. 이 시스템은 배경소음이나 거리에 상관없이 선생님의 말소리를 무선으로 청각보조기기(보청기 및 인공와우)를 착용한 아동에게 바로 전송해 주기 때문에 청각장애아동의 수업 참여도와 집중도를 높일 수 있다. FM시스템의 구성은 FM송신기, FM수신기, 청각보조기기 등 크게 세 부분으로 나눌 수 있다. 먼저 FM송신기는 말하는 화자의 음성을 받아들여 청자에게 전해주는 역할을 하며, FM수신기는 송신기에서 화자의 음성을 받아들여 보청기로 음성을 전달해 주는 라디오방송의 송신탑 같은 역할을 한다(그림 10-7).

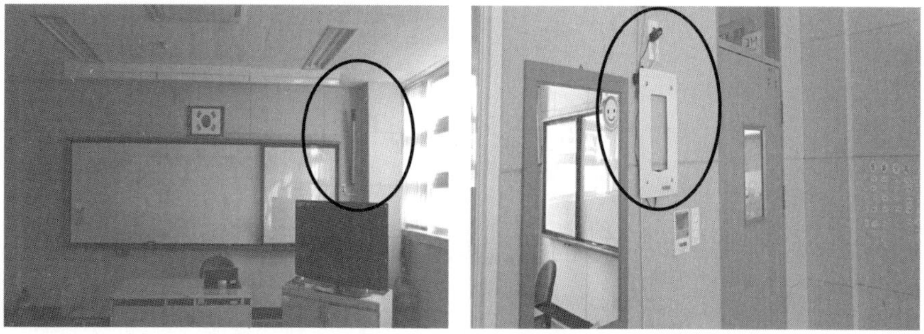

(A) (B)

그림 10-7 스피커(A)와 자동주파수 변환장치(B)

그림 10-7 의 (A)에 있는 교실 벽에 설치한 스피커는 FM수신기를 착용한 학생들에게 더욱 선명한 소리를 전달해 준다. 자동주파수 변환장치는 청각장애아가 착용하고 있는 FM수신기의 채널을 자동 변환하여 최적의 주파수를 찾아주는 기능을 한다. 또한 벽면에 흡음제를 사용하면 반향음을 최소화하여 FM보청기의 효과를 더할 수 있다.

② 유도파보청기

유도파를 발생시키는 전선이 배선되어 있는 장소에서 보청기의 스위치를 T, MT, mT, Mt 등으로 전환하여 사용하는 보청기이다. T는 텔레코일에서 입력된 신호만을 증폭하고, MT는 텔레코일과 마이크로폰에서 입력된 신호를 같은 비율로 증폭하며, mT나 Mt는 대문자로 되어 있는 것의 신호를 더 많이 증폭한다. 배선된 장소 어디에서나 같은 자기장을 갖기 때문에 행동반경이 넓을 뿐만 아니라 집에서 전화를 하거나 텔레비전을 시청할 수도 있다. 또한 대규모 공연장에서는 일반인들도 사용할 수 있다. 그러나 혼선의 가능성이 있으며 제조회사마다 조금씩 다르기 때문에 실외에서의 사용이 제한적이다.

③ 적외선보청기

무선송화기, 적외선변환기, 적외선 수신장치 등으로 구성되는 보청기로서 적외선을 이용하여 말소리를 보청기에 보낸다. 일반적으로 강당, 회의장, 극장, 교회 등 넓은 공간에서 사용할 수 있으며 모든 청자들의 수신장치는 적외선 송신장치와 일직선상에 있어야 한다. 이 보청기는 잡음이 없고 입력신호가 대체적으로 안정되어 있어 음질이 좋으며 전자기의 영향을 받지 않는 것이 장점이지만, 벽이나 단단한 물질을 통과하지 못하며 빛이 너무 밝은 곳에서 사용하기 어렵다는 단점이 있다.

2. 보청기의 음향적 이해

보청기의 음향적 특성은 소리의 입력과 출력 과정에서 나타나는 증폭의 특성으로 대변된다. 따라서 선형 보청기와 비선형 보청기의 차이점, 선형 보청기의 음향적 특성 등 기초 알고리즘에 대하여 이해하는 것은 보청기 이해에 도움이 될 것이다.

보청기는 사용자의 청력에 적합하도록 보청기 적합(fitting)을 해야 한다. 보청기 적합이란 사용자의 청력손실 정도에 따라 주파수대역별로 음향 이득을 구하는 과정을 말한다(Dillo, 2001). 이는 보청기 사용에 커다란 영향을 주기 때문에 단순하게 소리만 증폭하는 것이 아니라 사용자 개개인의 청력손실 특성에 맞게 적용하는 것이 중요하다. 즉, 보청기의 음향 이득은 청력손실의 정도, 양상, 유형 등의 청력손실 특성과 보청기의 종류와 사용 욕구, 사용자의 난청지각 정도, 사용 환경, 그리고 착용 후 기대치 등을 충분히 고려해야 한다(한국청각언어장애교육학회, 2012). 따라서 보청기 알고리즘 특성과 제한성의 이해를 통한 사용자 간 적용은 매우 중요하다(우효창, 1999; 이건재, 2004).

1) 선형 증폭형 보청기

보청기는 입력신호를 증폭시켜 손실된 청각능력을 보상해 주는 역할을 한다. 선형 증폭형(linear amplication) 보청기는 입력신호의 크기에 상관없이 모든 소리를 일정한 크기만큼 똑같이 신호를 증폭하게 된다. 이럴 경우 고도 이상의 감각신경성 청각장애와 같은 역동 범위(Dynamic Range; DR)가 좁은 사람인 경우 음의 보충현상(recruitment)으로 인해 일상생활 대화에서도 큰 소리로 느껴져서 듣기에 불편하다. 이러한 불편함을 해결하기 위해 출력에 제한을 두게 되는 정점 절단(electrically peak clipping)을 실행한다. 예를 들어 그림 10-8 의 (A)를 보면 입력음압이 10dB SPL씩 증가할 때마다 출력음압도 10dB SPL씩 증가하는 선형적 증폭으로 증가 비율은 1 : 1이 된다. 결국 입력음압이 70dB SPL에 이르면 이미 출력음압에서는 포화가 생겨 정점 절단이 된다. 따라서 이 방법은 어떤 값을 초과하지 못하도록 전압이 차단되므로 신호의 왜곡이 심해져 어음변별력에 부정적인 영향을 끼치기도 한다.

선형 증폭형 보청기의 증폭 이득방법은 몇 가지 공식을 이용하는데 대부분 청력역치의 1/2, 1/3 또는 2/3를 사용하며, 때에 따라 주파수나 특정 상황에 따른

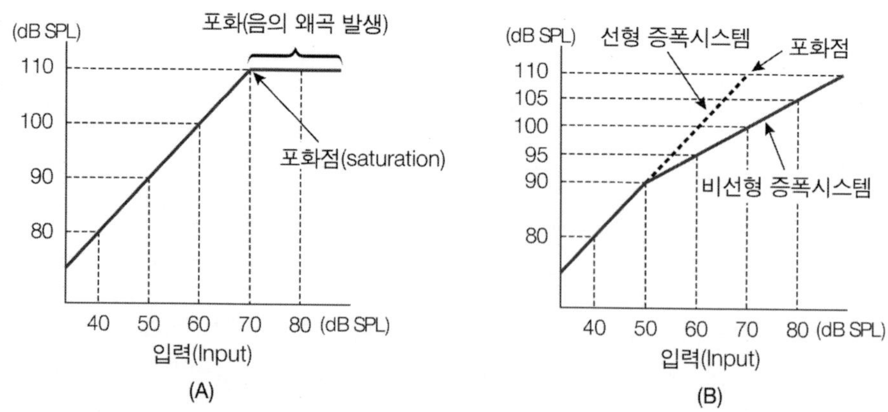

●●● 그림 10-8 선형 증폭시스템(A)과 비선형 증폭시스템(B)

보정을 한 공식들도 사용된다. 많이 사용되는 종류에는 1/2 이득법이 있으며, 최소가청역치로 보청기를 처방하는 NAL(National Acoustic Laboratories)법, Berger법, 그리고 POGO(Prescription Of Gain/Output)공식 등이 있다. 아날로그보청기는 선형 증폭형 보청기방식이다.

2) 비선형 증폭형 보청기

선형 증폭형 보청기에서 나타날 수 있는 음의 왜곡현상을 해결하기 위하여 비선형 증폭형 보청기(음향 압축형 보청기)가 개발되었다. 비선형 증폭형 보청기는 주파수영역별로 크기를 다양하게 변환시켜 주기 위하여 비선형적인 증폭(nonlinear amplification)과 시간의 변화에 따라 달라지는 입력신호의 특성에 알맞은 시변(time-varying)시스템을 구현하고 있다. 이러한 보청기를 비선형 증폭기 보청기 또는 압축형 보청기라고 한다. 예를 들어 그림 10-8 의 (B)그림을 보면 입력음압이 50dB SPL 전까지는 일정한 간격으로 증폭하다가 50dB SPL 이상에서는 입력음압의 증가율보다 출력음압의 증가율이 감소하는 비선형적 증폭을 하여 압축률을 조절한다. 참고로 청력손실이 심할수록 압축역치가 높아지면서 압축률 또한 증가한다. 따라서 비선형 증폭형 보청기는 실생활에서 큰 소리가 보청기로 입력되면 이득이 줄게 되고 작은 소리가 들어오면 이득이 높아진다. 이와 같은 현상은 각 주파수의 채널별로 장착된 자동이득 조절장치(Automatic Gain Control; AGC)에 의해 결정되고 수행된다.

(1) 자동이득 조절장치

AGC(Automatic Gain Control)는 환경의 변화에 따라 필요한 증폭을 조절하게 된다. 또한 자동이득 조절장치는 압축률 조절과 함께 작동시간의 장단을 결정하는 특성을 갖고 있다. 즉, 긴 휴식시간(release time)과 빠른 작동시간(attack time)을 갖고 있는 것이 특징이다. 긴 휴식시간(release time)은 1~2초 사이에서 입력되는 소리

조절이 가능하므로 소리의 크기가 자주 바뀌어도 비교적 안정된 출력을 보인다. 그러나 약한 에너지를 가진 음절 등이 긴 휴식시간(release time) 안에 일어나면 소리를 못 듣게 되는 단점도 가진다. 따라서 이 시스템은 언어변별력이 좋은 사용자에게 유리하며 역동 범위(Dynamic Range; DR)가 넓은 사용자에게 효과적이다.

(2) 압축

압축 비선형 증폭형 보청기의 특성인 압축(compression)은 2가지 관점에서 접근하고 있다. 하나는 압축 시작시점이며 또 다른 하나는 압축률이다. 압축률에 대해서는 앞에서 언급했듯이 청력손실의 정도에 따라 1 : 1, 2 : 1, 3 : 1로 변형시킬 수 있다. 압축 시작시점은 KP(Knee Point) 또는 CT(Compression Threshold)라고 명하는데 청력손실 정도에 따라 KP 결정을 달리한다. 중도난청에 비하여 고도난청의 KP는 일반적으로 높은 음압으로 결정한다. 예를 들면 중도난청의 KP가 60dB이라고 한다면 고도난청의 KP는 80dB이 될 수 있다. 즉, 중도난청의 경우 입력음압이 60dB까지는 선형으로 증폭이 이루어지며, 고도난청의 경우 80dB까지 선형으로 증폭된다. 달리 설명하면, 중도난청의 경우는 60dB부터, 고도난청의 경우는 80dB부터 압축이 시작된다.

3) 다채널 압축형 보청기

선형 보청기는 하나의 채널을 가진 단채널로 구성되어 있으나, 압축형 보청기는 2개 이상의 다채널로 구성되어 있다. 다채널이란 주파수대역별로 구분하여 필요에 따라 증폭시키는 AGC와 관련된다. 이는 DSP칩에 의해서 실행되는 하나의 특성이다. 들을 수 있는 9개의 채널로 구성된 보청기 또는 13개의 채널로 구성된 보청기라고 하는 것은 DSP에서 입력되는 음을 9개의 주파수군 또는 13개의 주파수군으로 세분시켜 주는 역할을 한다. 특히 청력손실 유형에 있어서 수

평형보다는 하강형을 보이는 청각장애인에게 다채널에 따른 개개별 주파수군 증폭은 듣는 능력을 효율적으로 보장하는 특성을 보인다.

4) 프로그램식 보청기

신호 처리방식과 상관없이 신호의 조절방식이 보청기 적합 소프트웨어를 이용하는 방식을 프로그램식 보청기라 한다. 음량, 최대출력, 압축비율, 압축역치, 음질 등을 컴퓨터의 소프트웨어로 조절한다. 보청기 적합 시 필요한 음질과 음량을 쉽게 결정할 수 있고, 조절할 수 있는 모든 조절기를 프로그램화함으로써 크기를 최대한 줄일 수 있으며, 고장 발생률도 줄어든다. 이 프로그램식 보청기는 디지털 및 아날로그방식의 보청기 모두에서 사용할 수 있다. 그러나 최근에는 아날로그방식의 프로그램식 보청기를 찾아보기가 힘들다.

5) 디지털보청기

디지털신호 처리(Digital Signal Processing; DSP)방식은 입력된 아날로그신호를 음의 진폭과 시간대별로 작게 나누어 표본화(sampling) 과정을 거친 후 '0, 1' 등의 숫자로 변환하여 제어한 다음 다시 아날로그신호로 환원하여 수화기로 전달하는 방식이다. 이러한 보청기는 주파수영역별 분석이 쉬우며 여러 가지 응답 특성을 얻을 수 있다. 또한 프로그램화가 가능하여 사용자가 원하는 대로 쉽게 조절할 수 있다. 따라서 불필요한 환경적 소음 때문에 울리거나 시끄러운 현상이 줄어들고 큰 소리는 듣기 편하게, 작은 소리는 크게 증폭하여 어음명료도가 높아진다. 뿐만 아니라 피드백 및 잡음을 제거하기 쉽고 양이 착용도 용이하다는 장점을 가지고 있다. 최근에는 디지털기술을 이용한 귀걸이보청기(BTE), 귓속형 보청기(ITC), 고막형 보청기(CIC) 등에 응용되기 시작했으며 몇 개의 제품들이 상용화되어 시판되고 있다.

6) 방향송화기

방향송화기는 소리의 방향을 탐지하고 음원을 알아내는 보청기의 기술이다. 소리의 방향을 안다는 것은 생활 속에 존재하는 많은 위험으로부터 보호를 받을 수 있다. 방향송화기를 적용한 보청기는 특정 잡음과 신호를 제거함으로 신호 대 잡음비가 개선되어 사용자가 원하는 방향의 소리를 잘 들을 수 있다. 기존의 마이크 방향이 앞쪽에만 있던 것을 개선해 양쪽 2군데로 소리가 들어오게 하며 음원에 따른 시간차를 이용하여 소리에 대한 방향성을 조절한다. 최근 방향송화기의 적용이 늘어나고 있으며, 종류로는 이중방향송화기, 적응방향송화기, 반달형 방향송화기 등이 있다.

3. 보청기 적합

평가를 통해 처방된 보청기가 제대로 제작되었는지, 전기음향학적으로 기능을 잘 발휘하는지, 외형상의 이상은 없는지, 사용자에게 적합한 도움이 되는지를 검증하는 과정을 보청기 적합이라고 한다. 사용자의 청력손실 특성이 매우 다양하므로 보청기 적합검사 시 다음의 과정을 잘 살펴보아야 한다.

1) 육안검사

보청기의 형태가 주문한 대로 맞는지, 색상이 다르지는 않은지, 귀꽂이의 형태가 주문대로 제작되었는지, 선택항목이 제대로 부착되었는지, 외관이 거칠거나 파손되지는 않았는지, 스위치가 잘 작동하는지 등을 살펴보아야 한다.

2) 성능검사

보청기의 최적이득, 최대이득, 최대출력, 주파수 범위, 배음 왜곡, 건전지 전류 등을 확인함으로써 보청기의 기본적 성능을 검사하여 품질을 향상시킨다.

① 최적이득

사용자에게 일상생활에서 소리의 크기와 질, 그리고 말소리 변별의 관점에서 가장 듣기가 좋다고 제시되는 주파수별 이득을 최적이득이라 한다. 최적이득에 대한 처방법은 청력손실의 정도와 형태, 입력음의 크기에 따라서 다양하게 개발되어 있으며, 보청기 증폭방식에 따라 선형 방식과 비선형 방식이 있다. 선형 방식에서는 일상생활 대화음의 강도(60dB SPL)에서 자극음을 제시하여 세 주파수 1000Hz, 1600Hz, 2500Hz에 대한 평균값을 이득으로 한다. 비선형 방식에서는 작은 소리 45dB SPL, 중간 소리 65dB SPL, 큰 소리 85dB SPL로 자극음을 제시하여 각각 입력음압에 대한 최적이득 곡선을 구한다.

② 최대이득

보청기의 볼륨을 최대로 올린 상태로 일상생활 대화음 정도의 강도(50~60dB SPL)에서 세 주파수(1000Hz, 1600Hz, 2500Hz)의 평균이득(gain)을 말한다. 보통 최적이득보다 10~15dB 높게 처방하는 것이 낫다.

③ 최대출력

보청기의 볼륨을 최대로 올린 상태로 귀가 아플 정도의 큰 소리(90dB SPL)에서 세 주파수(1000Hz, 1600Hz, 2500Hz)의 평균출력(output)을 의미한다. 이러한 최대출력이 사용자의 불쾌 수준을 넘어설 경우 귀가 아프거나 불쾌하므로 사용을 중단할 수 있기 때문에 불쾌 수준을 넘지 말아야 한다. 또한 최대출력을 너무 많이 제한할 경우 음이 왜곡될 수 있으므로 가급적 넓은 폭의 가청 범위를 유지해야 한다.

④ 주파수 범위

일반적으로 사람이 들을 수 있는 주파수는 20~20000Hz이다. 그중에 어음 분포가 가장 많이 포함되어 있는 주파수는 약 125~8000Hz라고 볼 수 있다. 따라서 보청기의 효율적인 증폭이 가능하도록 주파수의 범위를 측정해야 하며 넓을수록 좋다.

⑤ 배음 왜곡

음이 왜곡되는 정도를 측정하여 백분율(%)로 표시하고, 주로 세 주파수 500Hz, 800Hz, 1600Hz에서 측정한다.

⑥ 건전지 전류

보청기의 사용시간과 전류소비량을 측정한다.

4. 보청기 선택과 사용

사람은 개인적 특성, 환경적 조건이 모두 다르다. 이처럼 보청기도 청각장애아의 청력손실 정도, 잔존청력 유형, 보장구 착용 여부 및 착용하는 귀 등에 따라 모두 다르고, 개인의 특성, 처한 환경이 다르기 때문에 자신의 청각적 특성에 맞는 보청기의 기능 역시 달라야 한다. 그러므로 청각장애아 자신에게 맞는 보청기를 선택하는 것은 매우 중요하다. 이러한 보청기는 인간의 신체부위 중에서 특히, 귀의 기능을 보상해 주기 위한 다양한 프로그램들이 내장된 기기이다.

흔히들 컴퓨터를 함부로 작동시키고 관리에 소홀하게 된다면 바이러스 침투, 메모리장애 등의 문제가 발생하듯, 보청기 역시 관리를 소홀히 한다면 쉽게 고장날 수 있으므로 매일 점검하고 취급에 주의를 기울이는 등 세심하게 관리하며 사용해야 한다. 그러므로 자신에게 맞는 보청기의 선택방법을 알아보고, 사용 시 주의사항에 대하여 자세하게 알아보고자 한다.

1) 보청기 선택방법

보청기 선택에 앞서 보청기를 착용하는 청각장애아의 특성과 청력손실 정도, 착용하는 귀의 상태 등에 대하여 정확하게 파악하여야 한다. 만약 이 과정이 생략된다면 자신에게 맞지 않는 부적절한 보청기를 착용하게 되고, 이로 인하여 남아 있는 청력마저 손실시킬 수 있다. 또한 보청기에 대한 부정적 생각을 가질 수 있게 되면서 거부감을 갖게 된다. 이러한 문제를 예방하기 위해서는 다양한 분야의 전문가들과 함께 상담 및 평가를 보청기 착용 전후에 지속적으로 실시하여야 한다.

(1) 보청기 착용 대상자의 요건

최적의 보청기를 사용하기 위해서는 청각장애아의 청력손실 정도와 유형뿐만 아니라 신체 요건, 환경 요건, 사회심리적 요건 그리고 기타 요건들도 함께 평가해야 한다. 그 항목별 내용은 표 10-1 과 같다.

표 10-1 보청기 착용 대상자의 분류 및 내용

분류	내용
신체 요건	• 연령, 신체상태, 개인의 취향, 생활습관 등 • 외이도의 크기, 귓바퀴의 형태, 갑개의 깊이 등 • 청력손실의 시기, 정도, 형태, 유형, 역동 범위, 수술 여부 등
환경 요건	직업 및 직장, 가정환경 등
사회심리적 요건	• 난청으로 인한 사회적 불편함, 심리적 위축 정도, 정신건강상태 • 보청기 착용에 대한 수용태도
기타 요건	• 보청기 착용경험, 미용적 요건, 작동 용의성, 성능 등 • 보청기 형태, 기능, 크기, 가격 등 • 서비스센터와의 거리, 전문가와의 상담 여부 등

표 10-1 에서 볼 수 있듯이, 여러 가지 요인들을 파악하기 위해서는 다양한 전

문가들이 함께 구성되어야 한다. 이를테면 신체 요건의 경우 청능사나 이비인후과의사들이, 사회심리적 요건 및 기타 요건에서는 심리치료사나 언어치료사가 담당한다. 이에 반해 환경적 요건은 청각장애아의 부모나 보호자, 청각장애아 당사자의 보고에 의해 이루어지므로 청능사, 의사, 치료사, 보호자와 당사자 등 모든 전문가들이 함께 모여 논의하고 토론하는 것이 최적의 보청기 선택을 위한 방법이다.

(2) 보청기 평가

보청기 평가 및 결과는 착용대상자의 평가 요건에 따라 달라지므로, 개인적 특성을 고려하여 선택하여야 한다. 구체적인 평가 종류와 내용은 표 10-2 와 같다.

표 10-2 보청기 선정 평가내용

종류	평가정보	선정검사
음량지각	보청기 사용 이득, 최대이득 · 출력, 청력 손실 정도, 음량지각 정도	어음검사, 쾌적 · 불쾌역치검사, 청력역치검사
어음인지	단어재인 정도, 문장이해 정도	어음인지도, 문장이해도
음향반사역치	큰 소리에 대한 등골근의 반응 정도	이미턴스검사
이음향방사	와우기능의 이상 유무 측정	변조이음향방사검사
청성뇌간반응	청력역치	소리반응에 대한 뇌파청력검사

보청기 선정 평가 시 표 10-2 에 제시된 검사들을 활용하여 다양한 주파수대역의 역치와 어음인지도 등을 파악할 수 있다. 이 중에서 보청기를 착용하여 적응 유무를 파악하는 데 가장 용이한 검사는 무엇보다 음량지각검사라고 할 수 있다. 보청기를 착용한 후에 이 검사를 할 경우 쉽게 보청기 적응 여부까지 파악할 수 있다. 다른 검사들은 모두 객관적인 검사들로 대상자의 심리적 상태가 고

려되지 않은 검사들이므로 이 결과에 따른 대상자의 반응은 부정적일 수 있다. 영유아의 경우 이러한 객관적인 검사결과에 의존하여 보청기를 착용하게 되므로 신중하게 선택하여 장시간 관찰하며 결정해야 한다.

(3) 착용 귀 선정

보청기는 편측 착용과 양측 착용을 할 수 있는데, 의사소통 능력 향상과 사회심리적 영향을 위하여 양측 착용을 원칙으로 한다. 양이로 들을 경우 한쪽 귀로 들을 때와 비교하여 소리의 방향과 소음이 많은 환경에서 말소리를 더 잘 이해할 수 있으며 가청 범위가 더 넓어진다. 하지만 양측 착용 여부는 착용대상자 및 청력손실 정도, 형태, 종류, 어음인지 정도 등 보청기 평가결과를 바탕으로 개인에게 맞게 결정해야 한다. 자세한 착용방법은 표 10-3 과 같다.

표 10-3 착용 귀의 유형에 따른 보청기 착용방법

손실 유형	착용방법
양측성 손실	폐쇄효과로 인하여 한쪽에서 소리가 나는 경우 반대쪽은 잘 들리지 않는다. 양이 합산능력으로 인하여 양쪽 귀에 보청기를 착용하는 것이 더 효과적이다.
편측성 손실	양이의 청력차가 심한 경우이며 두영효과의 발생으로 소리 분별능력이 떨어진다. 보청기를 착용하지 않을 경우 소리 균형의 이상으로 좋은 청력의 귀까지 나빠질 가능성이 크다.
대칭형 손실	양이 청력차가 심할 경우 양이 착용효과가 적게 나타날 수 있다. 양이 간섭효과로 어음명료도가 떨어질 경우 한쪽 귀 착용이 유리하다. 역동 범위가 넓고 어음 이해 정도가 높은 귀를 선택하는 것이 바람직하다.
비대칭형 손실	• 양쪽 귀가 55dB보다 좋은 경우 → 나쁜 쪽 • 양쪽 귀가 80dB보다 나쁠 경우 → 좋은 쪽 • 한쪽이 55dB보다 좋고 다른 한쪽이 80dB보다 나쁠 경우 → 좋은 쪽 • 양이 모두 55~80dB 사이일 때 → 60dB에 가까운 쪽

표 10-3 과 같이, 개인에게 적절한 청력손실 유형을 고려하여 보청기를 선택하는 것이 중요하다. 따라서 보청기 청능사, 이비인후과의사 등 전문가와의 상담을

통하여 청각장애아의 청력손실 유형, 정도, 개인의 생활환경 및 생활습관 등에 따라 달리하여야 한다.

2) 보청기 사용방법

전문가와의 진단 및 상담을 거쳐 청각장애아의 개인 특성에 맞는 보청기를 선택한 후 보청기를 효과적으로 사용하기 위해 기기 사용에 대한 이해 및 관리에 익숙해져야 한다. 보청기의 적응에 대한 이해, 소리 및 소음에 대한 이해, 그리고 관리에 대한 이해로 나누어 구체적으로 살펴보고자 한다. 보청기를 착용하고, 사용하는 과정에서 여러 가지 문제점이 발생할 수 있다. 이때 청각장애아는 보청기의 문제점을 확인하고 기본적인 해결방법을 알고 있어야 한다. 뿐만 아니라 청각장애아 스스로 보청기에 발생한 문제를 해결했다 하더라도 더 철저한 관리를 위해 보청기전문센터 방문을 권장한다.

(1) 보청기의 적응에 대한 이해

보청기를 처음 착용하는 청각장애아의 경우, 새로운 보청기의 소리에 적응할 시간이 필요하다. 또한 보청기 기기와 조작에 대한 적응시간을 가져야 한다.

① 착용방법의 적응

보청기의 이어몰드를 착용하려면 외이도를 꽉 막아주어 공기가 외이도로 들어가지 않게 하는 것이 중요하다. 만약 이어몰드가 맞지 않아 크거나, 대상자가 성장하여 이어몰드가 작아진다면 공기의 유입이 나타나며 이때 음향 되울림현상이 나타나게 된다. 음향 되울림현상(howling)이 반복될 경우 청각장애아의 청력손실이 심화되는 원인이 될 수도 있다. 그러므로 보청기 초기 착용 시에는 이러한 착용방법을 배우고 익히는 것이 중요하다. 이외에도 보청기를 매일 착용하는 습관, 잠에서 깨어났을 때 바로 착용하는 습관 등 많은 착용상의 적응 과정이 요구된다.

② 조작방법의 적응

보청기는 환경에 따라 소리입력방식이 다르다. 보청기를 처음 착용하는 청각장애아는 기기 조작에 서툴러 다양한 기능이 내장된 보청기를 착용할 경우 적절하게 활용하지 못한다. 특히, 대상자가 아동인 경우에는 대부분 부모나 보호자들이 조작해 주는 것을 볼 수 있다. 그러므로 조작하는 과정을 부모와 아동 모두에게 교육해서 잘 적응할 수 있도록 도와주어야 한다. 이외에도 배터리 교환, FM 보청기 결합 등과 같은 다양한 조작법에 대해서도 익혀야 한다.

③ 소리의 적응

보청기를 통해 증폭된 소리에 적응하는 과정은 장소에 따라, 의사소통 상황에 따라 다르게 익혀가야 한다.

첫째, 보청기라는 보장구에 적응하는 것이 가장 중요하다. 보청기를 처음 착용한다면 청각장애아에게 보청기는 단순 증폭뿐만 아니라 매우 귀찮은 존재로 적응하기 어려울 수 있다. 이를테면 처음 귀꽂이를 착용하게 되면 귀의 답답함과 불쾌감을 느껴 아동의 경우 하루 동안 착용하는 것이 힘겨울 수 있다.

둘째, 소리를 듣는 환경이다. 처음 보청기를 착용할 경우 소음 속에서 소리를 듣게 한다면 듣고자 하는 소리를 듣지 못하게 된다. 따라서 가능한 조용한 장소에서 점차 소음이 나타나는 장소로 환경을 전이시켜 목표 소리를 듣게 해야 한다. 물론 환경에 노출되어 적응하는 시간도 단계적으로 늘려야 한다. 처음 보청기를 착용하였을 때 소리보다 귀꽂이에 대한 불쾌감으로 착용을 하루에 1시간으로 10분씩 보청기를 착용시키다가 점차 보청기를 작동시키며 다양한 환경 속으로 노출시켜야 한다.

셋째, 보청기의 소리 증폭이다. 보청기를 착용한다고 해서 바로 청각장애아가 손실된 역치만큼 증폭하기보다는 이를 몇주에 걸쳐 서서히 적응하면서 증폭하는 것이 중요하다. 또한 보청기 첫 조절(fitting) 후에 소리를 들을 수 있지만 실외로 나오게 되면 많은 소음들이 동시에 들어오게 되면서 소리를 전혀 듣지 못하기도 한다. 따라서 보청기 조절하는 시기(fitting)에 따라 보청기에 적응하는 과정이 순차적으로 제공되어야 한다. 단기간에 소리를 증폭하는 것은 청각장애아에게 보청기에 대한 거부감을 높이게 된다.

(2) 보청기의 소리 및 소음에 대한 이해

청각장애아가 보청기를 착용해서 말소리가 정확하게 들리는지, 전달되는 소리가 왜곡되거나 잡음이 발생하지는 않는지 전문가들은 파악해야 한다. 그외에도 소리가 끊어지는 현상이 있는지, 소리가 작아지지 않는지 등 보청기를 착용하였을 때 청각장애아가 듣고 있는 상태에 대해 주의 깊게 관찰해야 한다. 이러한 문제를 파악하기 위해서는 가급적 조용한 장소에서 실시하는 것이 효과적이며, 만약 이러한 과정이 의심스럽다면 아동이 잘 듣는 말소리로 보청기의 상태를 간단히 확인할 수 있다.

보청기 착용에서 발생하는 음질의 문제는 보청기 적합 과정에서 자주 발생하는 문제 중 하나이다. 소음이 들리거나 이상 소리가 발생하는 경우 어떤 해결방법이 있는지 알아보도록 한다.

① 음의 이상현상

대부분 청각장애아는 중고도 이상의 청력손실을 가진 아동들이 보청기를 착용하게 된다. 이들의 경우 소리를 증폭해 줄 때 음의 막힘으로 인한 이상증상을 잘 느끼지 못한다. 그러나 고주파수대역에 비해 일부 저주파수대역의 청력이 매우 좋은 청각장애아의 경우 보청기를 착용하게 되면 말소리가 울리거나 귀가 먹먹한 경우가 있는데 손으로 귀를 막은 상태에서 말할 때처럼 목소리가 울려서 들리는 경우가 있다. 이를 폐쇄현상이라고 한다. 보청기의 폐쇄현상은 외이도의 저주파가 증폭되어 소리가 울리기 때문에 나타난다. 이 현상은 보청기에 환기구(벤트, vent)를 착용해 줌으로써 폐쇄현상을 줄일 수 있다. 이렇듯 청력손실 정도와 유형에 따라 다양한 증상이 나타날 수 있다. 그러므로 단시간 내에 보청기음에 빨리 적응하기 위해서는 자신의 목소리를 들을 수 있게 소리 내어 책을 읽거나 신문 읽기 등과 같은 읽기훈련이 좋은 예가 될 수 있다.

② 소음

보청기 착용 후 외부 소음 역시 증폭된다. 실제로 건청인의 경우 소음 속에서도 말을 잘 알아들을 수 있는 것은 우리가 듣고 싶은 소리를 선별하여 듣도록 선택적 주의 집중이 가능하기 때문이다. 그러나 청각장애아의 경우 말소리와 더불어 환경음도 증폭하게 되고 이것은 말소리지각을 방해하게 된다. 이에 앞서 언급하였듯이 소리에 대한 적응 과정이 필요하다. 보청기 증폭 소리에 적응하는 과정이 생활환경의 일부이며 적응하게 되면 익숙해질 것이라고 사용자에게 이야기해 주어야 한다. 하지만 조용한 장소에서 수화기를 막았을 때에도 소음을 들을 수 있다면 보청기 내부 소음일 가능성이 크다. 이럴 경우 압축역치를 높이거나 확장을 이용하여 저음이득을 줄이면 내부 소음이 줄어들 수 있다. 그러나 작은 크기의 대화음을 들을 수 없다는 단점을 설명해 주어야 한다. 이외에 다양한 소음 유형을 살펴보고 그에 따른 해결방안은 표 10-4 와 같다.

표 10-4 보청기 문제 유형 및 해결방안

문제 유형	해결방안
소리가 약해짐	• 배터리의 소모 여부를 체크한다. • 청력의 추가 손실 여부를 점검한다.
소리가 나지 않음	• 보청기의 전원을 확인한다. • 배터리를 교체한다. • 마이크, 스피커의 먼지 확인 후 보청기전문센터를 방문한다.
'삐—'소리가 남	• 보청기를 귀에 재착용한다. • 이어몰드의 크기를 확인한다. • 보청기전문센터를 방문하여 확인한다.

(3) 보청기의 관리에 대한 이해

보청기의 착용 시 언제나 처음과 같은 상태에서 착용할 수 있도록 해야 한다. 그러기 위해서는 수시로 보청기를 체크하며, 취급할 때 주의를 기울이는 등의 세심한 관리가 필요하다.

① 보청기 보관

매일 아침 건전지를 점검하는 것으로 보청기의 상태를 점검해 볼 수 있다. 이어폰과 마이크를 접근시켰을 때 '삐-'하는 음향 되울림현상이 일어나지는 않는지, 이어폰의 음질과 볼륨은 적절한지 살펴볼 필요가 있다. 그뿐만 아니라 이어몰드가 찢어지거나 느슨해졌는지, 먼지가 묻어 오염되지는 않았는지 살펴보아야 한다. 만약 이어몰드가 느슨하다면 다시 제작해야 하고, 이어몰드에 먼지가 묻거나 오염되었다면 부드러운 솔로 청소해 준다.

보청기 착용 전 면봉으로 귓속 청소를 하고, 운동 시 흘리는 땀이나 먼지 등은 보청기를 손상시킬 수 있으므로 사용 후 보청기를 항상 마른 수건으로 닦아 착용하도록 한다. 마이크부분에 먼지가 끼었을 경우 부드러운 솔로 먼지를 털어내 주며 이어몰드에 때가 끼었을 경우 부드러운 솔로 닦아주거나 물을 살짝 묻힌 물수건으로 닦아주도록 한다.

② 습도와 온도 조절

보청기는 습기와 온도에 약하다. 습기가 많은 곳에서나 물에 젖을 경우 오작동되거나 고장이 날 확률이 무척 높다. 그러므로 보청기를 착용한 채로 샤워나 세수를 해서는 안 되며, 수영장에 가거나, 비를 맞아도 안 된다. 만약 이런 경우 가능한 한 빨리 물기를 제거한 후에 습기제거제와 함께 보관해 두는 것이 좋다. 뿐만 아니라 밤에 자기 전, 하루 일과를 마치고 나면 보청기를 구입할 때 받은 습기제거제통에 넣어두면 보청기 사용기간을 늘릴 수 있다. 보청기를 장기간 사용하지 않을 때에도 건전지를 분리하여 습기제거제통에 넣어 보관한다.

보청기는 너무 높거나 낮은 온도에서도 고장이 나기 쉽다. 보청기를 착용하고 찜질방을 간다거나 사우나를 해서는 안 된다. 헤어드라이기 사용 시 보청기를 빼는 것이 좋으며, 혹시 물에 젖었다고 해서 드라이기나 온열기기, 전자레인지 등을 이용하여 직접적으로 말려서는 안 된다. 이는 보청기 안의 정밀한 전자부품들이 고온으로 인하여 손상을 받을 수 있기 때문이다.

이상에서와 같이, 보청기는 적절한 온도와 적절한 습기를 유지하여 사용하는 것이 좋다. 보청기를 살균보관기에 보관하는 것도 좋은 방법이 될 수 있겠다.

청각장애아의 청력적 손실을 보상해주는 보청기는 많은 부품들이 내장된 아주 예민한 기기이다. 그러므로 이 기기를 활용하여 청각장애아가 증폭된 소리를 들어야 하는데, 자신에게 맞는 증폭된 소리를 맞추는 것은 쉬운 일이 아니다. 이 장에서는 다양한 보청기 부품과 기능, 착용원리, 사용 시 유의점 및 관리 등에 대해 정리해 보았다. 보청기를 장기간 처음의 상태로 유지하며 착용하기 위해서는 매일매일 관리하고 청소하는 습관이 필요하며, 정기적으로 여러 전문가들의 평가와 상담을 받아서 청각장애아 자신에게 꼭 맞는 보청기에 잘 적응하여 효과적으로 사용할 수 있도록 지속적인 관리가 이루어져야 한다.

확인학습

1. 다음 그림을 보고 보청기의 기본 구조 중 증폭기가 하는 역할에 대하여 설명하시오.

2. 보청기는 착용위치와 신호 처리방식에 따라 여러 가지로 분류될 수 있다. 그중 골도형 보청기에 대하여 논하시오.
3. 보청기 적합 과정에서 최적이득을 처방하는 방법을 간략하게 설명하시오.
4. 선형 증폭형 보청기와 비선형 증폭형 보청기를 간략하게 비교하여 논하시오.
5. 보청기음의 이상증상 중 음향 되울림현상에 대하여 설명하시오.

참고문헌

권유정 (2007). 디지털보청기 성능검사 및 피팅과 방향성에 관한 연구. 조선대학교 대학원 미간행 석사학위논문.

대한청각학회 (2009). **청각검사지침**. 서울: 학지사.

서울농학교 (2011). 청각장애학생의 효율적인 교과지도 방법 및 청각보장구의 이론과 실제. **제4회 청각장애교육 세미나 자료집**.

석동일 외 (2013). **청각학개론**. 대구: 대구대학교 출판부.

우효창 (1999). 보청기 이득압축방식에 따른 어음변별력의 차이와 음질선호도. 연세대학교 산업대학원 석사학위논문.

이건재 (2004). 멀티 채널 프로그래머블 DSP 보청기 Fitting 시스템의 구현. 청주대학교 대학원 석사학위논문.

이규식 외 (2004). **청각장애아교육**. 서울: 학지사.

이상연 보청기교실-http://blog.daum.net/beltone

이정학, 이경원 (2011). **보청기 평가**. 서울: 학지사.

정정표 (2013). 청취환경 개선에 따른 교실 수업 모델 제시를 위한 공개 수업(생명과학 I 과 교수-학습 과정안). 미출판원고, 대구영화학교.

최성규 (1996). FM보청기를 장용한 편측성 난청아동과 건청아동의 어음 변별력 비교. **언어치료연구**, 5(1), 187-203.

한국청각언어장애교육학회 (2012). **청각장애아동교육**. 경기: 양서원.

Dillon, H. (2001). *Hearing aids*. New York: Thieme.

Martin, F. N. et al. (2010). *Introduction to audiology* (10th ed.). Boston: Pearson Education, Inc.

부록 보청기 점검 체크리스트

증상	발생원인	해결방법
소리가 약해짐	건전지 이상	건전지 교체
	청력의 추가 손실	청력검사 및 보청기적합검사
소리가 나지 않음	보청기 작동 오류	보청기 작동 재설명
	건전지 접촉부분의 오염	접촉부 오염물 제거
	송 · 수화기의 오염 및 파손	송 · 수화기 청소 혹은 교체
잡음 발생	볼륨 조절 및 작동 오류	보청기 작동 재설명
	이어몰드 맞지 않음	이어몰드 재제작
	송 · 수화기의 오염 및 파손	송 · 수화기 청소 혹은 교체
음의 왜곡	송 · 수화기의 오염 및 파손	송 · 수화기 청소 혹은 교체
	보청기 출력 이득의 문제	보청기 재평가
외부 음향 되울림	보청기 착용 잘못됨	보청기 재착용
	송 · 수화기 튜브 이탈 및 파손	튜브 재부착 혹은 교체
	보청기 튜브의 문제	튜브 재부착 혹은 교체
	이어훅의 문제	이어훅의 교체
	보청기 미적합	보청기 재제작
내부 음향 되울림	송 · 수화기의 튜브문제	송 · 수화기 튜브 교체

chapter

11 인공와우

집필자 : 허명진

인공와우는 보청기와 같이 청각장애인을 위한 보장구 중 하나이다. 보청기는 아동이 청각장애로 진단받을 경우 가장 먼저 접하는 보장구인 반면에 인공와우는 보청기를 착용해서 효과를 보지 못하거나 보청기를 착용할 수 없을 때 청각장애인이 사용하는 보조장치이다. 따라서 이 장에서는 인공와우 수술과 재활에 미치는 요인들을 살펴보고, 인공와우의 구조, 작동원리, 음향적 특성을 알아보도록 한다.

1. 청각장애아와 인공와우

영유아가 청각장애로 조기 진단을 받게 되면 청각을 보상해 주는 보장구를 착용해야 된다. 청각을 보상하기 위한 보장구는 보청기와 청각기관에 따른 기능을 인공적으로 지원해 주는 인공중이, 인공와우, 인공뇌간 등으로 그 종류는 다양하다. 그중에서 인공와우는 내이 속에 있는 와우를 지원하게 된다. 즉, 와우의 유모세포가 많이 손상입을 경우 인공와우를 착용하게 된다.

전음성 청각장애아는 외이와 중이의 손상으로 음의 전달에 어려움이 발생되는 장애이다. 그러므로 전음성 청각장애아는 내이와 무관하다. 인공와우를 착용한 아동 대부분이 전음성 청각장애아가 아닌 감음신경성 청각장애아인 이유가 여기에 있다. 감음신경성 청각장애아는 내이의 유모세포의 손상으로 음의 물리적 에너지를 전기적 에너지로 전환하지 못하게 되어 말소리인지뿐만 아니라 주변의 소리지각에도 어려움을 갖게 된다. 인공와우는 이런 손상된 유모세포에 전기신호를 지원해 주어 소리자극이 충분히 이루어질 수 있도록 해 준다. 인공와우를 착용하면 외이와 중이를 통해 소리를 지각하지 않고 인공와우장치를 이용해 바로 와우로 소리신호를 전달하게 된다. 인공와우를 착용한 청각장애아의 청력역치를 살펴보면 일반적으로 25~35dB 범위 안에서 소리반응이 나타난다.

그렇다면 인공와우 수술은 언제 받는 것이 좋을까? 인공와우 수술은 청력손실을 진단받은 즉시 수술이 진행되지는 않는다. 일반적으로 인공와우를 착용하기

전에 잔존청력 여부를 정확하게 파악하는 것이 매우 중요하다. 앞서 7장과 8장에서 제시된 다양한 청력검사기를 활용해서 정확한 청력손실 정도를 파악하는 것은 영유아에게 어려운 일이다. 일례로 아동이 청성뇌간반응검사에서 반응이 전혀 나타나지 않았음에도 불구하고, 부모는 아동이 반응을 보였다고 보고하는 사례가 흔히 있다. 이러한 부모의 보고에 대해 우리는 몇 가지 가능성을 추측할 수 있다.

첫 번째, 부모의 판단 실수이다. 아동은 전혀 소리에 반응이 없지만 부모가 자극을 제시했을 때, 우연히 아동이 뒤돌아보는 반응 등을 나타낸다면 충분히 그렇게 오해할 수 있다.

두 번째, 청각장애아의 잔존청력이 낮은 주파수대역에서 남아 있을 수도 있다. 이러한 경우 소리에 반응이 나타난다.

이외에도 심리적 지각, 환경 등에 영향을 받을 수 있기 때문에, 우리는 수술을 조심스럽게 결정해야 한다. 수술을 결정하기 전에 3개월 정도 청각장애아가 보청기를 착용하여 소리의 지각 및 발달 여부를 파악해 보는 것도 한 가지 방법이다. 많은 연구에서 밝혀졌듯이, 청각장애아의 소리지각을 위해 조기 수술을 강조하고 있다. Kang 등(2004)의 연구에서는 인공와우를 이식하는 시기에 따른 청각장애아의 청각피질영역의 활성 정도를 분석하였는데, 늦어도 6세 이전에 수술을 받는 것이 대뇌의 청각피질을 활성시키는 것으로 보고하고 있다. 최근에는 생후 12개월인 어린 영아도 인공와우 수술을 받고 있다. 이렇듯 인공와우를 수술받는 대상아의 연령이 점차 어려지고 있다.

표 11-1 은 보건복지부에서 고시(2009)한 인공와우를 이식하는 기준으로 현재 병원에서는 이를 바탕으로 시행하고 있다.

표 11-1 인공와우 이식수술의 보험 요양급여대상 기준(보건복지부 고시 제2009-180호)

연령	내용
2세 미만	• 양측 최고도(90dB) 이상의 난청환자 • 최소한 3개월 이상 보청기 착용에도 청능발달에 진전이 없는 경우 • 단, 뇌막염의 합병증 등 시급히 시행하지 않으면 수술시기를 놓치게 될 경우 예외적으로 시행
2~15세 미만	• 양측 고도(70dB) 이상의 난청환자 • 최소한 3개월 이상 보청기 착용 및 집중교육에도 어음변별력과 언어능력의 진전이 없는 경우 • 단, 수술 후 의사소통 수단으로 인공와우를 사용하지 못할 것으로 예상되는 경우 제외
15세 이상의 경우	• 양측 고도(70dB) 이상의 난청환자 • 문장언어 평가가 50% 이하의 경우 • 단, 수술 후 의사소통 수단으로 인공와우를 사용하지 못할 것으로 예상되는 경우 제외
15세 미만 또는 요양급여 적용일 이전 인공와우 이식을 받은 자 중 양측 이청이 반드시 필요한 경우	• 15세 미만 또는 요양급여 적용일 이전 인공와우 이식을 받은 자 중 양측 이청이 필요한 경우에는 상기 연령별 조건에 만족 시 반대측 인공와우를 요양급여로 인정함 • 이때, 순음청력검사 및 문장언어 평가결과는 인공와우가 아닌 보청기를 착용한 상태에서 실시한 결과를 적용

2. 인공와우의 구조 및 종류

인공와우의 발달은 매우 빠르게 이루어졌다. 20년 전에는 인공와우가 대부분 박스형으로 구성되어 있었다. 그러나 점차 박스형이 사라졌으며, 현재 사용되는 인공와우는 대부분 귀걸이형이다. 그림 11-1 의 왼쪽은 박스형 인공와우이며 오른쪽은 귀걸이형 인공와우 사진이다.

박스형에서 귀걸이형으로 형태는 변화되었으나 인공와우의 구조와 소리가 작동되는 원리는 비슷하다. 먼저 인공와우의 구조를 살펴보자.

박스형 귀걸이형

●●● **그림 11-1 인공와우 모양(호주산)**

1) 인공와우의 구조

인공와우는 크게 외부 장치와 내부 장치로 구분된다.

(1) 외부 장치

외부 장치는 마이크로폰(microphone), 어음처리기(speech processor), 송신기(transmitter)로 구성되어 있다. 마이크로폰은 환경에 존재하는 소리들을 받아들이는 장치이다. 이를테면 우리 귀의 귓바퀴와 같은 역할을 한다고 할 수 있다. 외부의 음향 신호를 수집하여 어음처리기로 보내준다. 어음처리기는 마이크로폰으로 모은 음향학적 신호를 전기적 신호로 전환시킨다. 어음처리기는 실제로 우리 몸에서 와우의 역할을 한다. 와우는 말소리의 음향신호를 청신경을 통해 대뇌로 전달하기 위해 전기적 신호로 바꾸는 역할을 하는데, 인공와우는 내이 손상으로 이러한 역할을 하지 못하는 청각장애인에게 인공적인 와우를 이용하여 소리를 청신경으로 전달시켜 준다. 여기서 음향신호를 전기신호로 전환하는 역할을 어음처리기에서 한다. 어음처리기에서 전환된 전기적 신호는 내부 장치로 전달되기 위해 송신기로 보내진다. 송신기는 내부 장치의 수신기로 전기신호를 송신하는 코일이며, 일종의 안테나와 유사하다.

(2) 내부 장치

내부 장치는 머릿속으로 내장시키는 장치로, 수신기(receiver)와 전극(electrode)으로 구성되어 있다. 수신기는 외부 장치에서 음향신호가 전기적 신호로 변환되어 내이로 전달해 주는데 이 전기적 신호는 외부 송신기로부터 전달받는다. 신호 전달은 송신기의 코일에서 수신기의 코일로 소리가 이동하는 것을 말한다. 전극은 수신기와 연결되어 수신기의 코일로 받은 전기신호를 청신경으로 이어지는 나선신경절로 전달한다. 이러한 구조그림은 그림 11-2 에 제시하였다.

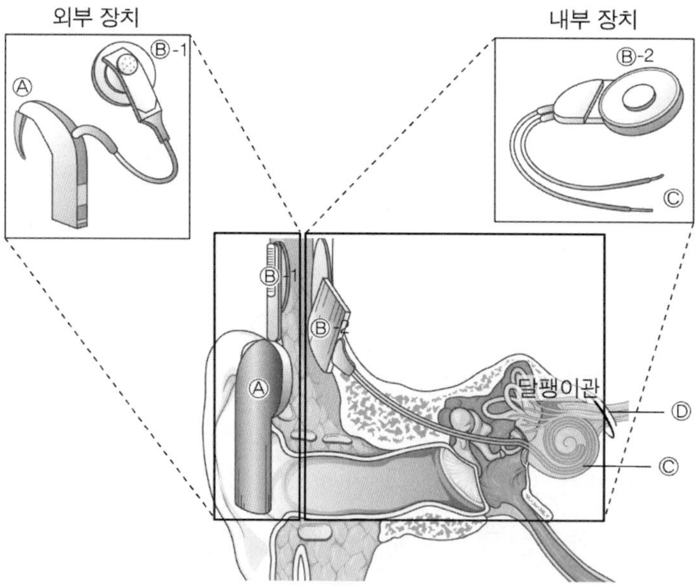

그림 11-2 인공와우의 구조
Ⓐ 어음처리기, Ⓑ-1 송신기, Ⓑ-2 수신기, Ⓒ 전극, Ⓓ 청신경

인공와우의 내부 장치인 수신코일과 외부 장치인 송신코일은 각 코일 가운데 자석이 삽입되어 있어 내부 장치에 외부 장치를 가까이 가져가게 되면 두 자석이 서로 끌어당기며 붙어 버리게 된다. 이러한 원리로 아동이 움직여도 인공와우가 머리에서 떨어지지 않고 그대로 부착되어 있는 것이다.

인공와우의 구조에서 소리가 어떻게 전달되는지 제시하면 다음 그림 11-3 과 같다.

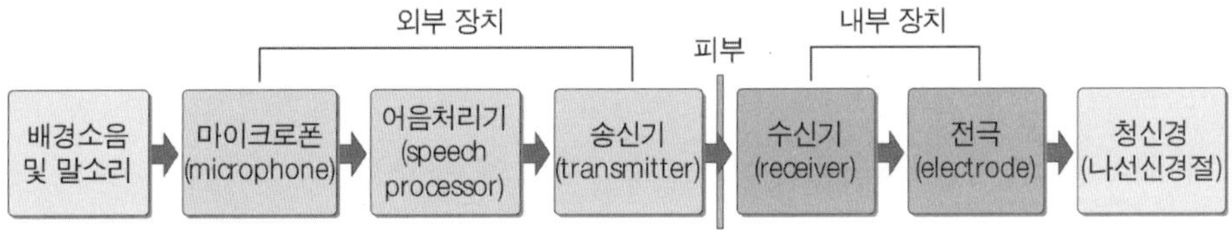

그림 11-3 소리 전달에 따른 인공와우의 구조

2) 인공와우의 종류

인공와우의 발전은 급속히 이루어졌다. 개발 초기에는 인공와우의 전극 수가 단일 전극인 단채널이었으나 점차 전극의 수가 12개에서 24개의 전극으로 이루어진 다채널로 발전하였다. 최근 들어 인공와우는 다채널을 갖고 있지만 인공와우를 제작하는 회사에 따라 전극의 수는 약간씩 차이가 있다. 인공와우를 개발하고 제작하는 회사는 많지만, 국내에서 인공와우 수술을 하는 것은 Cochlear사의 Nucleus(호주산), Advanced Bionics사의 Clarion(미국산), MED-EL사의 Combi(오스트리아산)로 3가지이다. 회사마다 인공와우 모양과 어음 처리방식, 작동방법 등은 다르지만, 3개의 인공와우 모두 그림 11-3 과 같은 구조로 구성되어 있고, 전극 수 역시 단채널에서 다채널로 발전되었다. 인공와우의 어음처리기는 큰 모양의 박스형 어음처리기에서 귀에 걸 수 있는 귀걸이형 어음처리기로 가볍고 편리하게 바뀌어 왔다.

3. 인공와우 적합

인공와우를 수술한다고 바로 소리를 듣는 것은 아니다. 인공와우 역시 기기 장치이므로 착용하는 청각장애인 개인에게 적합한 장치로 다시 조정되어야 한다. 그러기 위해 인공와우의 작동원리와 작동하기 위한 인공와우기기의 프로그래밍 과정의 이해가 필요하다.

1) 인공와우 작동원리

인공와우는 앞서 제시하였듯이, 크게 5가지의 구조로 나누어진다. 소리 전달 과정은 그림 11-2 와 같다. 즉, 환경음이 마이크로폰(그림 11-2 의 Ⓐ)에 들어와서 어음처리기(그림 11-2 의 Ⓐ)를 통해 전기신호로 바뀌어 송신기(그림 11-2 의 Ⓑ, 외부 장치의 안테나)로 보내지고 수신기(그림 11-2 의 Ⓑ, 내부 장치의 안테나)로 전달된 전기적 신호는 전극(그림 11-2 의 Ⓒ)으로 연결되어 청신경(그림 11-2 의 Ⓓ)으로 전달된다.

청각장애아가 소리를 인지하는데는 인공와우의 전기적 신호 처리방식에 따라 매우 달라진다. 전기적 신호 처리방식은 외부 장치의 어음처리기에서 말소리의 음향신호를 전기적 신호로 바꾸는 방식을 의미한다. 인체에서 와우가 하는 역할이다. 즉, 인공와우는 와우의 유모세포가 손상을 입어 음향신호를 전기적 신호로 전환시키지 못하는 사람의 와우에 전극을 직접 삽입하여 전기적 신호를 외부에서 전환하여 보내주는 장치이다. 따라서 인공와우를 착용할 경우 와우의 기능이 정상적이면 인공와우 수술을 권하지 않는다.

인공와우의 어음처리기에서 전기적 신호 처리를 하는 과정은 꾸준히 발달되어 왔다. 인공와우 발달 초기에는 단채널이었으며 전극신호만 전달되는 형식으로 실제로 말소리 변별이 어려웠다고 한다. 그러나 최근 인공와우는 음향신호 주파수를 100Hz에서 8000Hz 범위 내의 소리를 들을 수 있도록 다채널로 구성되어 있다. 이러한 넓은 주파수대역을 여러 개의 채널에 분포시켜 각 주파수별 역치를 마치 우리가 청력검사할 때 청력역치를 찾듯이 개인에게 맞추어 가야 한다. 이러한 과정을 프로그래밍(programming) 혹은 맵핑(mapping)이라고 한다.

2) 인공와우 프로그래밍

인공와우에 적응하려면 청각장애아가 들을 수 있는 역치를 찾는 프로그래밍하는 과정이 잘 이루어져야 한다. 물론 인공와우 수술에서 재활하는 모든 과정이 중요한 순간들이기는 하지만 이 과정이 신중하게 이루지지 않을 경우 재활이나 치료 예후가 좋지 않을 수 있다.

인공와우를 착용하는 과정 중에 맵핑(mapping) 과정은 보청기에서 피팅(fitting) 과정과 매우 유사하다. 즉, 각 주파수대마다 소리를 듣고 자신이 들을 수 있는 최소역치 크기와 잘 들리는 쾌적역치 크기를 찾아야 한다. 그림 11-4 는 맵핑하는 주파수대역과 채널을 표시한 것이다.

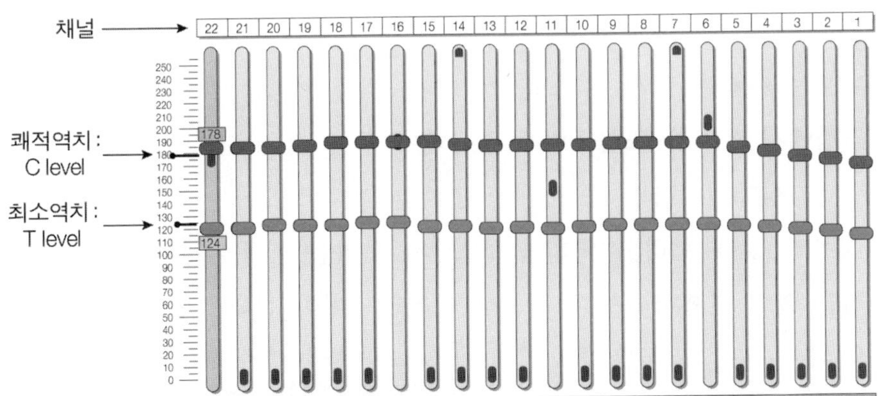

채널	22	21	20	19	18	17	16	15	14	13	12	11	10	9	8	7	6	5	4	3	2	1
C	178	179	179	181	182	182	183	182	181	180	179	178	179	180	180	180	180	176	173	169	166	163
T	124	125	127	127	127	120	120	126	124	123	123	122	123	125	125	125	125	123	122	120	110	115
CR	54	54	52	54	55	54	55	56	57	57	56	56	56	55	55	55	55	53	54	49	48	48
각 채널 주파수 범위 UF	313	430	543	600	813	930	1063	1100	1313	1563	1813	2063	2313	2600	3063	3563	4063	4608	5313	6063	6930	7930
각 채널 주파수 범위 LF	300	313	430	563	600	813	930	1063	1100	1313	1563	1813	2063	2313	2608	3063	3563	4063	4608	5313	6063	6930

*UF : 각 채널의 주파수 범주 내에서 최고주파수
LF : 각 채널의 주파수 범주 내에서 최저주파수

그림 11-4 맵핑화면

그림 11-4 는 호주산 Nucleus의 맵핑화면이다. 이 그림에서 볼 수 있듯이, 인공와우 내부 장치에 삽입된 전극 22개와 외부 전극 2개로 구성되어 있으며 우리가 맵핑하는 과정은 이 22개의 전극에서 청각장애아가 들을 수 있는 소리크기를 정립해 주는 것이라고 볼 수 있다. 청각장애아가 들을 수 있는 소리크기라고 하는 것은 아동이 가장 작게 들리는 최소가청역치(T level)와 가장 크게 잘 들리는 쾌적역치(C level)를 의미한다. 따라서 22개의 전극에 해당되는 최소가청역치와 쾌적역치를 찾아주는 과정을 맵핑이라고 한다. 이것은 청각장애 개개인마다 다르다. 이 맵핑은 각 채널마다 최소역치와 쾌적역치를 찾아가는 것이며, 이 전극들 간의 일련의 규칙 체계를 바탕으로 활성화하게 된다. 이 일련의 규칙 체계를 어음 처리방식(speech processing strategies)이라고 하며, 어음 처리방식에 따라 말소리지각도 달라질 수 있게 된다. 예를 들면 인공와우 수술 후 한 채널에 전기자극을 주었을 때 청신경이나 안면신경이 근접하여 수축 혹은 통증을 느낀다면 그 전극을 활성시키면 안 된다. 이렇게 비활성된 전극이 많을 경우 사용할 수 있는 전극의 수도 줄어들게 된다. 이런 경우 적은 전극을 이용해서 말소리를 잘 알아들을 수 있도록 맞추는 어음 처리방식을 선택하는 것이 좋다. 어음 처리방식에 대한 자세한 내용은 나중에 다시 살펴보기로 하자.

이 과정에서 우리가 조심스럽게 접근해야 하는 것은 잔존청력이 있어 소리를 들어본 청각장애인이라면 큰 문제가 없지만, 청각장애아는 소리라는 것을 처음 듣는 경우가 많아 소리의 역치를 잘 찾지 못하는 아동이 대다수이다. 따라서 이 과정을 빨리 진행하기보다 신중하게 진행되어야 한다. 초기 맵핑은 한 주에 한 번씩 매우 자주 조금씩 최소역치(T level)와 쾌적역치(C level)를 바꿔주어야 하며 그 변화가 나타나지 않을 때 맵핑하는 시간을 2주에 한 번, 한 달에 한 번, 2~3달에 한 번과 같이 점차 맵핑 간격 기간을 길어지게 하며 충분히 적응된 아동의 경우 1년에 한 번씩 인공와우센터를 방문하여 프로그램을 확인하고 조절하게 된다.

3) 어음 처리방식

어음 처리방식(speech processing strategies)은 인공와우의 어음처리기에서 음향신호의 특성을 분석하여 코딩하면서 전기신호로 변환시키는 알고리즘이며, 이 알고리즘을 통해 인공와우 임플란트에 전기자극을 전달하게 된다. 이것을 이해하기 위해서는 3장에서 제시된 말소리 음향학적 특성을 이해하여야 한다. 즉, 말소리를 스펙트로그램으로 분석할 경우 음향적 특성을 찾을 수 있다. 예를 들면 모음의 경우 스펙트로그램에서 쉽게 음형대(formant)를 찾을 수 있고 자음의 경우에는 다양한 음향적 특성이 나타난다. 우리는 이러한 음향적 특성을 통해 말소리를 구별해서 지각하게 된다. 청각장애아 역시 이 음향적 특성을 듣게 된다면 말소리 이해가 쉬워질 것이다. 인공와우는 청각장애아가 이 음향적 특성을 근거해서 말소리를 들을 수 있도록 하기 위해 일련의 전기적 규칙 체계를 갖추고 있다. 이것을 어음 처리방식이라 한다.

어음 처리방식은 인공와우를 제작하는 회사마다 다른 이름으로 알려져 있다. 그러나 이름이 다를 뿐 조금만 처리방식을 살펴보면 우리가 말소리를 알아듣는 원리와 연결되는 것을 알 수 있다. 우리 인간은 주파수를 지각하는데 장소부호(place code)와 시기부호(time code)에 기초하여 청각신경원을 흥분하여 지각하게 되는 것이 이미 오래전에 밝혀졌다(Bekesy, 1960; Wever, 1949; Rose et al., 1967). 이러한 이론은 인간의 귀의 달팽이관(와우)에 존재한다. 실제로 인공와우는 이러한 와우에 직접 전기장치를 삽입하는 보조장치이므로 이 두 이론에 근거하여 어음 처리방식이 개발된 것을 쉽게 알 수 있다. 우리 귀의 와우는 2.5바퀴 나선형으로 감겨 있으며, 마치 달팽이집처럼 생겼다. 이 와우의 첨부에는 저주파수를 담당하는 유모세포들이 존재하고 아래 기저부에는 고주파수를 담당하는 유모세포들이 존재한다. 그림 11-4 에서 주파수대역을 살펴보면 22번 전극의 경우 낮은 주파수대역이 존재하고 1번 전극 쪽으로 올라갈수록 주파수가 높아지는 것을 볼 수 있다. 따라서 전극은 22번 전극이 첨부에 들어가며 1번 전극이 기저부에 위치하는 것으로 구성되어 있는 것을 이해할 수 있다. 이런 전극과 주파수는 회사마다 다르므로 그 체계를 알고 있어야 한다. 이 전극에서 전극들 간의 활성화를 하기 위해 전기적 규칙 체계는 크게 스펙트럼상의 특성(spectral envelope)과 지속시간상의 특성(temporal envelope)으로 분류할 수 있게 된다.

스펙트럼상의 특성에 근거한 어음 처리방식은 F0/F0, F1, & F2/MPEAK 등이 있다. 이것은 음향신호의 주요한 스펙트럼상의 특징을 선택적으로 추출해서 전극을 자극하는 방식이며, 최근에는 이러한 방식은 거의 사용되지 않는다.

지속시간상의 특성에 근거한 어음 처리방식은 CIS/PPS/MPS/SPEAK/ACE로 분류한다. 이것은 입력된 음향신호를 필터에서 불연속의 주파수밴드로 분리하여 생성된 음소 체계(tonotopic organization)에 근거한 신호 처리 과정을 유지하며 와우 내부 전극으로 음성신호를 빠르게 변화하면서 전달하는 방식이다. 좀 더 이해를 돕자면 디지털신호 처리방식으로 이루어져 필터링을 통해 빨리 전달이 가능하게 되는 것이다. 현재 인공와우에서 가장 많이 사용하는 어음 처리방식은 CIS/ACE/PPS방식인데, 회사마다 전극의 수가 다르며 그 전극에 배치된 주파수대역 역시 다를 수 있는 등 다양한 변인들로 인해 회사별 어음 처리방식이 약간씩 차이가 있지만 그 원리는 크게 다르지 않다.

4. 인공와우 재활

인공와우를 활용하여 말소리를 이해하게 되기까지는 많은 전문가들의 도움이 필요하다. 재활 과정 속에서 전문가들의 역할을 살펴보고 재활의 예후에 미치는 변인들에 대해 알아보도록 한다.

1) 인공와우팀

인공와우를 착용한 청각장애아동은 인공와우를 착용하기 전에 인공와우센터를 방문하여 센터에 구성된 인공와우팀을 만나게 된다. 인공와우팀의 구성원들은 이비인후과의사, 청능사, 언어치료사, 사회복지사, 특수교사, 소아정신과의사, 코디네이터 등과 같은 전문가와 청각장애아의 부모님 혹은 보호자로 이루어져 있다. 각 전문가들의 역할을 정리하면 다음과 같다.

① 이비인후과의사 : 인공와우 이식수술을 담당한다.
② 청능사 : 청각장애아의 잔존청력을 살펴보고, 잔존청력에 맞는 보장구를 사용하고 있는지를 검사한다.
③ 언어치료사 : 청각장애아의 언어 수준 및 말소리인지 수준을 평가한다.
④ 특수교사 : 청각장애아의 학교 내에서 개별화 교육프로그램과 학습능력을 평가한다.
⑤ 사회복지사 : 청각장애아의 재활이나 교육 전반에 미치는 다양한 환경을 지원한다.
⑥ 코디네이터 : 전문가팀을 구성하여 청각장애아의 수술 과정 전반을 관리·감독한다.

이상과 같은 전문가들은 청각장애아의 수준을 정확하게 평가하여 인공와우를 착용한 후 재활의 예후를 예측하는 정보를 제공한다. 청각장애아는 위에 언급된 전문가들뿐만 아니라 더 많은 전문가들로부터 인공와우의 모양과 구성 성분, 각 기기들의 역할, 내부 장치 등에 대한 설명을 들어야 한다.

모든 정보를 바탕으로 인공와우 수술을 결정하게 되는데, 인공와우를 착용하게 되면 인공와우를 착용한 청각장애아를 위한 재활팀이 구성된다.

2) 인공와우 재활 과정

인공와우를 착용한 청각장애아의 재활에서 가장 중요한 것은 듣기능력과 언어능력의 향상이다. 일반적으로 인공와우를 착용한 청각장애아의 재활 과정은 감각장애나 언어장애를 가진 아동의 재활 과정과 다르다. 시각장애아의 경우 시각적 강화를 제공해 주고 순수 언어장애아의 경우 지체된 언어영역을 지원해 주면 의사소통 능력을 증진시키기 어렵지 않다. 그러나 청각장애아는 인공와우를 착용하여 충분한 청각적 보상을 받는다고 하더라도 전기적 신호로 환경음이나 말소리를 알지 못한다. 따라서 인공와우를 착용한 청각장애아는 먼저 소리를 감지하는 능력을 길러주는 재활이 이루어져야 한다. 그러나 이에 앞서 인공와우가 전기적 장치임을 고려할 때 인공와우를 착용한 청각장애아는 소리를 지각하기 전에 전기적 자극을 받아들여야 한다. 이 전기적 자극은 신체에 문제를 야기시킬 정도의 고압은 아니지만 전기신호가 신체 안으로 전달되기 때문에 처음 인공와우를 착용한 성인들의 경우 약간의 감전되는 듯한 경험을 보고하기도 한다. 이러한 보고를 기초한다면 청각장애아는 언어표현이 서툴러서 자신의 현재 상태를 정확하게 전달하지 못하지만 소리에 대한 거부반응이 분명히 존재할 수 있다. 그러므로 처음 인공와우를 착용한 청각장애아는 인공와우에 대한 경험이 긍정적이기보다는 부정적일 수 있다. 지속적으로 인공와우를 착용하기 위해서는 작은 소리에서 점차 큰 소리로 다양한 크기에 적응하는 시간이 필요하다.

인공와우를 착용한 청각장애아가 환경음뿐만 아니라 말소리에도 적응하는 시간이 필요하다. 말소리인지는 청각장애아의 수용언어능력과 매우 밀접한 연관이 있다. 말소리 인지훈련과 언어재활은 다른 장에서 다루고 있어 여기에서는 인공와우를 착용한 청각장애아의 재활을 위한 몇 가지 기초정보를 제공하고자 한다 (청능재활과 언어재활은 제13장과 제14장을 참조).

첫째, 인공와우를 착용한 청각장애아는 첫 맵핑에서 가벼운 감전 같은 전기적 자극을 받을 수 있음을 기억해야 한다.

둘째, 인공와우를 착용한 청각장애아의 수술 당시 언어능력을 가능한 정확하게 파악해야 한다. 청각장애아의 언어능력을 파악하기 위해 언어장애를 가진 아동들과 동일한 접근법으로 검사를 시행하면 안 된다. 청각장애아는 청각기관의 손상으로 시각적 정보를 통한 언어경험이 두드러지게 되고 이를 통해 언어의 개념을 구축하는 것이다. 따라서 청각장애부모에게서 태어난 청각장애아의 언어 개념 구축이 건청부모에게서 태어난 청각장애아보다 쉬울 수 있다.

셋째, 인공와우를 착용한 청각장애아의 연령이 중요하다. 인공와우를 착용한 청각장애아가 영아일 경우 음소적 접근보다 총체적 언어접근이 필요하며, 총체적 접근으로 시각, 청각, 촉각, 환경 등의 사항을 다양하게 활용하는 것이 매우 중요하다.

넷째, 인공와우를 착용한 청각장애아의 부모는 인공와우를 착용하면 대부분 말소리를 들을 수 있다고 오해를 한다. 그러나 실제로 청각적 경험을 통해 말소리를 들어본 적이 없는 청각장애아는 인공와우를 통해 말소리 존재 유무는 알 수 있을지 몰라도 그 말소리가 무엇인지를 인지하는 것은 매우 어렵다. 언어치료실이나 특수학교에서는 이러한 아동을 위해 청능훈련을 시행하게 된다. 청능훈련을 며칠 혹은 몇 개월을 받는다고 말소리를 모두 이해할 수 없다는 것을 꼭 명심해야 한다. 건청영아를 생각해 보면 좀 더 이해하기 쉬울 것이다. 건청영아 역시 언어를 배울 때, 오랫동안 말소리를 일방적으로 듣는다. 청각장애아 역시 이제 태어난 영아처럼 인공와우를 착용하게 되는 시점에서부터 말소리를 반복하여 듣는 시간이 필요하다. 이것을 부모에게 숙지시켜 아동의 교육 지원에 지치지 않고 적극적으로 참여할 수 있도록 동기 부여를 해야 한다.

이상의 기초정보를 바탕으로 하여 청각장애아의 청각재활과 언어재활이 이루어진다면 교육적 접근이 유리할 것으로 생각된다.

5. 인공중이

인공중이는 중이의 역할을 지원해주는 보조장치이다. 중이는 공기를 통해 전달되는 음향 소리를 고막에서부터 소리를 증폭하여 내이로 전달한다. 이때 소리 증폭을 물리적 에너지로 전환하게 되는데, 인공중이는 이러한 소리 증폭을 지원해 주는 장치이다.

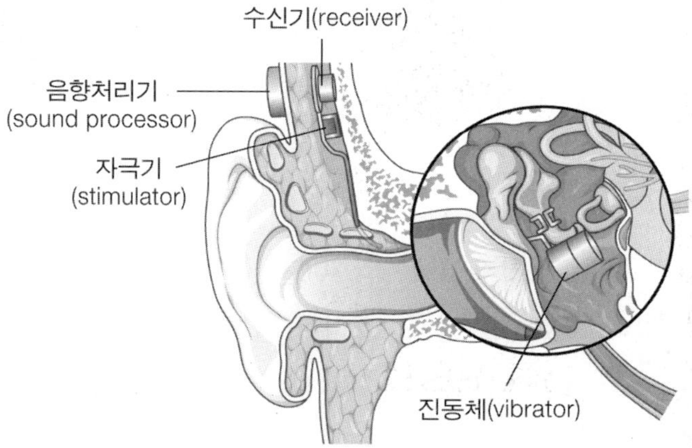

그림 11-5 인공중이

출처: www.medel.com/english/30_Products/VibrantSoundbridge

인공중이는 인공와우와 유사하게 체외기와 체내기로 나누어진다. 체외기는 음향처리기(sound processor)가 있고 체내기는 VORP(Vibrating Ossicular Prosthesis)라고 부르며, 여기에는 물리신호를 받아들이는 수신기(receiver)와 자극기(stimulator), 진동체(vibrator)로 구성되어 있다.

그림 11-6 체외기

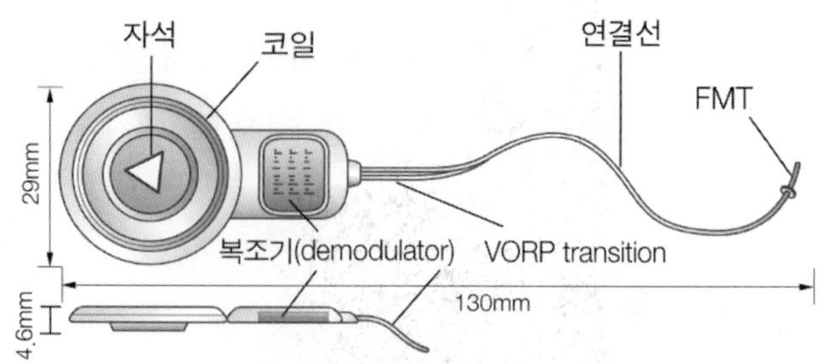

그림 11-7 체내기

체외기인 음향처리기는 인공와우의 어음처리기와 같이 주위에 존재하는 음향 소리를 물리적 에너지로 전환하여 진동파장으로 전이하는 역할을 하며, 체내기는 인공와우의 내부 장치와 유사하나, 단지 전극 대신 진동체로 구성되어 있는 것이 다르다. 인공중이는 인공와우와 구조가 매우 유사하며 단지 전극신호 처리의 전환을 물리적 신호 처리로 바꾸는 역할의 차이가 있다. 따라서 인공와우가 와우에 손상을 가진 사람에게 적합한 보조장치라면 인공중이는 중이에 손상을 입은 사람에게 적절한 보조장치이다. 다시 말하자면, 인공와우는 대부분 감각신경성 청각장애아와 혼합성 청각장애아가 주 대상이 된다면, 인공중이는 전음성 청각장애아에게 적합한 보장구이다.

이상과 같이, 청각장애아를 위한 전기적 보조장치인 인공와우와 인공중이에 대해 살펴보았으며, 10장에서는 보청기에 대해 알아보았다. 이외에도 청각장애아를 위한 보장구는 더 찾아볼 수 있다. 대뇌에 직접 전극을 부착하는 인공뇌간도 있으며, 피부에 전극을 부착시켜 자극을 받는 보장구 등 그 종류는 다양하다. 그러나 본서에 보청기와 인공와우만 다루는 것은 청각장애아가 최근에 가장 흔히 접하는 보장구에 초점을 두고 다루어 보고자 한 것이다. 보장구를 착용한 이후의 청능재활과 언어교육은 다른 장에서 보다 자세히 언급되어 있다.

확인학습

1. 인공와우의 구조를 쓰시오.
2. 인공와우의 소리 전달 과정을 쓰시오.
3. 인공중이의 구조를 쓰시오.
4. 인공와우와 인공중이의 차이점이 무엇인지 기술하시오.

참고문헌

정찬섭, 김정오, 도경수, 박권생, 박창호, 김유진, 남종호 (2004). **감각과 지각**. 서울: 시그마프레스.

Bekesy, G. von. (1960). *Experiments in hearing*. New York: McGraw-Hill.

Kang, E. J., Lee, D. S., Kang, H. J., Lee, J. S., Oh, S. H., Lee, M. C., & Kim, C. S. (2004). Neural change associated with speech learning in deaf chidlren following cochlear implantation. *Neuroimage, 22*, 1173–1181.

Niparko, J. K. (2009). *Cochlear implants: Principles and practices* (2nd ed.). Philadelphia: Lippincott Williams & Wilkins.

Rose, J. E., Brugge, J. F., Anderson, D. J., & Hind, J. E. (1967). Phase locked responsed to low frequency tones in single auditory nerve fibers of the squirrel monkey. *Journal of Neurophysiology, 30*, 769–793.

Wever, E. G. (1949). *Theory of hearing*. New York: Wiley.

chapter

12 말지각 평가

집필자 : 허명진

청각장애아는 청력손실로 인하여 언어를 받아들이는 경로가 건청아와 다르게 이루어진다. 일반적으로 건청아는 말소리를 인지함에 있어 말소리가 가지고 있는 음향적 특성 또는 변별적 자질을 구분하여 지각하며, 아동 자신의 경험을 바탕으로 말소리를 언어와 연결하여 이해한다. 이러한 과정에서 가장 먼저 이루어지는 것이 화자의 말소리를 청각기관으로 받아들이는 것이다. 그러나 청각장애아는 말소리를 듣고 변별하고 인지하기 위한 청각기관의 결함으로 인해 말소리를 받아들이는 데 어려움이 있으므로 언어 습득경로가 건청아와는 다를 수밖에 없다. 따라서 청각장애아의 의사소통 기능을 증진시키기 위해서는 먼저 아동의 수용 및 표현언어의 수준과 말지각 수준을 파악해야 한다. 그러므로 이 장에서는 청각장애아의 청각재활을 위한 체계적인 가이드를 제시하고 말지각능력을 평가하기 위한 검사들을 구체적으로 살펴보고자 한다.

1. 말지각검사의 원리 및 종류

말소리를 알아듣는다는 것은 말소리가 가지는 다양한 체계를 이해한다는 것이다. 먼저 말소리는 말소리 음소로 구성된 자모음의 변별적 자질을 가지고 있으며, 이 변별적 자질의 특성을 가진 음소들의 결합에 따라 운율이나 음운 변화가 나타나게 된다. 따라서 음소의 변별적 특징과 운율과 같은 초분절적인 요소, 음절, 단어, 문장 같은 분절적인 요소와 통합적인 요소에 따른 말소리지각이 필요하게 된다. 말을 지각하는 단계는 크게 감지, 변별, 확인, 이해의 4가지 단계로 나누어진다. 이 단계를 Archbold 등(1995)과 김수진(2012, 재인용)은 세부적으로 10개의 수준으로 범주화하여 살펴보면 표 12-1 과 같다.

청각장애아의 청능재활에 앞서, 말지각 범주에 근거한 체계적인 말지각검사가 필요하다. 따라서 말지각검사에는 음소가 갖는 초분절적 요소와 분절적 요소, 음향학적 요소, 언어학적 요소 등 다양한 특성들을 파악할 수 있는 하위검사들이 포함되어야 한다. 말지각검사는 이와 같은 다양한 언어 하위 수준에 근거하여

●●● **표 12-1 말지각 범주**

범주 수준	내용	설명
0	말소리에 대한 부정확하거나 일정하지 않는 감지	일상대화 수준의 말소리를 일정하게 감지하지 못할 때 Ling 6 sounds 검사 시 99% 이하
1	말소리에 대한 정확한 감지	말소리를 정확하게 감지하는 경우 Ling 6 sounds 검사 시 100%
2	음절형태의 인지	단어의 음절 수나 음절의 장단으로 단어를 변별할 때
3	단어인지 시작	단어의 음절 수와 음절의 장단은 동일하나 음소의 음향학적 정보가 다른 단어를 보기 중에서 변별할 때
4	모음인지를 통한 단어 확인	모음이 다른 단어를 보기 중에서 변별할 때
5	자음인지를 통한 단어 확인	모음이 같으나 자음이 다른 단어를 보기 중에서 변별할 때
6	보기가 제시되지 않는 일음절 단어검사의 음소점수가 20% 이하	보기가 제시되지 않는 상태에서 듣기만으로 일음절을 인지하기 위하여 단어의 음소정보를 추출할 때
7	보기가 제시되지 않은 일음절 단어검사의 음소점수가 21~50%	보기가 제시되지 않는 상태에서 듣기만으로 일음절 단어를 인지하기 위하여 단어의 음소정보를 추출할 때
8	보기가 제시되지 않는 일음절 단어검사의 음소점수가 51~80%	보기가 제시되지 않는 상태에서 듣기만으로 일음절 단어를 인지하기 위하여 단어의 음소정보를 추출할 때
9	보기가 제시되지 않는 일음절 단어검사의 음소점수가 81% 이상	보기가 제시되지 않는 상태에서 듣기만으로 일음절 단어를 인지하기 위하여 단어의 음소정보를 추출할 때

출처: Archbold et al., 1995; 김수진, 2012, 재인용.

검사문항이 개발된다.

현재 활용되거나 개발되어 있는 말지각검사들을 통해 청각장애아의 청각적 인지 수준에 적용할 수 있는 단계를 제시해 줄 수 있기 때문에 청능교육에 앞서 말지각검사를 반드시 실시한다. 말지각검사를 통해 청각장애아의 말소리인지 수준을 파악한 후, 청능재활 단계를 설정하여 계획하는 것이 청각장애아 교육 및 재활의 시작이 된다.

1) 초분절적 말지각검사

말을 전달할 때는 말소리에 감정이나 기분, 운율, 장단 등을 포함하여 전달된다. 예를 들면 '밤'이라는 단어의 장단에 따라 말의 의미가 '어두운 밤'과 '먹는 알밤'으로 구분되는 것처럼, 말소리의 의미는 초분절적인 요소인 모음의 장단에 의해 달라질 수도 있다. 이렇듯 말소리의 음소를 정확하게 전달하기 위해 다양한 초분절적인 특성이 함께 동반되어 나타난다. 말소리의 초분절적인 특성에는 말소리를 산출하는 데 포함된 화자의 감정, 억양, 강약, 운율, 장단, 고저, 음절 수 등과 같은 음성학적 자질이 있다. 이에 맞추어 초분절적 말지각검사는 말소리의 장단검사, 운율검사, 음절 수 검사 등과 같이 다양한 영역으로 개발되어 있다.

2) 음소 말지각검사

음소 말지각검사는 말소리를 구성하는 음소적 특성을 지각하는 정도를 평가하는 검사이다. 현재 교육현장이나 임상현장에서 대표적으로 음소지각을 평가하는 검사로는 Ling 6 sounds 검사와 자모음검사 등이 있다.

(1) Ling 6 sounds 검사

이 검사는 말소리(어음)의 중요한 음소 주파수 범위를 포괄적으로 포함한 6개음을 선정하여 청취능력을 검사하는 방법으로 Ling(1978)이 처음 고안하였다. Ling이 초기 어음검사에 선정한 음은 ee/i/, oo/u/, ah/a/, sh/ʃ/, ss/s/의 5개음이었으나 10년 후에 저주파수대(250Hz)에 해당되는 m/m/음을 추가하여 6개음으로 구성하였다. 이것은 검사자가 피검사자와 1~2m 거리를 두고 각 음소를 무작위로 제시하는데, 이때 목소리의 크기는 작은 소리로 하는 것이 좋다. 약 1~2m 거리에서 대화할 때 나타나는 음의 강도로 이 음소를 산출하는 방식으로 평가한다. Ling 6 sounds 검사의 6개 음소가 가지는 주파수별 특성을 청력도에 표시하면 다음 그림 12-1 과 같다.

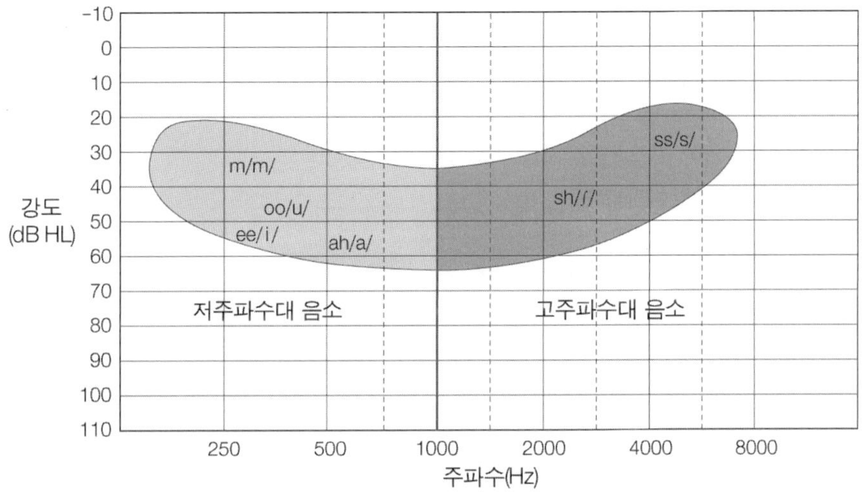

그림 12-1 주변 소리의 주파수 및 소리강도

그림 12-1 에서 볼 수 있듯이, 6음은 200Hz에서 6000Hz까지 다양한 주파수대역에 펼쳐져 있다. 넓은 주파수대역에 펼쳐져 있는 6음으로 말소리를 감지하는 주파수대역을 파악할 수 있게 된다. 즉, 건청아는 6음을 감지하지만 청각장애아는 청력손실이 있는 주파수대역에 해당하는 음을 지각하지 못할 수도 있다. 이 검사에서 청각장애아가 지각하지 못하는 말소리는 그 주파수대역의 손상을 의심할 수 있으므로, 청각장애아의 청력손실 주파수대역을 행동반응으로 예측할 수 있는 검사이다. 따라서 이 검사는 청능선별검사로도 사용되며, 교육현장에서 청능교육 및 발성, 발화지도에 앞서 주파수별에 따른 아동의 청능적인 문제를 간단하게 검사할 수 있어 자주 활용된다.

(2) 자모음검사

자모음검사(confusion test)는 자음과 모음 지각 여부를 파악하는 검사이다. 일반적으로 한국어의 특성상 모음은 자립적으로 산출할 수 있는 데 반해 자음은 모음과 함께 산출된다. 이 검사는 단모음들을 구별해서 지각할 수 있는지, 자음을 구별해서 들을 수 있는지를 파악하는 검사이다. 표 12-2 는 모음검사의 검사문항이다.

표 12-2 모음검사

	/아/	/이/	/우/	/오/	/에/
/아/					
/이/					
/우/					
/아/					
/에/					

표 12-2 는 모음 5개의 말지각검사이다. 한국어의 모음은 단모음과 이중모음을 합쳐서 모두 19개로 구성되어 있다. 따라서 표 12-2 처럼 검사에 사용되는 모음의 수는 검사자 판단에 의해 다양하게 제작하여 난이도를 조정할 수 있으며, 검사 모음의 수가 증가하면 할수록 난이도가 높아지게 된다. 교육현장에서는 모든 모음을 검사해서 모음 전체 말지각 수준을 파악하는 방법과 지각해야 하는 변별 수를 제한시켜 아동의 수준을 평가하는 방법 등으로 아동의 모음지각 수준을 파악하여 교육 및 재활적 접근에 적용한다.

자음 역시 모음처럼 이러한 표를 활용하는 방법은 유사하다. 그러나 한국어에서 자음은 독립적으로 산출될 수 없으므로 모음을 수반하여 산출해야 한다. 자음 말소리를 평가하는 것이지만 순수 자음만을 산출하지 못하므로 모음과 함께 검사해야 하며, 이때 모음은 동일한 모음을 사용해야 한다. 이외에도 자음의 경우에는 반드시 기억해야 하는 것이 있다. 영어와 달리 음소를 네모 안에 모아쓰는 형식을 갖추고 있다. 예를 들면 '강'이라는 영어는 river라 하여 옆으로 쭉 나열되는 형식인데 우리말은 'ㄱ, ㅏ, ㅇ'으로 쓰면 정확하게 파악할 수가 없다. 그래서 네모 안에 이 3개의 음소를 넣어 한눈에 볼 수 있게 세로로 작성하는 방식을 갖추고 있다. 한국어의 자음은 음운위치에 따라 cv(consonant-vowel)형태, vc(vowel-consonant)나 vcv(vowel-consonant-vowel)형태로 작성할 수 있다. 예를 들어 cv형태는 '가', vc형태는 '악', vcv형태는 '아가'와 같다. 여기서 vc형태에 위치한 음소는 기존의 자음 대부분을 사용할 수 있지만, 그 자음의 음가는 크게 7개로 정리된다. 예를 들면, '갓'은 '갇'인 /ㄷ/음으로 발음된다. 따라서 7개의 음가는 /ㄱ, ㄴ, ㄷ, ㄹ, ㅁ, ㅂ, ㅇ/이다.

이것은 자음 말지각검사에서도 난이도로 활용된다. 예를 들면 '가-사'는 앞의 자음 /ㄱ/과 /ㅅ/이 다르다. 즉, 단어를 시작하는 초성에 위치한 것과 '각-강'은 단어의 종성에 위치한 음소 차이, 마지막으로 '아가-아사'와 같이 앞의 이음절에서 어중-초성에 위치한 차이 등으로 난이도 조절이 가능하다. 자음이 자극음에 위치하는 것에 따라 난이도가 달라진다. 종성에 위치하는 음소인 경우 7개의 음가로 정리되므로 말지각검사에서는 이 7개의 음가만으로 구성하여 검사를 시행하면 된다.

3) 단어/음절 말지각검사

단어 말지각검사는 초분절적인 요소나 분절적인 요소를 분리하여 검사하는 것이 아니라 이 2가지 요소를 결합해서 단어와 음절검사를 하는 것이다. 그러나 완벽한 단어들로 구성된 말로 제시할 경우 음절 수와 같은 초분절적인 요소로 단어를 파악하게 된다. 예를 들면 '가방, 텔레비전'과 같은 단어들은 음절 수 차이가 너무나 크기 때문에 청각장애아가 단어를 지각한 것인지, 음절 수를 듣고 변별한 것인지 파악하기 어렵다. 그러므로 말지각검사에 사용되는 단어들은 동일한 음절 수를 갖고 있는 것으로 구성하는 것이 좋다. 현재 단어 말지각검사는 대부분 일음절 단어로 구성되어 활용하고 있다. 이 검사방법은 예시단서를 제공하는 폐쇄형(closed-set) 검사와 예시단서가 없는 개방형(open-set) 검사로 나누어 진다. 일반적으로 폐쇄형 검사가 개방형 검사보다 난이도가 낮다. 또한 일음절로 구성된 단어 말지각검사의 경우 영유아에게 접근하기 어렵다. 왜냐하면 영유아가 수용하고 있는 어휘 수준이 낮기 때문이다. 즉, 말소리를 듣지 못하는 것인지, 이해하지 못하는 것인지 파악하기 어렵다. 이러한 경우 현장에서는 영유아들이 가장 먼저 습득하게 되는 신체 관련 어휘들을 활용하여 단어 말지각검사를 시행한다. 신체부위 인지검사는 신체부위 중 일음절에 속하는 부위들을 아동이 손가락으로 짚도록 하는 방식이다. 이 신체부위에 해당되는 어휘는 눈, 코, 입, 귀, 배, 손, 발 등과 같이 아동이 잘 알고 있는 어휘들로 구성한다.

4) 문장 말지각검사

문장 말지각검사는 말소리를 듣고 기억해야 수행할 수 있는 검사이다. 말소리는 청각적인 자극으로 제시될 경우 순차적으로 계속해서 들어오게 되는데 청각장애아는 소리를 경험하지 못하였기 때문에 들어오는 말소리의 초기 단어를 쉽게 잊어버리거나 지속적으로 들어오는 말소리로 지각하는 것이 어렵다. 그러므로 문장 말지각검사는 목표단어를 매트릭스(matrix)식 행렬로 구성된 그림에 배치시켜 순차적으로 목표단어들을 찾게 하여 평가하는 것이 효율적이다. 이 검사를 수행할 때 검사자는 아동이 듣고 바로 반응하지 않도록 주의시켜야 하며, 반드시 문장을 모두 듣고 반응해야 하는 것을 알려줘야 한다. 예를 들어 그림에 제시된 매트릭스(matrix) 문장검사에서는 목표문장이 '한 개의 빨간 자동차'이다. 따라서 목표단어는 '한 개, 빨간, 차'를 들었는지를 찾게 하는 방식이다. 이 방식은 그림 12-2 처럼 제한된 단서를 제공하고 있어 다소 평가가 쉬울 수 있다.

2×3 Matrix

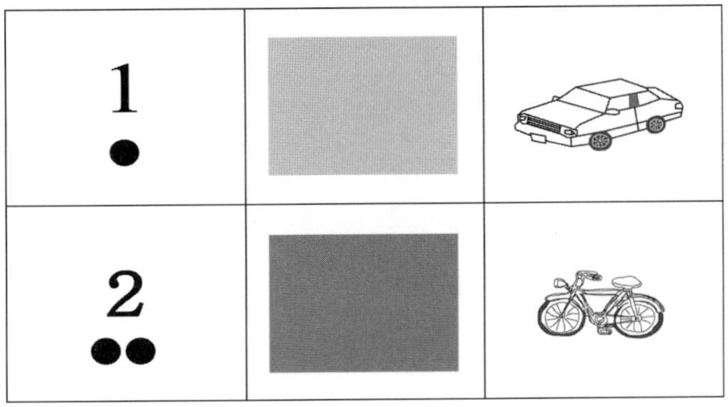

MATRIX-1

그림 12-2 Matrix식 문장검사
출처: 이상흔 등, 2003.

또 다른 검사방식은 단서 없는 개방형 질문으로 청각장애아가 문장을 듣고 그대로 따라 말하며 지각 정도를 평가하기도 한다.

이외에도 문장검사로는 국내 여러 센터에서 한국어로 번안하여 사용하는 CID(the Central Institute for the Deaf)검사와 HINT(Hearing In Noise Test)검사가 있다. CID검사는 일상적인 생활에서 자주 사용하는 문장을 개발하여 정리한 검사이며, HINT검사는 기존의 문장검사들과 달리 소음 속에서 소음 정도를 고려한 문장 말소리지각 정도를 평가하는 것이다. 실제로 청각장애아를 위한 검사 중에는 조용한 곳에서 말소리인지 정도를 평가하는 검사는 많이 개발되었으나 소음 속에서 말소리인지 정도를 평가하는 검사는 부족한 실정이다. 이에 최근 들어 일부 센터를 중심으로 이 검사들을 국내 실정에 맞게 표준화시키기 위해 연구·개발하고 있는 것으로 알고 있다.

5) 청각수행 능력검사

청각수행 능력검사(Categories of Auditory Performance: CAP, Archbold et al., 1995)는 청

각장애아가 보장구를 착용하여 소리를 듣고 행동으로 수행하는 능력을 평가한다. 이 검사는 크게 8단계로 나누어 평가한다. 자세한 항목은 표 12-3 과 같다.

표 12-3 청각수행 능력검사의 평가기준

점수	수행능력
0	환경음을 전혀 지각하지 못함
1	환경음을 지각함
2	말소리에 반응함
3	환경음을 인지함
4	적어도 2개의 말소리를 변별함
5	시각적 단서 없이(독화 없이) 관용구를 이해함
6	시각적 단서 없이(독화 없이) 친숙한 사람(가족)의 대화내용을 이해함
7	친숙한 사람(가족)과 전화통화가 가능함

청각수행 능력검사(categories of auditory performance score)는 말지각검사가 불가능한 아동을 대상으로 수행할 수 있으며, 부모 또는 교사의 관찰로 평가된다. 아동의 행동반응에 따라 평가되는 것이므로 검사자들의 주관에 의해 매우 다른 결과가 나타날 수 있으므로 주의해야 한다.

현재 국내에서 발행되어 시행되고 있는 말지각검사는 드물다. 시중에 사용하는 검사도구는 청각언어 재활을 위한 평가가이드(EARS-K, 이상흔 등, 2003)와 말지각발달검사(KNISE-DASP, 국립특수교육원, 2013) 등이지만, 실제로 현장에서는 언어치료사 및 교사와 같은 언어교육을 담당하는 전문가들이 만든 말지각검사도구들도 활용된다. 이 장에서 모든 말지각검사도구들을 제시하는 것은 어렵기 때문에 현재 국내에서 발행된 말지각검사 중심으로 간단하게 정리해 보고자 한다.

2. 말지각검사도구

1) 청각언어 재활을 위한 평가가이드

청각언어 재활을 위한 평가가이드(Evaluation of Auditory Response to Speech-Korea; EARS-K)는 오스트리아 MED-EL사가 연구·개발한 EARS(Evaluation of Auditory Response to Speech)의 한국판으로 청각장애아를 위한 말소리지각 평가도구이다. 말소리에 대한 청각적 반응능력에 대해 체계적이고 종합적인 평가가 가능하며 검사지침서와 검사지, 그림책으로 구성되어 있다. 이 평가가이드는 하위 언어 수준에 근거한 초분절적 특징과 환경음을 지각하는 정도에서부터 언어 하위 과제인 단어, 문장으로 구성되어 있고, 검사를 시행함에 있어 협조가 어려운 영유아를 위한 부모 및 교사 설문지로 구성되어 있다. 각 검사의 하위항목에 따른 검사대상자들의 연령은 모두 다르다. 이 검사지의 지침서에는 해당되는 아동의 연령이 제시되어 있으나 적절한 수준이 되지 못할 경우 하위 단계로 내려가서 시작해도 무관하다. 즉, 지침서에 제시된 연령은 그 연령 이상인 경우 검사가 가능할 수 있음을 제시하고 있다. 이를 참조하여 아동의 말지각 수준을 평가하여야 한다. 각 하위검사를 정리하면 표 12-4 와 같다.

표 12-4 EARS-K의 하위검사 및 내용

검사	내용
수준 : 하위 언어능력-환경음, 초분절적인 특성	
Lip	• 환경음이나 다양한 악기 소리를 지각하는 능력을 평가 • 부모나 보호자의 음성에 지각반응 평가 • 검사자가 직접 평가하거나 부모의 보고에 의한 평가가 가능함
MPT	• 음절 수가 다양한 단어로 구성되어 있음 • 다른 음절 수를 구별하여 지각능력을 평가 • 유사한 음절 수 정도로 난이도 조정 가능함

〈표 계속〉

검사	내용
수준 : 1음절 단어	
Closed-set Monosyllabic Words	• 1음절로 구성된 단어를 인지하는 정도 평가 • 실물이나 검사문항에 첨부된 그림책에 제시된 제한된 단서를 바탕으로 검사 시행
Open-set Monosyll-abic Words	• 1음절로 구성된 단어를 인지하는 정도 평가 • 제한된 단서를 제공하지 않고 청각장애아가 듣고 따라 말하여 반응 체크
수준 : 구, 문장	
Open-set Sentence Test	• 구와 문장으로 구성된 검사 • 검사의 목표어휘들을 그림으로 제시된 Matrix 행렬에서 순서대로 선택하는 방법 • 순차적인 청지각 기억능력이 요구됨
GASP	• 검사자의 질문으로 적절한 대답을 유도하여 평가하는 검사 • 개방형 질문이며 일상적인 생활에서 자주 말하는 질문들로 구성됨
Language-Specific Sentences	• 일상적인 생활 관련 문장을 듣고 따라 말하며 평가함 • 제한된 단서를 제공하지 않는 개방형 질문형식을 갖춤
설문지	
MAIS/MUSS 부모, 교사	• 부모와의 인터뷰를 통해 청각장애아의 청각적 수행능력과 의사소통 수행능력을 평가함 • 평가 시 부모가 아동에 대한 과대평가가 이루어지지 않도록 주의

표 12-4 에서와 같이, 이 평가가이드는 청각장애아가 말소리를 지각하는 단계를 체계적으로 분류하여 하위 검사항목을 제시하고 있다. 이것은 다양한 항목들의 어휘를 무작위로 제시하면서 학습효과를 줄이며 6~12개월 간격으로 아동의 말소리 지각능력 변화를 지속적으로 살펴볼 수 있다. 각 하위항목이 수행되는 말지각 수준은 표 12-5 와 같다.

표 12-5 EARS-K의 하위검사와 말소리지각 단계

구분	소음	음운	단어	구/문장	지시나 질문
감지	Lip	Ling 6 sounds			
변별		Lip	MPT		
확인			• MPT • Monosyllabic Words	• Close-set Sentence Test • Language-Specific Sentences	
이해				Language-Specific Sentences	GASP

표 12-5 는 각 검사결과에 따른 아동의 청능재활가이드를 제공해 준다. 이 말지각검사들은 청각장애아의 협조가 가능할 때 실시할 수 있다. 그러나 영유아나 중복장애를 가진 청각장애아는 검사 협조가 어려울 수 있으므로 부모와의 인터뷰를 통해 아동의 청각적 수행능력과 아동이 사용하는 의사소통 전략을 파악할 수 있다. 예를 들면 MAIS(Meaningful Auditory Integration Scale)검사는 청각장애아가 보장구를 착용하여 청각적 수행능력의 발달을 조사하기 위한 평가이며, MUSS(Meaningful Use of Speech Scale)검사는 청각장애아가 보장구를 착용하여 음성 조절 및 산출, 의사소통 전략 발달을 평가하는 것이다. 이 두 검사는 검사자가 부모나 교사와의 인터뷰형식으로 사례를 작성하여 평가하도록 개발된 검사이다. 또한 각 문항별 사례를 작성할 수 있도록 되어 있어 검사의 타당성과 신뢰성을 높일 수 있다.

2) 말지각 발달검사

말지각 발달검사(KNISE-DASP)는 청각언어 재활을 위한 평가가이드와 매우 유사한 것으로 볼 수 있다. 전체적인 하위검사 역시 어휘목록의 차이가 있을 뿐 전체 하위 검사항목을 구성하는 형식은 유사하다. 검사 하위항목과 내용은 다음 표 12-6 에 제시되어 있다.

●●● 표 12-6 말지각 발달검사의 하위검사와 말지각 발달 단계

검사도구	자극단위	말지각 발달 단계
Ling 6 sounds 검사, 자모음검사	음소	음소의 탐지(감지), 변별 및 확인
단어패턴 · 인지검사	단어	말소리의 패턴인지 불가능 ↓ 패턴인지 가능
단어인지검사	단어	몇몇의 단어인지 ↓ 지속적인 단어인지 ↓
문장인지검사, 문장이해검사, 문장기억 · 순서화검사	문장	문장 이해 ↓
이야기 이해검사	이야기	이야기 이해 ↓ 다양한 듣기상황에서의 말소리 이해

각 하위 검사항목별 제시되는 그림이나 단어, 문항으로 난이도가 조정되어 있으며, 청각장애아의 청능재활에 대한 교육목표 설정과 실행을 위한 기초정보로 제공하고자 말지각 발달검사를 실시할 수 있다.

확인학습

1. 청각장애아에게 말지각검사를 실시하는 이유에 대해 설명하시오.
2. 자음 말지각검사의 난이도를 고려하여 개발하는 방법을 설명하시오.
3. 청각장애영유아의 경우 말지각검사 시행이 어렵다. 이 경우에 평가할 수 있는 검사들을 적고 그 이유를 말하시오.

참고문헌

국립특수교육원 (2011). **말지각 발달검사도구(KNISE-DASP)**. 서울: 마인드프레스.

김수진 (2012). **교사와 부모를 위한 청각장애아동 교육**. 서울: 학지사.

이상흔, 박미혜, 허명진 (2003). **청각언어 재활을 위한 평가가이드(EARS-K)**. 서울: 청하출판사.

Archbold, S., Lutman, M, E., & Marshall, D. H. (1995). Categories of auditory performance. *Ann Otol Rhinol Laryngol Suppl, 166*, 312–314.

chapter

13 청능재활

집필자 : 김정규

청각장애아가 보청기나 인공와우와 같은 보장구를 착용한다고 모든 소리를 들을 수 있는 것은 아니다. 말소리를 이해하기 위해서는 보청기나 인공와우를 착용하고 소리에 계속적인 적응을 해나가야 한다. 이것을 청능재활이라고 한다. 청능재활은 청능 평가와 청능훈련, 보장구 적합을 포함한다. 앞장에서 청능 평가와 보장구에 대하여 언급하였으므로 이 장에서는 청능훈련에 대하여 자세히 알아보고자 한다.

1. 청능재활의 개념

청능재활은 청능 평가와 청능훈련, 보장구 적합 등의 영역을 포함한다. 즉, 청각장애아의 청력 및 청능을 정확히 평가하여 그에 적절한 청능훈련 프로그램 및 단계를 선정하고, 보장구 적합을 통하여 청능훈련의 효과를 향상시키는 일련의 과정을 청능재활이라고 할 수 있다. 청능 평가는 청능재활의 시작 단계에서 청능훈련의 목표와 방법을 선정하는 데 활용될 뿐만 아니라, 청능훈련의 적절성 및 향상 정도를 평가하는 역할을 하기 때문에 청능훈련 시작 전뿐만 아니라 후에도 실시되어야 한다. 또한 청능훈련은 잔존청력을 활용하여 원활한 의사소통을 위한 듣기 연습을 하는 것이므로 앞장에서 다룬 보장구의 활용 및 적합 정도 파악이 전제되어야 한다.

1) 청능재활의 정의

청능재활은 청각장애아가 보청기나 인공와우를 착용하여 자신이 가진 의사소통 능력을 증진시켜 가는 일련의 과정이다. 그러므로 청능(listening ability)의 향상을 위하여 보청기나 인공와우를 착용한 그 순간부터 청능재활은 시작된다. 청력이란 보청기나 인공와우와 같은 보장구를 착용하거나 착용하지 않은 상태에서 청각적 자극을 들을 수 있는 정도를 말하며 청력검사를 통하여 나오는 수치로 표현된다. 청력은 청능훈련이나 보장구의 활용 등 다양한 방법을 통해서는 좋아지거나 향상되기는 어렵다. 그에 반해 청능은 보장구를 활용하여 음향정보를 들을 수 있는 정도를 말하며 보청기나 인공와우를 통해 청각적 정보를 인식하고 반응하는 능력을 의미한다.

청능 평가를 통하여 청력손상 시기와 청각장애의 유형을 파악한 후 그에 적절한 청능훈련 방법을 선택하게 된다. 청능훈련 방법은 보장구의 착용 유무 및 유형, 음성의 이해능력에 따라 다양하게 적용할 수 있는데, 선천성 청각장애아의 경우 대부분 소리에 대한 이해방법을 강조하고, 중도 청각장애아에게는 듣기에 주의를 기울이는 방법이나 말소리를 배경잡음과 구별하는 훈련에 초점을 맞춰 시행되어야 한다. 청능훈련을 실시하면서 계획대로 진행되는지 또는 하나의 계획된 청능훈련 프로그램이 끝난 후 프로그램의 적절성과 아동의 변화 정도를 파악하기 위하여 청능 평가가 실시되며 청능 평가의 결과에 따라 청능훈련이 수정 · 계획 · 실시된다. 이렇듯 청능 평가와 청능훈련은 반복되어 진행되어야 한다. 그리고 청각장애아가 과제에 적절하게 보장구를 조절하며 익히는 것도 청능재활의 중요한 과제 중 하나이다.

2) 청능재활의 목적

청능재활의 목적은 청능훈련을 통하여 원활한 의사소통 능력을 향상시키는 데 있다. 한 번 손상된 청력은 회복될 수 없으나 청각적 능력(청능)은 향상될 수도 있다. 즉, 보장구의 착용효과, 청능훈련의 정도, 아동의 발달에 따라 청능은 변화할 수 있다.

2. 청능재활의 단계

청력검사를 통하여 청각장애아의 잔존청력 정도를 알게 되면 다음 단계로 이 잔존청력을 통해 말소리를 인지하는 정도를 파악해야 한다. 말소리인지 정도를 평가하기 위하여 다양한 말소리인지검사들이 존재하며 이것은 다른 장에서 자세히 다루고 있다. 이 말소리인지검사를 통해 알 수 있듯이 청각장애아의 말소리인지 단계가 말소리 듣기과제 속에서 초분절적 수준에 머물러 있는지, 분절 수준 혹은 대화 수준에 머물러 있는지에 따라 다양한 접근이 이루어지게 된다. 예를 들어 말지각검사에서 청각장애아가 초분절적 수준의 말소리를 확인하는 단계로 진단되었다면, 이 수준부터 청능훈련을 실시하면 된다. 말소리인지검사를 바탕으로 말소리의 듣기과제 수준과 인지 단계를 정확하게 파악한 후 5가지 청능훈련 단계에 근거하여 체계적인 재활훈련이 이루어져야 한다. 청능훈련은 듣기기술의 단계(audiology skill level), 자극요소(stimuli), 활동 유형(activity type), 난이도(difficulty level), 언어 하위과제 등의 5가지로 나누어 살펴볼 수 있다(Tye-Murray, 2004).

1) 듣기기술의 단계

청각장애아가 청각적인 정보를 최대한 활용하여 듣기능력을 촉진하기 위하여 다음의 4가지 듣기기술을 발달시켜야 한다. 말을 지각하는 단계는 감지-변별-확인-이해로 구성되며 이는 동시적 또는 순차적으로 발달한다.

(1) 감지

감지(detection)는 다양한 악기, 환경음 및 익숙한 말소리의 유무를 지각하여 반응하는 단계이다. 청력손실 시기, 잔존청력 등에 따라 소리의 감지과제는 차이가 날 수 있다. 예를 들면, 소리의 경험이 있는 후천적 또는 언어 습득 이후 청각장애아의 경우 소리의 유무에 적절한 반응을 하는 것이 쉬울 수 있지만 소리에 대한 경험이 없는 선천성 혹은 언어 습득 이전 청각장애아에게는 소리의 유무를 감지하고 그에 따른 반응을 하는 것이 매우 어려운 과제로 여겨질 수 있다. 그러나 소리의 유무를 아는 것은 청능훈련의 가장 기초적인 단계이다. 감지의 단계에서 유의할 점은 청각장애아에게 다양한 소리를 듣는 경험을 제공하는 것은 중요하지만 아동의 잔존청력에 근거하여 소리를 들려주어야 한다. 예를 들면 아동의 청력으로 들을 수 있는 소리는 소의 울음소리(125~3000Hz)와 같이 주파수가 낮은 소리인데도 불구하고 아동에게 고양이의 울음소리(1000~4000Hz)와 같은 주파수가 높은 소리를 계속해서 들려주는 것은 들을 수 없는 소리를 지속적으로 제공하면서 과제를 제시하는 것이기 때문에 아동에게 좌절감을 안겨줄 수 있다. 그러므로 교사는 아동의 보장구 착용역치에 대해 미리 알고 그에 맞는 소리자극을 제시하는 것이 필요하다.

청각장애아의 소리 감지를 위한 활동은 2가지로 나눌 수 있는데 조건화된 놀이반응(Conditioned Play Response; CPR)과 자발적인 소리반응(Spontaneous Alerting Response; SAR)이다. 조건화된 놀이반응(CPR)은 교사가 구조화된 환경 속에서 아동에게 소리자극을 제시하고 아동이 소리를 들으면 그에 알맞은 반응(공굴리기, 블록 끼우기 등)을 하도록 조건화하는 것을 말한다. 조건화된 반응을 유도하는 이유는 제시되는 과제에 대한 아동의 반응을 관찰하기 위함이다. 또한 아동의 참여동기를 증가시켜서 자연스럽게 활동에 참여하게 하는 것이 중요하다.

자발적인 소리반응(SAR)은 자연스러운 상황에서 청각적 자극이 제시되었을 때, 아동이 그에 적절한 반응(돌아보기, 행동 멈추기 등)을 하는 것을 말한다.

조건화된 놀이반응과 자발적인 소리반응의 순서가 정해져 있는 것은 아니므로, 아동의 상황에 적절한 반응방법을 선택하여 진행하는 것이 가장 중요하다.

(2) 변별

변별(discrimination)은 2가지 이상의 청각적 자극에 대하여 같고 다름을 지각하고 반응하는 능력이다. 아동은 소리마다 독특한 특징의 차이를 알고 그 차이를 학습한다. 변별훈련은 소리 차이가 많이 나는 청각적 자극에서 시작하여 점차 비슷한 청각적 자극을 구분하는 것으로 진행한다. 성인－아동 · 남－여 목소리의 차이, 북과 피리처럼 소리의 길이, 크기, 높이 차이를 변별하는 활동 등이 있다.

(3) 확인

확인(identification)은 제한된 단서 안에서 제시된 소리의 특징을 알고 학습하는 단계이다. 2가지의 청각적 자극을 변별하는 것이 익숙해지면 여러 가지 청각적 자극을 듣고 순서대로 배열하기, 동물 소리 · 의성어를 듣고 해당하는 동물이나 사물 찾기, 가족이나 가까운 사람의 이름을 듣고 그 사람 찾기 등이 이에 해당된다.

(4) 이해

이해(comprehension)는 제한되지 않은 상황에서 말의 의미를 아는 단계이다. 아동이 문장이나 이야기를 듣고 질문에 대답하기, 지시사항 따르기 또는 대화하기 등의 활동이 이에 해당된다.

2) 언어 하위과제

이상의 청능재활 단계에 근거하여 제시되는 언어 하위과제는 그림 13-1 과 같다. 2가지 이상의 소리에 대한 인식 및 변별을 바탕으로 하여 말소리를 듣고, 따라 말하기, 가리키기, 쓰기 등을 통해 명명할 수 있는 능력으로 초분절적 자질(suprasegmentals)과 분절적 자질(segmentals)로 나누어진다.

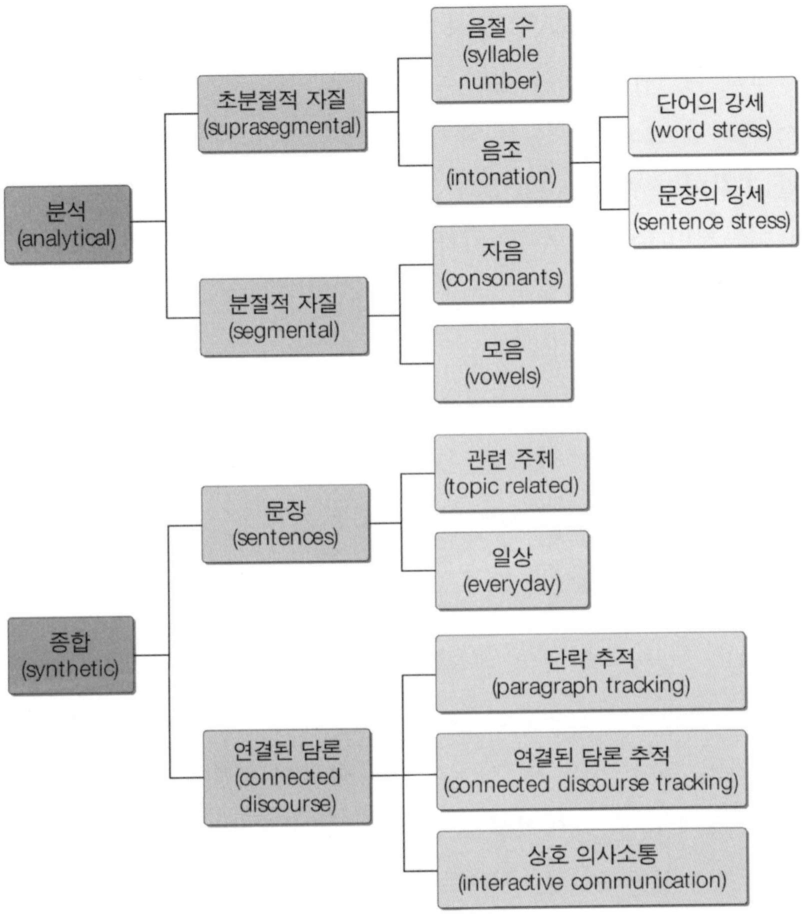

그림 13-1 언어 하위과제

(1) 초분절적 자질

초분절적 자질은 청각적 자극의 지속시간, 강도 등에 대한 정보로 시각적, 촉각적으로 알기 어려운 정보이지만 Ling(1989)에 따르면 대부분의 최고도 청각장애 아들도 초분절적 자질을 인식할 수도 있다고 한다. 초분절적 자질에는 음절 수, 음조, 강도, 음도 등이 포함된다. 이러한 초분절적인 자질은 구어의 확인 및 이해, 구어의 명료도를 향상시키기 위해서 매우 중요하다. 초분절적 자질에 대한 교육적 접근의 예를 살펴보면, 음절 수(syllable number)는 모방을 통해 연습하는 것이 가장 효과적이다. 교사가 청각적 자극만으로 1음절, 2음절의 패턴을 제시하기에 앞서 북이나 실로폰과 같은 악기를 활용하여 소리를 한 번 낼 때 한 번 울린 소리를 지각하여 이것을 1음절과 연결시키고, 이와 유사한 방법으로 2음절을 지도하여 기본적인 소리의 수를 지각시키는 것이다. 이러한 과정 후에 각 음절 패턴을 교사가 제시하여 아동이 모방하게 한다. 모방을 통해 소리지각이 이루어진다면 두 소리의 차이를 지각하는 변별 단계, 확인 단계 등으로 전이시켜야 할 것이다. 음조(intonation)에 대한 개념은 청각장애아에게 지각시키기 매우 어려운 과제이다. 따라서 시각적인 정보를 통해 함께 활용한다면 매우 효과적으로 지도가 가능하다.

(2) 분절적 자질

분절적 자질은 자음/모음으로 분류 가능한 의미의 최소단위로 초분절적 자질보다 청각적인 집중력이 요구된다. 예를 들면 여러 가지 청각적 자극을 듣고 순서대로 배열하기 등이 있다. 이 단계에서는 아동의 흥미나 연령, 주파수별 청력 정도, 어휘력 등에 따른 개인차를 고려하여 각 아동에게 알맞게 실시하여야 한다. 그러므로 교육현장에서는 아동에게 이 단계를 체계적으로 접근하지 않는다. 이것은 문자 습득과 유사한 개념으로 이해하면 된다. 아동은 성인과 달리 대뇌에 구축된 언어 범주가 없기 때문에 아동이 들은 단어를 그대로 받아들이게 되는 반면에, 성인의 경우에는 이러한 음소 간 차이를 지각하여 체계적인 접근이 요구되는 것이다.

3) 자극요소

듣기기술의 단계에서 각 단계의 청각적 자극 제시방법을 결정하여야 한다. 자극 제시방법은 크게 청각적 자극 제시방법(AO), 시각적 자극 제시방법(VO), 청각

– 시각적 자극 제시방법(AV) 등 3가지로 나눌 수 있다.

AO(Auditory Only)방법은 시각적 단서를 제시하지 않고 청각적인 단서만 제시하는 방법이다. 예를 들어 아동과 교사가 마주 앉아 2~3가지 탈것 그림카드를 제시한 후 육성 또는 녹음자료로 '빵빵' 소리를 들려주면 아동이 자동차 그림카드를 찾는다. 이때, 아동은 교사의 얼굴을 보지 않아야 하며 오직 소리만 듣고 반응해야 한다.

VO(Visual Only)방법은 청각적인 단서를 배제하고 시각적인 단서만을 제시하는 방법으로 예를 들면, 아동과 교사가 마주 앉은 후 자동차가 그려진 카드를 아동에게 제시하면 아동이 같은 그림카드를 찾고 '빵빵' 또는 '차'라고 대답한다. 이때, 아동은 교사의 얼굴을 보며 말소리를 지각할 수 있도록 한다. 교사의 안면근육 움직임이나 얼굴 표정이 단서가 되기도 한다.

AV(Auditory Visual)방법은 청각적인 단서와 시각적인 단서를 함께 제시하는 방법으로 교사의 육성 또는 녹음자료로 '빵빵'이라는 소리와 함께 자동차 그림카드를 제시하면 아동이 '빵빵' 또는 '차(자동차)'라고 말하며 그림카드를 찾는다. AV는 위의 AO와 VO를 모두 함께 시행하는 것이다.

일반적으로 교사는 AV방법에서 시작하여 점차 AO방법으로 진행해 간다. 즉, 시각적 단서를 차츰 제거해 가면서 청각장애아가 일반적인 의사소통 상황에 적응할 수 있도록 청능훈련을 진행한다.

4) 활동 유형

소리자극을 제시하기 위해서는 활동의 유형을 선정하여야 한다. 활동 유형은 크게 형식적(formal) 활동과 비형식적(informal) 활동으로 나누어진다. 가장 이상적인 청능훈련은 형식적인 활동과 비형식적인 활동이 유기적으로 연관되어 이루어지는 것이다.

●●● 표 13-1 활동 유형에 따른 특성

구분	형식적 활동	비형식적 활동
정의	정해진 시간에 일대일 또는 소그룹으로 이루어지는 활동이다.	일상생활 속의 자연스러운 의사소통 환경에서 이루어지는 활동이다.
구성	학생의 나이, 성별, 언어능력, 일상경험에 적합한 활동으로 구성된다.	상황적 맥락이 충분한 일상생활 속에서 구성된다.
장점	• 활동은 구조화되어 있고 반복 연습을 수반한다. • 과제를 수행함으로써 나이, 성별, 흥미 등에 적합한 강화가 이루어진다.	• 대화에 참여할 수 있다는 자신감을 높여줄 수 있으며, 청각활용 동기를 증가시켜 줄 수 있다. • 학교공부 등과 같은 활동 속에 통합되어 수행된다.
대상	아동, 성인	유아, 저연령아동

5) 난이도

듣기기술의 각 단계에서 대상아동의 청각 수준에 따라 활동에 대한 난이도를 결정한다. 청능훈련의 난이도는 다음 표 13-2 와 같이 다양하게 조절할 수 있다.

●●● 표 13-2 청능훈련의 난이도

난이도 낮음	구분	난이도 높음
폐쇄형	자극상황	개방형
단어	자극단위	문장
다름	자극의 유사성	유사
연관성 높음	상황적 맥락	연관성 낮음
구조화된 환경	환경	일상적인 환경
좋음	청취 조건	나쁨

출처: Tye-Murray, 1998.

청능훈련 시 듣기과제는 쉬운 자극에서 시작하여 점점 더 어려운 자극으로 제시하여야 한다. 즉, 단서를 제공할 경우 아동이 대답해야 하는 상황을 단서가 구체적으로 제시되는 폐쇄형(closed set)이나 제한형(limited set)에서 단서가 제시되지 않는 개방형(open set)으로 점차적으로 변화를 주어야 한다. 듣기자극의 단위에서는 아동이 청각적 단서가 긴 문장을 듣고 대답하는 것보다 청각적 단서가 짧은 단어나 짧은 구를 듣고 대답하기가 훨씬 수월할 수 있으므로 단어-짧은 구-문장 순으로 자극단위를 제시하여 과제의 난이도를 높인다. 이때 단어들 역시 음소의 음향적 차이가 많이 나는 단어에서 점차 음향적 차이가 없는 단어로 청각적 자극을 제시한다. 영유아는 주의력이 짧아 청각적 자극을 듣기단서로만 제시하기보다는 상황적 맥락을 통해 예측할 수 있는 자극단서를 제공해 줌으로써 청능훈련을 통한 사물 인식이 비교적 쉽게 된다. 이러한 상황적 맥락으로는 학교현장체험학습 등이 될 수 있다.

초기 청능훈련은 구조화된 환경에서 실시하여 청각적 자극에 대한 인식과 반응방법을 익힌 후 자연스럽고 일상적인 환경으로 전이하여 청각적 자극을 인식하거나 처리하도록 하는 방법을 활용한다. 일반적으로 소음의 정도, 화자와의 거리 등에 따라 청취 정도가 달라질 수 있으므로 청취 조건에 대해서도 고려하여 청능훈련을 진행한다. 대체로 아동의 정반응이 50% 이하이면 난이도를 하향 조정해 주고 80% 이상의 정반응을 나타낼 때는 난이도를 상향 조정하여 진행한다.

3. 청능훈련 프로그램

1) SPICE

SPICE(Speech Perception Instructional Curriculum and Evaluation)는 Moog, Biedenstein과 Davidson(1995)에 의해 청각장애아의 듣기기술을 발달시키기 위한 지침서로 개발되었으며, 청각장애아의 현재 수준을 평가하는 도구일 뿐만 아니라 개별화교육계획에 명시된 교육목표를 달성하기 위한 프로그램을 진행하는 데 도움을 준다. 이 프로그램은 생활에 유용한 의사소통 상황으로의 전이를 돕고, 계속되는 수업의 목표와 각 목표에 대한 다양한 활동을 제안한다. 보청기 또는 인공와우기기를 착용한 3~12세 아동에게 주로 사용이 되며 아동의 언어능력 정도에 관계없이 적용할 수 있다. SPICE는 프로그램을 진행하는 교사 또는 치료사에게 먼저 동기를 부여하는 것이 중요하다. 교사 또는 치료사가 프로그램을 진행하는 데 있어 어떠한 상황(set)을 원하며 교수계획의 지침과 교수자료를 필요로 하는지를 파악하여 제공하는 것이 중요하다. 또한 교육목표 및 교육활동을 선택할 때 아동의 언어능력뿐만 아니라 구어지각능력이 모두 고려되어야 한다. 이 프로그램의 최종 목표는 청각장애아가 일상생활에서 다른 사람들과 의사소통함에 있어서 그 기술을 이용하여 연결된 구어는 그 목록의 활동을 통해 수업 중에 배운 기술을 자연스러운 상황으로 전이하도록 돕는 데 있다.

SPICE는 감지(detection), 초분절적 지각(suprasegmental perception), 모음과 자음(vowels and consonants)지각, 연결된 구어(connected speech)지각 등 4개의 범주로 구성되어 있다.

(1) 감지

감지는 듣기의 첫 단계로, 다양한 말소리자극에 대해 주의하여 듣고 일관된 반응을 나타내도록 훈련하는 단계로 자세한 내용은 표 13-3 과 같다.

표 13-3 감지의 목적

목적		목표	
목적 I	아동은 구어를 감지한다.	목표 1	아동은 어음을 감지한다.
		목표 2	아동은 자신의 이름을 감지한다.
		목표 3	아동은 6음을 감지한다(m, ah, ee, oo, ss, sh).
목적 II	아동은 구어의 시작과 끝을 감지한다.	목표 1	아동은 이어진 모음이나 마찰음의 시작과 끝을 감지한다(에-, 쉬- 등).
		목표 2	아동은 반복적인 음절의 시작과 끝을 감지한다(무무무무, 새새새새 등).
		목표 3	아동은 이어지는 구어의 시작과 끝을 감지한다(동요, 이야기책 등).

감지는 구어에 대한 인식을 나타내는 단계이며, 일반적으로 사람 부르는 소리 또는 문맥내용을 파악하기보다 문맥이 시작되고 끝남을 인식하는 것으로 구어

에 대한 반응을 말한다. 아동은 어음 사이의 변별이 이루어지기 전에 먼저 일관성 있게 구어에 반응하여야 한다.

(2) 초분절적 지각

초분절적 지각의 목표는 다양한 목표들이 병행하여 나타나며 자세한 내용은 표 13-4 와 같다.

표 13-4 초분절적 지각의 목적

<table>
<tr><td rowspan="5">목적 Ⅰ</td><td rowspan="5">아동은 지속, 강세, 억양이 다른 두 자극을 변별한다.</td><td>목표 1</td><td>아동은 긴 연속과 짧은 불연속자극 사이에서 변별한다.</td></tr>
<tr><td>목표 2</td><td>아동은 긴 연속과 간헐적 자극 사이에서 변별한다.</td></tr>
<tr><td>목표 3</td><td>아동은 문장과 단어나 구 사이에서 변별한다.</td></tr>
<tr><td>목표 4</td><td>아동은 다양한 음절에서 두 단어 사이를 변별한다.</td></tr>
<tr><td>목표 5</td><td>아동은 2개의 노래나 동요 사이를 변별한다.</td></tr>
<tr><td rowspan="5">목적 Ⅱ</td><td rowspan="5">아동은 지속, 강세, 억양이 다른 세 자극을 인식한다.</td><td>목표 1</td><td>아동은 연속, 불연속, 간헐적 자극 사이에서 인식한다.</td></tr>
<tr><td>목표 2</td><td>아동은 단어, 구, 문장 사이에서 인식한다.</td></tr>
<tr><td>목표 3</td><td>아동은 3개의 set에서 지속, 강세, 억양이 다른 문장을 인식한다.</td></tr>
<tr><td>목표 4</td><td>아동은 음절의 수가 다른 세 단어 사이를 인식한다.</td></tr>
<tr><td>목표 5</td><td>아동은 3개의 노래나 동요에서 인식한다.</td></tr>
<tr><td rowspan="2">목적 Ⅲ</td><td rowspan="2">아동은 지속, 강세, 억양이 다른 4개 자극에서 인식한다.</td><td>목표 1</td><td>아동은 4가지 set에서 음절에서 강세의 수가 다른 단어들을 인식한다.</td></tr>
<tr><td>목표 2</td><td>아동은 4가지 노래나 동요에서 인식한다.</td></tr>
<tr><td rowspan="3">목적 Ⅳ</td><td rowspan="3">아동은 비슷한 지속을 가진 그러나 강세와 억양은 다른 단어를 변별한다.</td><td>목표 1</td><td>아동은 지속시간은 같으나 강세와 억양은 다른 두 문장에서 변별한다.</td></tr>
<tr><td>목표 2</td><td>아동은 지속은 같으나 강세는 다른 두 단어에서 변별한다.</td></tr>
<tr><td>목표 3</td><td>아동은 지속은 같으나 강세와 억양이 다른 세 문장에서 변별한다.</td></tr>
<tr><td rowspan="3">목적 Ⅴ</td><td rowspan="3">아동은 다른 문장 속에서 핵심단어의 지속을 인식한다.</td><td>목표 1</td><td>아동은 문장 끝에 다른 단어가 있을 때 한 핵심단어가 다른 문장을 인식한다.</td></tr>
<tr><td>목표 2</td><td>아동은 문장 중간에 다른 단어가 있을 때 한 핵심단어가 다른 문장을 인식한다.</td></tr>
<tr><td>목표 3</td><td>아동은 두 핵심단어가 다른 문장을 인식한다.</td></tr>
</table>

초분절적 부분은 패턴에 의해 아동이 어음을 구별하는 기술을 목록화한 것이다. 자극은 지속, 강세, 억양 또는 이 모든 것의 조화에 의해 서로 다르게 나타난다. 실행 시 난이도는 지속, 강세, 억양 등의 차이가 클수록 아동이 더 쉽게 변별할 수 있다.

(3) 모음과 자음지각

지속, 강세, 억양은 모두 같고, 모음 또는 자음만 다른 자극을 제공하여 변별하는 단계로 자세한 내용은 표 13-5 와 같다.

표 13-5 모음과 자음지각의 목적

<table>
<tr><td rowspan="3">목적 I</td><td rowspan="3">아동은 6가지 음들, 즉 m, ah, ee, oo, ss, sh에서 인식한다.</td><td>목표 1</td><td>아동은 어떠한 두 음 사이에서도 인식한다.</td></tr>
<tr><td>목표 2</td><td>아동은 어떠한 4가지 음 사이에서도 인식한다.</td></tr>
<tr><td>목표 3</td><td>아동은 6가지 음에서 인식한다.</td></tr>
<tr><td rowspan="3">목적 II</td><td rowspan="3">아동은 지속은 유사하고 모음과 자음이 다른 단어를 인식한다.</td><td>목표 1</td><td>아동은 지속은 유사하나 자음과 모음이 다른 단어를 인식한다.</td></tr>
<tr><td>목표 2</td><td>아동은 지속은 유사하나 자음과 모음이 다른 4단어에서 인식한다.</td></tr>
<tr><td>목표 3</td><td>아동은 지속은 유사하나 자음과 모음이 다른 8단어에서 인식한다.</td></tr>
<tr><td rowspan="2">목적 III</td><td rowspan="2">아동은 같은 자음과 다른 모음을 가진 단음절을 인식한다.</td><td>목표 1</td><td>아동은 같은 자음과 다른 모음을 가진 2개의 단음절에서 인식한다.</td></tr>
<tr><td>목표 2</td><td>아동은 같은 자음과 다른 모음을 가진 4개의 단어에서 인식한다.</td></tr>
<tr><td rowspan="3">목적 IV</td><td rowspan="3">아동은 모음은 같으나 다른 자음을 가진 단음절에서 인식한다.</td><td>목표 1</td><td>아동은 모음은 같으나 자음은 다른 2개 단음절에서 변별한다.</td></tr>
<tr><td>목표 2</td><td>아동은 모음은 같으나 자음은 다른 4개 단음절에서 인식한다.</td></tr>
<tr><td>목표 3</td><td>아동은 모음은 같으나 자음은 다른 6개 단음절에서 인식한다.</td></tr>
</table>

아동이 단어 인식 과업의 약 반 정도를 성취하면 연결된 구어를 시작한다. 일반적으로 아동이 6~8개 단어를 set한 상황에서 청각적으로 단어를 인식할 수

있으면 연결된 구어 단계를 시작할 수 있다. 최고도 청각장애아의 경우 초분절적 지각 단계와 병행하여 실시하도록 한다.

(4) 연결된 구어지각

독립된 하나의 단어에 대한 지식이 아닌 구와 문장의 문맥에서의 단어에 대한 지각이 이루어지는 단계로 자세한 내용은 표 13-6 과 같다.

표 13-6 연결된 구어지각의 목적

목적	내용	목표	세부 내용
목적 I	아동은 문맥에서 핵심단어를 인식한다.	목표 1	아동은 문장 끝에 있는 하나의 핵심단어를 인식한다.
		목표 2	아동은 문장 중간에 있는 하나의 핵심단어를 인식한다.
		목표 3	아동은 문장에서 2개의 핵심단어를 인식한다.
목적 II	아동은 실행된 문장을 인식하고 반복한다.	목표 1	아동은 정확하게 인식한다.
		목표 2	아동은 반복한다.
목적 III	아동은 그림, 문맥을 사용하여 이야기한다.	목표 1	아동은 정확하게 반응한다.
		목표 2	아동은 반복한다.
목적 IV	아동은 친근한 논재에 대해 토의한다.	목표 1	아동은 질문한다.
		목표 2	아동은 대화한다.
목적 V	아동은 연결된 이야기를 그대로 반복한다.	목표 1	아동은 반복한다.
		목표 2	아동은 질문에 대답한다.

연결된 구어의 기술은 문맥 내에서 주로 하나 또는 2개의 핵심단어에 의존하여 아동이 문장을 인식하도록 요구하는 것에서 시작하여 그림 또는 익숙한 논쟁에 대한 이해와 대화 후 이야기 문맥에서 연결된 문장을 모방하고 이해할 수 있는 단계로 진행된다. 모음과 자음지각 단계가 50% 이상 가능하면 연결된 구어지각 단계를 병행하여 실시할 수 있다.

2) SKI-HI

SKI-HI(Sensory Kids Impaired-Home Intervention, 1993)는 청각장애아의 발달 단계에 맞추어, 청각장애아와 그들의 가족을 위한 가정-중재치료 프로그램으로 Utah주립대학에서 개발하였다.

치료 단계는 언어(language)와 말(speech)자극의 연계성을 고려한 4단계의 11개 기술, 20개의 하위주제로 구성되어 있으며 아동의 능력과 특성에 따라 단계를 조절하여 적용할 수 있다. 1단계는 소리에 주의 집중하기, 기초 발성하며 듣기, 2단계는 주변의 소리와 말소리의 차이 알기, 음원 찾기, 조절하여 발성하기, 3단계는 음원의 거리와 위치 바꿔 듣기, 모음과 자음 발성하기, 4단계는 환경음의 변별과 이해하기, 음성의 변별과 이해하기, 말소리의 변별과 이해하기, 모방 및 대화하기이다. 다음 그림 13-2 는 SKI-HI의 단계와 목표를 도식화한 것이다.

SKI-HI 프로그램의 목적은 청각장애아의 의사소통, 청각, 인지, 언어발달을 촉진하기 위한 가정 중심 프로그램으로, 대상별 목적은 다음 표 13-7 과 같다.

표 13-7 SKI-HI의 대상별 목적

아동	부모
• 가정에서 의미 있게 의사소통하기 • 잔존청력 활용하기 • 의사소통 방법 개발하기 • 최적의 수용 · 표현언어 레벨 개발하기 • 최대증폭으로 제공받기 • 학교 입학 준비하기	• 아동과 따뜻하고 적극적인 관계 가지기 • 상호작용하는 가정환경 제공하기 • 아동의 보장구 관리방법 알기 • 아동의 잔존청력 사용을 돕기 • 의사소통-언어, 인지자극 제공하기

SKI-HI 프로그램은 부모와 아동 간의 효과적인 상호작용을 촉진하는 데 중점을 둔 프로그램이다. 아동과의 상호작용을 촉진하기 위해서는 통제적이지 않은 상황에서 비지시적인 언어자극을 제공하여야 한다. 또한 단계가 나누어져 있으나 단계보다 중요한 것은 아동의 특성과 능력이다. 그러므로 아동의 상황에 적절하게 단계를 조정하여 활용하도록 한다.

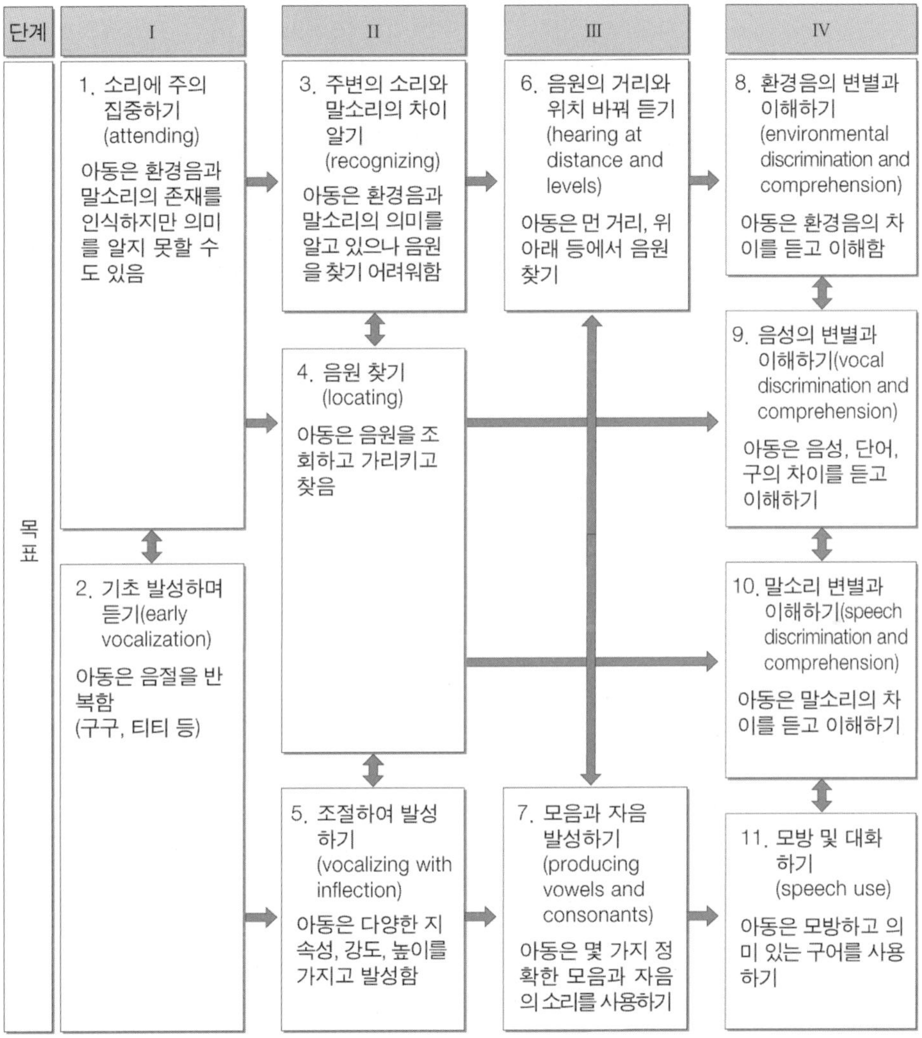

그림 13-2 SKI-HI의 단계 및 목표

출처: Watkins & Clark, 1993.

3) 말소리 청능훈련 프로그램

말소리 청능훈련 프로그램은 청각장애아의 환경음 변별, 단어인지 등의 청능훈련을 위하여 국립특수교육원(www.eduable.net)에서 제공하는 프로그램이다.

그림 13-3 말소리 청능훈련 프로그램

출처: 국립특수교육원(www.eduable.net)

주제는 크게 즐거운 학교, 나와 가족, 우리 동네, 우리나라 · 세계나라, 사계절로 구성되어 있으며, 주제마다 소주제로 나누어져 있다. 각각의 소주제는 환경

표 13-8 말소리 청능훈련의 주제

대주제	소주제	동요
즐거운 학교	• 재미있는 교실수업 • 즐거운 점심시간 • 신 나는 운동장	• 꼭꼭 약속해 • 손 씻기 송 • 밖으로 나가 놀자
나와 가족	• 소중한 나의 몸 • 사랑하는 가족들 • 행복한 우리 집	• 이 닦고 세수하고 • 내 동생 • 행복한 우리 집
우리 동네	• 미용실 • 병원 • 슈퍼	• 거울 • 병원 놀이 • 시장 놀이
우리나라 · 세계나라	• 우리나라를 나타내는 것 • 우리나라의 민속놀이 • 세계 여러 나라 • 여행을 가요	• 아리랑 아라리요 • 송편 • 세계의 인사 • 기차
사계절	• 봄 • 여름 • 가을 • 겨울	• 씨앗 • 여름 냇가 • 가을길 • 겨울바람

음, 단어, 문장, 대화로 구분되어 있고 각각의 주제에 적절한 동요도 제시되어 있어 하나의 주제로 다양한 활동을 진행할 수 있어서 아동의 흥미를 유도할 수 있다(표 13-8).

그러나 실물사진이 아닌 단순화된 그림으로 구성되어 있어 현실감이 다소 낮으며, 제시되는 단어의 수가 많으므로, 프로그램을 활용할 때 대상 청각장애아의 생활 연령보다는 언어 연령에 맞추어 활동을 선택하여 부모님과 함께 활용하는 것이 프로그램의 효과를 높일 수 있다.

확인학습

1. 청력과 청능의 차이점에 대하여 논하시오.
2. 청능훈련의 듣기기술의 단계에 대해 이야기하시오.
3. 청능훈련의 단계를 약술하시오.
4. 청능훈련의 난이도를 조절할 수 있는 방법에 대하여 논하시오.
5. 청능훈련의 프로그램의 종류와 활용방법에 대하여 약술하시오.

참고문헌

Erber, N. P. (1979). Speech perception by profoundly hearing-impaired children. *Journal of Speech and Hearing Disorders, 122,* 255–270.

Erber, N. P. (1982). *Auditory training*. Washington, D.C.: Alexander Graham Bell Association for the Deaf.

Ling, D. (1989). *Foundations of spoken language for hearing-impaired children*. Washington, D.C.: Alexander Graham Bell Association for the Deaf.

Ling, D., & Ling, A. (1978). *Aural rehabilitation*. Washington, D.C.: Alexander Graham Bell Association for the Deaf.

Moog, J. S., Biedenstein, J. J., & Davidson, L. S. (1995). *SPICE: Speech Perception Instructional Curriculum and Evaluation*. St. Louis, MO: Central Institute for the Deaf.

Sanders, N. (1993). *Management of hearing handicap* (3rd ed.). Englewood Cliffs, NJ: Prentice-Hall.

Stout, G., & Windle, J. (1992). *Developmental approach to successful listening II*. Englewood, CO: Resource Point.

Tye-Murray, N. (2004). *Foundations of aural rehabilitation: Children, adults, and their family members* (2nd ed.). New York: Singular.

Watkins, S., & Clark, T. C. (1993). *SKI-HI resource manual: Family-centered, home-based programming for infants, toddlers, and preschool-aged children with hearing impairment*. Logan, UT: HOPE, Inc.

chapter

14 청각장애아의 의사소통 교육

집필자 : 박찬희

일상생활에서 의사소통은 상대방과의 원활한 정보 교환에 중요한 역할을 한다. 그러나 제한된 청각적 피드백을 가진 청각장애아는 건청아에 비해 언어 및 의사소통 활용능력에 부정적인 영향을 받는다. 따라서 이 장에서는 청각장애아의 효과적인 의사소통 증진을 위한 교육적 접근방법에 대하여 살펴보고자 한다.

1. 의사소통 교육

청각장애아는 청력손실로 인하여 건청인과 같이 자연스러운 언어발달에 따른 의사소통 능력을 습득하기가 어렵다. 그러므로 조기에 적절한 보장구의 착용과 언어발달에 근거한 다양한 언어지도가 이루어져야 한다. 기본적인 의사소통장애에 대하여 살펴보고, 의사소통장애의 정의, 분류 및 원인에 대하여 알아보고자 한다.

1) 의사소통장애의 정의

의사소통은 일상적인 상황에서 서로 간의 생각, 느낌, 정보를 상대방에게 전달하고 교환하는 과정으로 이루어진다. 우리는 이것을 언어연쇄(speech chain)라고 하는데, 언어연쇄는 청자와 화자로 구성되며 상호 간의 생각을 교환하는 과정을 그림 14-1 처럼 도식화하여 설명하였다. 또한 Denes(1993)는 화자의 뇌와 청자의 뇌를 연결시키는 일련의 사건으로 구성된다고 언어연쇄를 정의하였으며, 언어연쇄를 살펴보면 그림 14-1 과 같다(고도흥 외, 1999).

그림 14-1 에서 볼 수 있듯이, 화자는 자신의 생각을 대뇌에서 언어기호로 구성한 후 호흡, 발성, 조음과 같은 생리적 기관을 통하여 말소리를 산출하고, 청자는 자신의 귀를 통해 대뇌로 정보를 받아 이해하게 된다. 정보를 이해한 청자는 다시 화자의 입장에서 언어연쇄와 동일한 일련의 과정들을 표현하게 되며, 청자

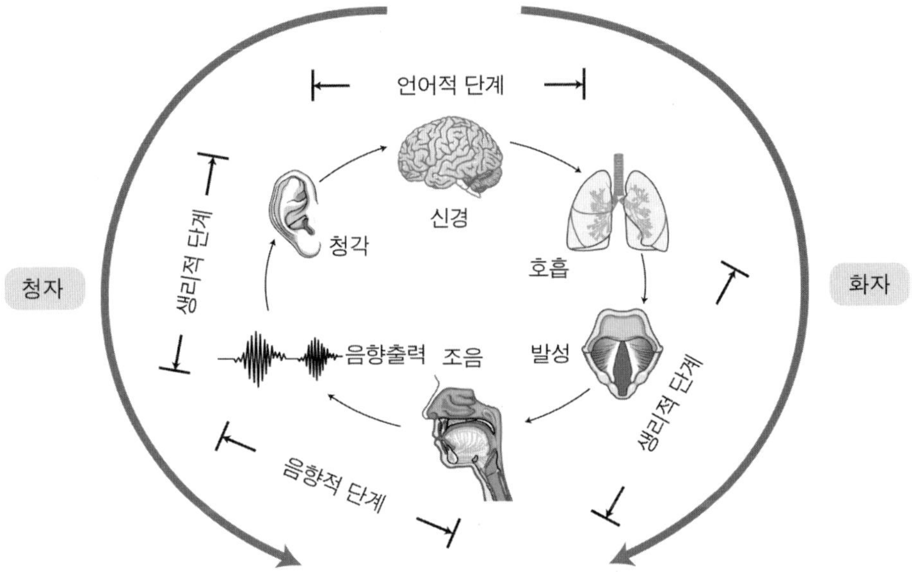

그림 14-1 언어연쇄

와 화자의 역할이 바뀌면서 언어연쇄가 일어난다. 그러나 이러한 과정에서 어느 한 영역에서라도 문제가 발생하게 되면 의사소통장애(communication disorder)를 유발하게 된다.

의사소통을 구성하는 요소들에 대한 설명은 학자에 따라 다양한 견해를 나타낸다. 일반적으로 구성요소에는 화자, 청자, 정보, 매체, 피드백, 상황, 효과 등이 포함되며 성공적인 의사소통을 위해서는 여러 요소들 간의 유기적 결합이 매우 중요하다.

의사소통을 전달하는 방식으로는 언어적 방법과 비언어적 방법을 활용한다. 언어적 의사소통 방법은 말(speech)이나 언어(language)를 사용하여 자신의 정보를 전달하는 것이며, 비언어적 의사소통 방법은 신체, 음성, 환경 등을 활용하여 언어적 의사소통만으로는 표현하기 힘든 정보를 전달하는 방법이다.

개정된 장애인 등에 대한 특수교육법(2008)상에 제시된 의사소통장애를 살펴보면 표 14-1 과 같다.

표 14-1 의사소통장애를 지닌 특수교육대상자

다음 각 목의 어느 하나에 해당하여 특별한 교육적 조치가 필요한 사람 1. 언어의 수용 및 표현능력이 인지능력에 비하여 현저하게 부족한 사람 2. 조음능력이 현저히 부족하여 의사소통이 어려운 사람 3. 말 유창성이 현저히 부족하여 의사소통이 어려운 사람 4. 기능적 음성장애가 있어 의사소통이 어려운 사람

출처: 장애인 등에 대한 특수교육법, 2008.

특수교육대상자의 선정기준과 관련된 시행령과 기존의 특수교육진흥법을 비교해보면, 선정기준의 완화로 인하여 '언어장애'라는 용어가 '의사소통장애'로 변경되었다(고은, 2013). 이는 특수교육대상자의 교육 및 관련 서비스의 지원 확대를 의미하는 것으로 볼 수 있다.

2) 의사소통장애의 분류 및 원인

의사소통장애에 대한 분류는 증상을 중심으로 하여 그림 14-2 와 같이 나누어진다.

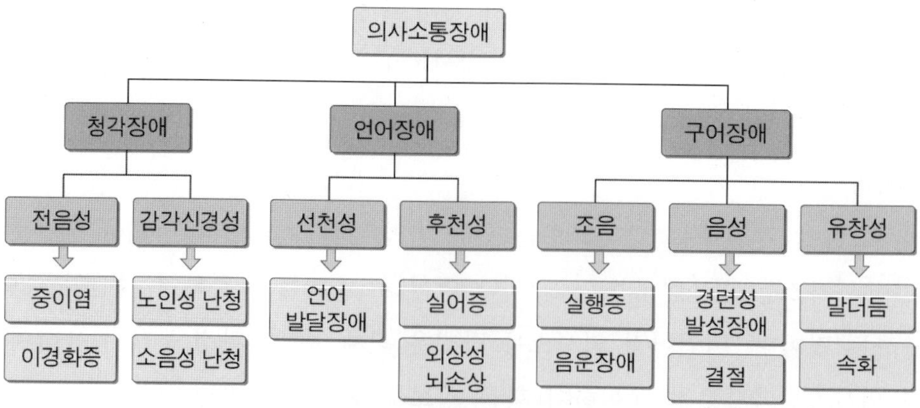

그림 14-2 의사소통장애의 분류

출처: Plante & Beeson, 1999에서 재인용.

의사소통장애는 크게 청각장애, 언어장애, 구어장애로 구분된다. 언어장애는 선천성과 후천성으로 구분되며 언어발달장애, 실어증, 외상성 뇌손상 등과 같은 기호장애를 의미한다. 그리고 구어장애에는 조음, 음성, 유창성의 음향음성학적 장애가 포함된다. 청각장애는 그림 14-2 에서 볼 수 있듯이 언어장애와 구어장애가 구분되어 있으며 언어를 구성하는 기호적 문제와 음향음성학적인 산출의 문제를 동반하고 있음을 알 수 있다. 각각의 의사소통장애의 특징을 살펴보면 다음과 같다.

(1) 청각장애

① 전음성 난청

청각장애는 청력손실의 결과 자신의 의사소통 능력을 지각하는 것이 힘들기 때문에 말과 언어에 심각한 영향을 미치는 주요 요인으로 작용한다. 전음성 난청은 중이염, 이경화증, 고막 천공 등의 원인으로 발생되며 소리를 전달하는 외이, 중이 등의 문제로 인하여 음파의 진동이 내이로 원활히 전달되지 못할 때 발생된다.

② 감각신경성 난청

감각신경성 난청은 미숙아 또는 어셔증후군(Usher syndrome)과 같은 유전성 질환이나 노인성·소음성 난청 등과 같은 후천적 원인으로 유발될 수 있다. 청신경, 중추신경계 등의 이상으로 소리의 감지에 어려움을 나타내며 특히, 고주파수 영역이 손상되어 의사소통 시 여러 번 다시 되묻는 특징을 보이기도 한다.

(2) 언어장애

① 선천성 언어장애

언어발달장애는 유전적 요인이나, 생리적 요인, 심리·정서적 요인으로 인하여 발생된다. 발달 과정에서 수용언어와 표현언어의 습득이 또래의 다른 아이들에 비해 느린 특성을 보인다. 성장하면서는 언어적 문제뿐만 아니라 나아가 학습능력, 사회성 등에 어려움을 느끼기도 하므로 적절한 환경적 자극을 제공하여 많은 경험의 기회를 가지도록 하는 것이 좋다. 이에 비해 단순언어장애는 청력, 지능, 사회성 및 조음기관의 이상 없이 언어 습득능력에만 지연을 나타내는 장애이다. 그러므로 청각장애, 뇌성마비, 지적장애 등의 문제로 인한 언어 습득에 어려움을 가지는 문제는 단순언어장애에 속하지 않는다.

② 후천성 언어장애

후천성 언어장애에는 실어증과 외상성 뇌손상 등이 있다. 실어증은 손상부위에 따라 브로카, 베르니케, 전도성 실어증 등과 같이 다양하게 분류되며 의사소통 시 실어증의 유형에 따라 말하기, 읽기, 쓰기, 듣고 이해하기, 따라 말하기 등의 어려움을 가진다. 외상성 뇌손상은 뇌출혈, 뇌진탕, 두개골 골절과 같은 외상으로 인하여 언어장애, 인지기능 저하, 기억력 상실, 연하장애 등의 다양한 문제를 가진다. 또한 손상의 정도와 합병증, 나이 등에 따라 예후에 차이를 보일 수 있다.

(3) 구어장애

① 조음장애

조음장애(articulation disorder)는 정확한 발음을 산출하기 위한 호흡, 근육, 조음기관들의 움직임의 어려움으로 인하여 명료도가 낮은 음을 산출하게 되며, 조음장애는 심한 정도에 따라 청자가 의사소통의 내용을 정확히 이해하지 못하는 어려움을 나타낸다.

② 유창성 장애

유창성 장애(fluency disorder)는 '음, 음절, 단어, 구의 비정상적인 리듬과 반복으로 구어의 흐름에 방해를 받는 것이며 과도한 긴장, 투쟁적 행동, 그리고 부수적 매너리즘 등이 동반될 수도 있다'고 정의한다(ASHA, 2005). 유창성 장애는 말더듬과 속화로 분류될 수 있다.

③ 음성장애

음성장애(voice disorder)는 성대 및 공명기관의 오용 및 남용으로 인하여 정상적인 음성산출에 문제를 일으키는 말장애의 한 가지 유형이다. 목쉰소리, 과대비성, 경련성 발성장애 등이 포함된다.

의사소통장애의 원인은 크게 기질적 요인과 기능적 요인으로 구분할 수 있다. 기질적 요인은 엔젤만증후군(Angelman syndrom)과 같은 유전적 요인, 구개파열, 구어근육의 마비, 안면의 비정상, 아데노이드 비대와 같은 신체적 요인, 질병이나 사고에 의한 파킨슨증후군과 같은 신경생리학적 원인으로 발생한다. 기능적 요인은 신체적 결함이 동반되지 않는 것으로 경험의 부족, 잘못된 학습, 습관, 환경과 같은 원인들에 의해 발생된다. 이와 같이 의사소통장애는 여러 원인에 의하여 발생되며, 언어 습득을 저해한다.

2. 청각장애아의 의사소통 교육방법

청각장애아의 의사소통 교육방법을 설명하기에 앞서 의사소통 교육의 필요성에 대하여 언급하고, 언어(language)교육, 수어(sign language)교육, 종합적 의사소통(total communication), 이중언어 · 이중문화(Bi langual · Bi culture; 2Bi) 접근의 특징을 나누어 살펴보고자 한다.

1) 청각장애아 의사소통 교육의 필요성

청각장애아는 청력의 손상으로 인하여 의사소통 시 상대방의 표정이나 행동으로 정보를 이해하려고 하는데, 이때 상대방이 전달하는 정보를 오해하거나 잘못 이해하여 의사소통 문제가 자주 발생된다. 따라서 청각장애아를 위한 의사소통 교육의 필요성을 몇 가지로 정리하여 살펴보도록 하자.

첫째, 의사소통은 상호 간의 정보를 주고받는 것이라는 기본적인 규칙을 습득하여야 한다. 청각장애아는 대화 시 화자의 전체적인 말을 듣기보다는 화자의 말 속에서 자신이 알고 있는 일부의 언어를 찾아서 이해하려고 한다. 이로 인하여 의사소통에 대한 기본규칙이 깨질 수도 있다. 의사소통 시 부족한 부분에 대한 교육과 반복적 연습이 꾸준히 이루어져야 한다.

둘째, 의사소통 활동에 대한 즐거움을 인식시켜야 한다. 청각장애아는 종종 자신의 말을 명확히 알아듣지 못하는 청자로 인한 심리적·정서적 위축의 문제를 경험한다. 그러므로 의사소통 활동에 대한 긍정적 동기를 부여할 수 있도록 격려와 지지로 효과적 의사소통 능력을 형성할 수 있도록 하여야 한다.

셋째, 원활한 의사소통 활동을 위하여 언어능력을 증진시켜야 한다. 청각장애아는 어떤 문제에 직면하였을 때, 언어를 사용하여 문제를 해결하는 언어적 의사소통 능력이 부족하다. 그러므로 다양한 상황, 대상, 문제에 따라 적절한 의사소통 능력을 활용할 수 있도록 총체적 자극과 경험을 통한 의사소통 교육이 필요하다.

이상과 같이 청각장애아의 의사소통 교육의 필요성에 대하여 기본적인 규칙의 습득, 의사소통에 대한 즐거움 인식, 언어능력 증진의 3가지로 나누어 살펴보았다. 청각장애아의 효과적인 의사소통을 위해서는 체계적인 청능재활 지원이 뒷받침되어야 하며, 이를 바탕으로 하여 청각장애아의 의사소통 교육방법에 대하여 살펴보도록 하자.

2) 언어교육

건청아에게 언어는 의사소통의 일차적 수단이며, 상징과 기호의 체계로 의사소통을 원활하게 해주는 역할을 한다. 그러나 청각장애아의 언어교육에는 단순한 음성이 아닌 수화가 들어가야 한다. 먼저 건청아와 같은 언어적 관점에서 교육적 접근을 먼저 다루고 수화관점에서 교육방법을 다루었다. 언어교육을 위해서 필요한 언어중재모델, 언어의 구성요소에 따른 교육방법에 대하여 알아보고자 한다.

(1) 언어중재모델

청각장애아의 의사소통 문제에 대한 교육적 접근을 위하여 적절한 언어중재방법의 선택과 적용이 고려되어야 한다. 전통적 언어중재모델은 의사소통 증진보다는 특정 언어요소를 배우는 것을 일반적인 중재목표로 삼는다. 그러나 특정 기술을 강조하는 언어중재방법은 아주 특수한 경우에만 제한적으로 효과가 있을 수 있다. 또한 새롭게 배운 언어형식이 일상적인 대화에서 사용될 만큼 일반화된다는 증거도 거의 나타나지 않았다(김영태 외, 2012에서 재인용). 그렇기 때문에 최근에는 전통적 언어중재모델의 인위적 상황과 언어단위를 강조하는 방법에서 가족이나 교사와 함께 상호작용하여 자연스러운 의사소통 상황에 참여할 수 있는 기회를 증가시키는 화용론에 초점을 둔 기능적 언어중재모델의 접근방법으로 변화되고 있다.

표 14-2 언어중재모델의 비교

전통적 언어중재모델	기능적 언어중재모델
인위적인 상황을 이용한 개별, 소집단 중재를 실시한다.	자연스러운 상황 내에서 개별, 소집단 중재를 실시한다.
독립된 언어단위를 목표로 하며, 언어적 기술들 간의 상호관계는 중요시 생각하지 않는다.	자발적이며 의사소통 중심의 기본 틀을 사용함으로써 구성요소들 간의 상호관계를 강조한다.
보여주기, 모방하기, 연습하기, 반복하기 등의 중재방법을 강조한다.	의사소통 기술의 사용을 통한 정보 전달을 강조한다.
중재 시 사회적인 도구로서의 언어 사용은 관심영역이 아니다.	의사소통을 위한 언어 사용은 중재시간 중에 최대한 활용된다.
중재의 목표로 삼지 않은 언어적 요소들은 개발의 기회가 부족하다.	자발적인 대화와 사회적 상호작용을 통해 폭넓은 언어 구조와 의사소통 기술들을 습득할 수 있는 기회가 많이 주어진다.
중재 중 타인들과 언어를 사용해 상호작용할 수 있는 기회가 부족하다.	다양한 대상들과 상호작용함으로써 의사소통 기술을 향상시킬 수 있는 기회가 많이 주어진다.

출처: Gullo & Fullo, 1984에서 재인용.

Gullo와 Fullo(1984)의 전통적 모델과 기능적 모델을 비교하여 살펴보면 표 14-2 와 같다.

이상에서는 전반적인 중재방법에 대하여 개괄적으로 다루어 보았다. 이와 관련하여 언어 구성요소에 따른 실질적인 접근법에 대하여 살펴보고자 한다.

(2) 언어영역에 따른 접근법

언어는 제5장에서 상세히 언급된 바와 같이 기능적으로 형식, 내용, 사용이라는 3가지로 구성된다. 형식(form)은 언어를 구성하는 체계를 다루는 음운론, 형태론, 구문론으로 나뉘고, 내용(meaning)은 언어가 내포하고 있는 의미를 포함하는 의미론, 언어의 사용(use)에 대한 화용론이 포함되어 언어의 구성요소가 이루어진다. 이에 각 언어의 구성요소에 따른 실질적 언어교육방법에 대하여 알아보고자 한다.

① 음운론적 측면

낱말을 분류하는 가장 작은 단위를 음운론이라고 한다. 청각장애아는 낱말의 음운적 복잡성이 증가할수록, 말지각능력이 떨어진다. 그리고 말소리산출이 비일관적이며 음절 구조의 미숙함이 나타나는 음운론적 오류의 형태가 많이 나타난다. 이러한 음운론적 오류에 대한 중재목표로는 오류음소의 패턴이 구어 수준에서 감소되어 명료도가 향상될 수 있도록 하여야 한다. 더불어 청각적인 말지각능력 역시 필요하다.

음운론적 접근방법으로는 McDonald(1964)의 감각운동법, Blache(1989)의 변별자질접근법, Ingram(1975)의 대조법 등이 있다(석동일, 2013에서 재인용). 또한 청각장애아의 흥미와 적극적인 참여를 유도하기 위하여 명명게임이나 카드 빼기 게임과 같은 놀이활동들을 응용하여 지도할 수도 있으며, 음운에 대한 청각적 인지기억을 촉진시키는 데 도움이 되는 동요를 응용한 지도방법도 효과적이다. 실질적인 사례 적용은 제15장에 제시해 두었다.

② 형태·구문론적 측면

단어의 배열, 문장의 구조와 규칙, 단어와 의미들 간의 관계는 어릴 때부터 구어에 의한 의사소통을 통해 자연스럽게 발달되어야 한다. 그러나 청각장애아는 전보식 문장의 사용이나, 문법형태소를 잘못 사용하는 등의 다양한 형태·구문론적 오류를 나타낸다. 이러한 오류를 감소시키기 위한 중재목표로는 올바른 문법형태소의 사용을 신장시키며, 정형화된 문장의 사용을 감소시켜 어휘의 사용 및 질문에 적절히 대답할 수 있는 능력을 향상시키는 것이 필요하다. 학령 전 아동일 경우는 문장의 길이나 어휘가 복잡하지 않은 쉬운 형태에서부터 시작하여 점점 어려운 형태로 접근하는 것이 효과적이며, 학령기 아동일 경우 의미관계와 단어 구조에 대한 습득이 필요하다.

형태·구문론적 접근방법으로는 빈칸 채우기, 베껴 쓰기 등과 같은 방법의 활용이나 부모나 교사의 모델링이나 모방을 통하여 오류를 수정하는 방법 등이 있다. 또한 같은 구문이 반복적으로 나오거나 문장의 길이가 짧아서 쉽게 기억할 수 있는 동시를 응용하면 적절한 문장의 연결과 더불어 초분절적 요소인 고저, 억양, 강세, 속도 등을 쉽게 습득할 수도 있다.

③ 의미론적 측면

청각장애아는 어휘의 습득에 대한 제한과 경험의 부족으로 인하여 어휘에 대한 개념 및 의미를 형성하는 데 어려움을 가진다. 따라서 의미론적 교육의 접근방법에서는 개념의 중요성을 파악하는 인지적 측면이 고려되어야 한다.

청각장애아의 의미론적 측면을 지도하는 다양한 방법들 중에서 주로 사용되는 방법으로는 책 읽기를 활용한 중재방법이다. 책 읽기는 모르는 낱말에 대한 설명이나 유사어, 낱말의 맥락화 등을 통하여 부족한 어휘력를 증진시킬 수 있는 장점을 가지기 때문이다. 그외 응용할 수 있는 방법으로는 수수께끼, 끝말잇기, 낱말퍼즐과 같은 게임활동이 있으며 이러한 활동을 통하여 언어의 관계어 및 범주화, 단어 회상능력을 신장시킬 수 있다.

④ 화용론적 측면

청각장애아의 경우 건청아에 비해 화용론적 경험이 부족하며, 이로 인하여 대화의 시작과 주제 유지가 어렵거나, 대화 시 차례 기다리기, 대화의 주제를 바꾸는 기술에 제한된 능력을 보인다. 그러므로 자연스러운 맥락 속에서 일상생활과 유사한 상황을 제시하여 상대방과의 대화내용을 이해하고 바르게 반응하도록 목표를 설정하여야 한다.

화용론적 접근방법으로 대상의 요구, 행동의 요구, 주장, 부정, 정보 진술, 보고, 정보의 요구, 경험담의 열거, 부르기, 순서 말하기, 친숙한 맥락을 사용하는 스크립트(script)를 활용한 접근방법이 있다.

3) 수어교육

의사소통의 방법에 있어 대부분의 사람들은 구어를 사용한다. 하지만 청각장애아는 수어를 의사소통을 위한 언어수단으로 활용하기도 한다. 청각장애아의 수어교육에 대한 올바른 이해를 위하여 수어의 특성, 교육방법, 주의사항에 대하여 알아보고자 한다.

(1) 수어의 특성

수어를 구성하는 기호인 수화소(chereme)에 대하여 Stokoe(1976)는 TAB(tabulator), DEZ(designator), SIG(signation)로 주요 수화소로 분류하였다. 국내 연구로 석동일(1989)은 손의 접촉점을 수위에 포함시키고 양손관계는 수동에 넣어서 수형, 수위, 수동, 수향의 4개 수화소의 동시작용에 의해 의미가 전달된다고 보았다(이규식 외, 2013에서 재인용). 또한 수어는 공간적 배열, 사상성, 동시성, 가역성, 반복성, 비수지 기호 등의 고유한 특성을 나타내는데, 그 특성들을 나누어 살펴보면 다음과 같다.

① 공간적 배열

청인들이 사용하는 음성언어는 청각-시각적으로 음소를 발화하나, 수어는 시각-공간적으로 수화소를 배열하는 것이다.

② 사상성

언어기호의 성질은 어형과 어의 사이에 필연적인 관련성이 없는 자의성(규약성)과 필연적인 관련성이 있는 사상성(유계성)이 있다. 수어는 어형과 어의관계가 있는 어휘들이 있다.

③ 동시성

음성언어가 계시적이고 분절적이지만, 수어는 양손을 표현기관으로 하고 공간과 몸을 활용하는 시각적 언어로 손의 모양, 손의 위치, 손의 동작, 손의 방향, 비수지 기호를 동시적으로 형성하여 수어어휘를 나타내며 '등산하다, 버스를 타다' 등을 예로 들 수 있다.

④ 가역성

수어의 가역성은 수어의 특성이라고 할 수 있는 것으로, 반의어에서 찾을 수 있다. 반의어의 수어들은 손의 모양은 같고 손의 운동이 반대로 움직이는 것을 말하며 '주다-받다' 등을 예로 들 수 있다.

⑤ 반복성

음성언어에서의 반복은 의성어, 의태어와 강조할 때 사용하지만 수어의 경우 Supalla(1976)는 손의 모양이 같을 때 동사로부터 명사를 분리하는 기능적 준거로 사용될 수 있다고 보고하고 있으며, Cristopher(1976)도 수형이 같으면 명사는 반복하나 동사는 반복하지 않는다고 하였다. 한국 수어에서 반복성이 있는 수어로는 '어디, 또, 자주' 등을 예로 들 수 있다.

⑥ 비수지 기호

손의 동작과 함께 사용하고 있는 비수지 기호를 단순한 감정을 나타내는 표현이나 제스처 혹은 마임(mime)으로 인식할 수 있으나 농인들이 사용하고 있는 비수지 기호는 전달방식에서 근본적으로 다르다. 마임에 얼굴 표정이나 머리 움직임은 주로 정서적인 표현에 쓰이지만 수어는 손의 움직임과 함께 입모양, 눈썹과 눈동자의 방향, 얼굴 움직임을 포함한 얼굴 표정 등이 나타나는 것이 일반적이다. 이와 같은 움직임은 부사와 같은 기능을 담당하거나 긍정, 부정, 의문, 화제화, 음절 등 다양한 기능을 수행하는 문법표지로 쓰인다(김현철 외, 2011에서 재인용).

(2) 수어의 교육방법

청각장애아의 수어교육은 학습시기와 방법에 따라 모국어로서의 수어언어와 제2언어로서의 수어언어로 구분하여야 한다. 모국어로서의 수어언어는 완전하고 능숙한 수어언어 표출이 필요하고, 시각적인 지각능력의 발달을 통한 수화소의 변별능력을 높이며, 문법표지로 비수지 기호를 이용하여 다양한 어휘학습법에 따른 지도가 중시된다. 제2언어로서 수어언어 학습은 모국어 간섭, 일반적인 학습 단계에서의 오류, 학습자의 개인적 요인을 고려해야 한다. 완전한 수어언어에 노출되도록 수어언어 모국어 사용자(native signer)가 지도하면 더욱 효율적이다(석동일 외, 2006).

또한 수어교육에서는 그림, 사진, 동영상 등의 시각적인 자극을 적절히 활용하여 청각장애아가 보다 쉽게 이해할 수 있도록 유도하여야 하며, 생활 속에서 새롭게 생기는 단어에 대한 교육 또한 이루어져야 한다.

(3) 수어 사용 시 주의사항

수어에 익숙하지 않은 사람들이 수어를 처음 사용할 때에는 손동작에만 집중하여 의사소통을 한다. 하지만 실제로 수어를 사용할 때는 비구어적인 요소, 즉 눈 맞추기, 손짓, 얼굴 표정 등을 활용하여 대화한다. 비구어적인 요소들이 적절한 어휘와 문법적 표현의 기능을 하기 때문이다. 또한 수어는 두 손을 사용하여 크거나 작은 동작을 몸의 앞뒤로 활용하기 때문에 항상 적절한 공간이 필요하며, 지역이나 나라, 상황에 따라 조금씩 다르게 표현되므로 이 점에 주의하여 수어의 사용과 이해에 융통성을 가져야 한다.

4) 종합적 의사소통

종합적 의사소통은 잔존청력과 독화, 구어와 함께 수어를 사용하여 청각장애아를 교육하자는 철학을 의미한다(김영욱, 2012). 또한 한편에서는 하나의 방법이 아니라 의사소통 상황에 접근하기 위한 철학적 태도로 인식해야 하므로, 상황에 따라 독화, 청각, 구어, 수어 등의 적절한 방법을 선택적으로 활용하기 때문에 동시법 또는 결합법이라고도 한다. 이와 관련하여 Evans(1982)는 중재방법론적 측면에서 다음과 같이 설명하였다(원영조 외, 2004에서 재인용).

첫째, 내적 언어 수행능력의 획득을 돕고, 인지발달을 촉진하기 위해 가능한 조기에 수어로 지도하여야 한다.

둘째, 국어에 대한 신호언어의 한 전위로서 국어단어를 나타내기 위해 사인을 활용할 수 있다.

셋째, 지문자의 보다 효과적인 활용을 위해 국어문장의 완벽한 재현을 위한 전위를 촉진해야 한다.

넷째, 국어 수행능력이 향상됨에 따라 전후관계의 단서를 활용하여 독화를 위한 보다 확실한 기초를 확립해야 한다.

종합적 의사소통의 장점으로는 사회성 향상과 자신감 증진에 긍정적 영향을 미치며, 시각과 청각의 다양한 자극을 활용하는 접근방법으로 언어의 모방을 촉진시킨다는 점을 들 수 있다. 그러나 성장하면서 대부분 보장구를 착용하지 않는 청각장애아는 청각적 자극보다는 시각적 자극에 익숙하고 구어의 사용경험보다는 수어를 사용하는 경우가 많다. 이와 같은 점은 종합적 의사소통의 한계점과도 연결되며 종합적 의사소통의 철학에 근거하여, 교사들에게 능숙한 수어 활용능력이 요구되기도 한다.

5) 이중언어 · 이중문화 접근

청각장애아교육을 위한 많은 교육방법 중 종합적 의사소통이 기대했던 것만큼의 교육적 효과를 거두지 못하여 그 대안으로 이중언어 · 이중문화 접근이 대두되었다.

Reynolds(1994)는 이중언어 · 이중문화 접근을 2개 이상의 언어를 구사하는 능력과 그 언어를 배경으로 한 문화의 차이를 이해하는 것이라고 설명하였다. 예를 들면, 우리나라 청각장애아의 입장에서 1차 언어는 모국어(수어)이며, 2차 언어는 건청인들이 사용하는 국어에 해당된다는 것이다. 수어가 제2언어로 제정되고 인정되고 있는 뉴질랜드와 스웨덴에서는 이중언어 · 이중문화 접근이 언어, 심리, 사고의 발달에 긍정적 영향을 미친다고 보고하였다. 그러나 국내에서는 아직까지 제2언어로 인정되지 않고 있으며, 수어도 언어임을 인정해야 한다는 움직임만이 진행되고 있다.

그리고 아직까지 교육방법에 대한 개발과 연구가 진행되는 단계이므로 다음과 같은 몇 가지 문제점들에 대하여 고려해 보아야 한다(김영욱, 2012).

첫째, 구어를 어디서 어떻게 가르칠지의 문제에 관해서는 이중언어 · 이중문화 접근을 지지하는 사람들 간에도 많은 논쟁이 있고, 동의가 이루어지지 않고 있다.

둘째, 건청부모의 적극적 참여를 유도하나 대부분 수어를 능숙하게 사용하지 못한다.

셋째, 아직은 초기 단계의 방법으로 완전한 교육 프로그램과 자료들이 개발되지 않았다.

3. 청각장애아의 언어재활

청각장애아의 구어 의사소통을 위해서는 여러 신경근육의 움직임을 통하여 소리를 산출하는 과정이 필요하다. 그러므로 정확한 구어의 명료성을 촉진할 수 있는 호흡지도, 발성지도, 공명지도, 조음치료, 어휘 및 언어지도, 문해력지도를 알아보고자 한다.

1) 호흡지도

자연스러운 호흡의 조절은 말이나 회화에 있어서 매우 중요한 요소이다. 건청인의 경우 호기 시 발성을 하게 되나, 청각장애아는 문장산출 시 부적절한 쉼(pause)으로 인하여 흡기 시에도 발성이 이루어진다. 이를테면 문장을 읽을 때 건청아의 경우 호기와 흡기가 주기적으로 자연스럽게 이루어지는 데 반해 청각장애아는 긴 문장일 경우 첫음절 산출 시 지나치게 많은 호기를 배출함으로써 비주기적인 호기와 흡기가 이루어져 문장이 끝날 때까지 호기를 유지하지 못하며 이로 인하여 정확한 의미 전달에 어려움을 가진다.

따라서 말하기에 충분하고 자연스러운 호흡의 조절을 위하여 체계적인 호흡훈련이 필요하다. 청각장애아의 호흡지도 시 목표는 올바른 호흡의 형태와 방법을 익혀 발성에 필요한 호흡 조절을 유지하는 것과 대화 시 적절하게 사용하는 것이다. 호흡 조절방법으로는 복식호흡, 흉식호흡, 견식호흡, 흡기와 호기훈련, 문장 끊어 읽기의 방법 등이 있다. 각각의 호흡법들은 긴장을 풀고 편안한 자세를 유지하여야 하며, 특정한 순서나 차례대로 이루어지는 것이 아니라 호흡능력의 향상을 위하여 여러 접근방법을 개인의 중재목표에 맞게 응용하여 사용하여야 한다.

2) 발성지도

청각장애아는 구어를 산출하는 동안 청각적 피드백의 제한으로 자신의 목소리에 대한 강도와 음도의 인지가 어렵다. 청각장애아의 음성은 일반적으로 약한 강도, 단음도, 지나치게 높거나 낮은 음역의 산출을 나타낸다. 그러므로 적절한 발성법을 익혀 일상생활에서 적용할 수 있는 발성지도가 필요하며, 자연스러운 발성을 습관화할 수 있도록 유도하여야 한다.

3) 공명지도

청각장애아는 성도의 모양을 적절하게 조절하지 못하는 기능적 오류로 인하여 공명의 문제를 동반하며 과대비성과 무비성 등의 특징을 나타낸다. 먼저 부적절한 공명의 문제를 확인하고, 자연스런 공명으로 효과적인 음성의 개선을 유도하여야 한다. 접근방법으로는 전통적 접근법이나 구어의 청각적 자질에 대한 피드백훈련의 시각적 모니터링을 제공하는 Visi-Pitch, Speech Viewer, Nasometer 등의 부가적인 기기를 이용하는 방법들이 있다.

4) 조음치료

청각장애아의 경우 음을 왜곡된 형태로 지각하여 음산출에 오류가 나타난다. 특히 시각적으로 관찰할 수 없는 연구개음, 성문음, 파찰음은 대개 양순음, 치조음으로 대치되어 나타난다. 치료방법을 선택할 시에는 청각적 손상을 고려하여야 하며 청각장애아의 개인적 특성에 따른 적절한 조음기법의 선택과 반복적 조음기관 훈련을 통하여 정확한 조음을 향상시킬 수 있도록 지도하여야 한다.

치료방법으로는 전통적 기법, 짝짓기기법, 환경중심법, 의사소통중심접근법,

변별자질접근법, 상위음운 치료기법, 조음 조절 프로그램법 등의 다양한 기법들을 활용할 수 있다.

5) 어휘 및 언어지도

청각장애아는 한정된 어휘능력으로 인하여 자신의 생각이나 감정을 표현하는 것이 어려우며, 정보를 이해하고 받아들이는 속도가 건청인에 비해 늦다.

지금까지 청각장애아의 어휘 및 언어를 지도하는 방법으로는 사전적 정의를 찾아 외우는 암기 위주의 방법을 많이 사용하였다. 그러나 이러한 방법은 어휘의 개념적 이해나 은유적 표현 및 다양한 문장에서의 활용에 한계가 있다. 그러므로 청각장애아 각각의 수준을 고려한 적절한 지도방법을 통하여 어휘 및 언어를 지도하여야 한다.

어휘 및 언어지도에 활용할 수 있는 방법으로는 문장 속의 문맥에서 단어의 의미를 유추하는 문맥유추법과 범주화를 활용하여 어휘의 의미를 알게 하는 의미망지도방법 등이 있다.

6) 문해력지도

읽기와 쓰기는 매우 밀접한 상관관계를 가지며, 국어과 학습뿐만 아니라 다른 교과 학습에까지 영향을 주는 기초영역으로 학년이 올라갈수록 더 많은 정보를 받아들이기 위한 모든 학습의 기본적 능력으로 요구된다. 그러나 청각장애아의 경우 언어적 피드백의 어려움과 경험의 부족으로 인한 전반적인 이해기능이 부족하기 때문에 읽기와 쓰기의 기초능력 및 습득에 있어 많은 어려움을 나타낸다. 이러한 읽기의 어려움은 단어의 해독이나 언어의 전반적인 이해에 있어 실패의 경험과 연결되며 계속되는 읽기 실패경험으로 인하여 청각장애아는 좌절감이나 무력감 등의 정서적 문제를 동반한다. 그렇기 때문에 읽기지도는 가장 적절한 접근방법을 고려하여 선택하여야 한다.

읽기지도방법으로는 철자와 활자 및 단어, 음운인식, 문자언어에 대한 근거 기반의 의사소통 중재접근법(Justice & Kaderavek, 2004)과 초기 읽기지도의 개념적 모형을 연구한 이차숙(2000)의 연구 등이 있으며 그외 표 14-3 에 다양한 읽기지도법의 유형을 소개하였다.

표 14-3 읽기모형 유형

읽기모형 유형		특성
1	• Guided Reading(Fountas & Pinnell, 1996) • Directed Reading Activity (Blanton & Moorman, 1990)	교사와 친구의 도움을 받으면서 독해력을 신장하는 모형
	• Author-Reader-Inquirer Cycle (Harste, Short, & Burke, 1988) • Reading-Writing Workshop(Atwell, 1998)	읽기와 작문활동을 연관시킨 모형
2	• Reading Recovery(Clay, 1982) • Gillingham-Stillman Method(1973)	교사와 1 : 1로 학습하는 모형
3	• Language Experience Approach in Communication(Allen, 1976) • Language-Experience Approach (Stauffer, 1970)	언어적, 문화적, 사회적 의사소통 경험을 중심으로 접근하는 모형
4	• Process Drama(Johnson & O'neill, 1984) • Point, Counterpoint(Rogers, 1991)	문학작품의 반응, 해석 중심의 접근모형
5	• Literature Circles(Daniels, 1994) • Discussion Web(Alvermann, 1991)	토론 중심의 읽기지도모형
6	• K-W-L(Ogle, 1986) • PReP Technique(Langer, 1981)	이미 습득한 지식에 대한 정리와 사고의 확장을 유도하는 모형

출처: Tierney & Readence, 2000에서 재인용.

쓰기는 자신의 감정이나 생각, 경험들을 문자언어를 통하여 전달할 수 있는 방법이다. 쓰기의 형식에는 편지글, 일기글, 설명하는 글, 이야기하는 글을 포함하여 다양한 형식들이 있다. 일반적인 발달 과정을 거친 대부분의 건청아들은 자연스럽게 읽기와 쓰기영역의 발달이 연결되어 글로써 자신의 의도를 표현하는 데 어려움이 없다. 그러나 청각장애아의 쓰기는 문법형태소를 생략하는 등 조사의 사용이 적절하지 않은 구문적 오류의 형태가 많이 나타나며 은유, 생략, 대치 등의 표현의 사용에 어려움을 보이는 특징을 나타낸다.

청각장애아를 위한 형태·구문론적 쓰기지도방법으로는 반복해서 쓰기, 베껴쓰기, 띄어쓰기, 글씨체, 맞춤법지도법들이 보편적으로 활용되어 왔는데 이러한 쓰기오류에 대한 지도법과 쓰기활동을 위한 소근육 운동능력, 시지각 협응능력의 발달적 요인들에 대한 관찰도 필요하다. 또한 중재 시 쓰기활동에 대한 두려움을 줄일 수 있도록 충분한 시간을 제공하여야 한다. 쓰기에 대한 흥미를 유도할 수 있는 활동을 응용하거나, 글의 구성과 목표에 대한 지도가 병행된다면 더욱더 긍정적인 쓰기학습의 효과를 기대할 수 있을 것이다. 청각장애아의 언어재활의 실질적인 접근사례는 15장에서 상세히 제시하였다.

확인학습

1. 의사소통장애의 분류 및 원인에 대하여 설명하시오.
2. 청각장애아의 의사소통 교육의 필요성에 대하여 설명하시오.
3. 청각장애아의 의사소통 교육방법 중 종합적 의사소통에 대하여 설명하시오.
4. 청각장애아의 언어재활에 있어서 어휘지도의 중요성에 대하여 설명하시오.

참고문헌

고도흥 외 (1999). **음성언어의 이해**. 서울: 한신문화사.

고은 (2013). **의사소통장애아 교육**. 서울: 학지사.

김영욱 (2012). **청각장애아동 교육의 이해**. 서울: 학지사.

김영태 외 (2012). **언어장애**. 서울: 시그마프레스.

김현철 외 (2011). **The 쉽고, 재미있는 수화**. 경기: 양서원.

석동일 외 (2006). **청각장애아동 언어지도와 치료방법**. 대구: 대구대학교 출판부.

석동일 외 (2013). **조음음운장애치료**. 대구: 대구대학교 출판부.

원영조 (2004). **청각장애아 교육**. 대구: 대구대학교 출판부.

이규식 외 (2013). **청각장애아 교육**. 서울: 학지사.

이차숙 (2000). 초기 읽기지도의 개념적 모형. **유아교육연구**, 20(1), 5-25.

장애인 등에 대한 특수교육법 (2008).

American Speech-Language-Hearing Association (ASHA) (2005). Guidelines for manual pure-tone threshold audiometry. http://www.asha.org/policy

Bernstein, D. K. et al. (2006). *Language and communication disorders in children* (2nd ed.). New York: Merrill Publis.

Gullo, F., & Gullo, J. (1984). An ecological language intervention approach with mentally retarded adolescents. *Language, Speech, and Hearing Services in Schools*, *15*, 182-191.

Justice, L. M., & Kaderavek, J. (2004). Embedding explicit emerbent literacy I: Background and descriptin of approach. *Language, Speech, and Hearing Services in Schools, 35*, 201-211.

Plante, E., & Beeson, P. M. (1999). *Communication and communication disorders: A clinical Introduction*. Needham Heights, MA: Allyn & Bacon.

Reynolds, D. (1994). *The spirit of bi-bi: Two language and two cultures*. Washington, D.C.: Gallaudet University Press.

Tierney, R. J., & Readence, J. E. (2000). *Reading strategies and practices: A Comp-endium* (5th ed.). Needham Heights: Allyn & Bacon.

chapter

15
청능 및 언어재활의 실제

집필자 : 김정규, 박찬희, 박찬영

이 장에서는 교육현장에서 실제적으로 청각장애아를 지도하는 데 필요한 청능재활 지도방법 및 언어교육 지도방법과 이를 응용한 활동들을 제시하여 보다 실질적인 도움을 제공하고자 한다.

1. 청능재활 지도방법

보청기를 착용하거나 인공와우 수술을 하였다고 해서 어느 날 갑자기 소리에 대해 반응하고 말을 하게 되는 것은 아니다. 남아 있는 청력을 최대한 활용한 지속적인 청능훈련이 이루어져야 청능발달이 이루어질 수 있다. 청능재활은 앞서 설명한 것처럼 청능 평가를 통하여 아동의 현재 청각적 상태를 확인한 후 청취환경을 구조화하고 청능발달 단계인 감지-변별-확인-이해 단계 중 아동에게 적합한 단계를 선택하여 실시한다. 이때, 단계 적용은 한 단계 또는 여러 가지 단계를 동시에 할 수도 있다. 또한 청능발달 단계에서 청취환경을 구조화하여야 하며 자세한 내용은 다음과 같다.

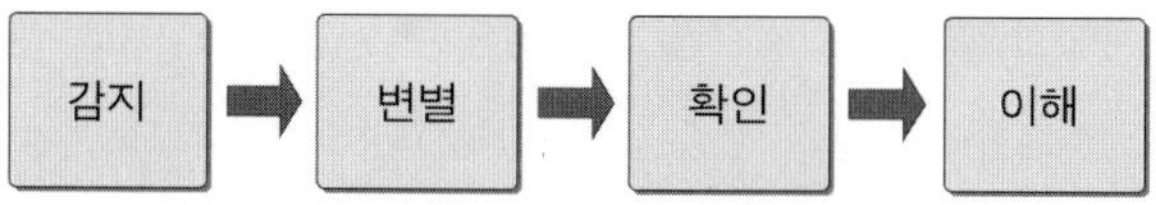

그림 15-1 청능발달의 단계

1) 감지

소리의 유무를 지각하여 반응하는 청능발달의 첫 단계이다. 아동의 생활 연령에 관계없이 처음 보장구를 착용한 아동은 소리의 유무에 대한 훈련을 먼저 실시하게 된다.

우리 주변에는 무수히 많은 소리들이 존재한다. 건청인에게는 자연스러울 수 있는 소리의 유무를 감지하고 변별하는 활동이 청각장애아에게는 훈련을 해야만 성취할 수 있는 하나의 목표가 된다. 그렇기 때문에 청각장애아는 청각적 자극의 지각 여부를 훈련하기 위하여 소리에 귀 기울이는 연습이 꼭 필요하다. 학교나 치료실뿐만 아니라 가정에서도 아동이 소리에 귀를 기울이고 집중할 수 있는 환경을 제공하여야 한다. 예를 들어 아동이 방에 있을 때 문을 '똑똑' 두드린 후 아동의 반응을 살피고 문을 열거나, 음악을 듣다가 볼륨 또는 전원스위치를 활용하여 소리에 집중하는 방법 익히기, 악기(소고, 롤리팝 등)를 연주하면서 소리에 집중하는 방법 익히기 등의 활동을 할 수 있다.

소리에 귀를 기울이고 집중하는 훈련을 한 후 또는 하면서 소리의 유무에 반응하는 훈련을 실시하기 위하여 시각적 또는 촉각적인 자극과 같은 다양한 자극을 함께 활용하도록 한다. 다음은 감지훈련을 위한 구체적인 활동사례이다.

A유아는 생후 병원에서 실시하는 신생아 청력선별검사를 통해 청각장애가 있다는 것을 알게 되었으며 생후 6개월경에 처음 보청기를 착용하였다. 보청기를 착용하고 6개월 동안 청능훈련을 하였으나 큰 효과가 없어서 인공와우 수술을 결정하였다. 인공와우 수술 후 1개월이 지나 인공와우기기를 착용하고 본격적인 청능훈련을 시작하였으며 그 첫 단계가 '감지'이다. 감지 단계 중 소리에 귀 기울이는 활동은 가정 및 교육기관에서 실시하였으며 그와 함께 소리 유무에 반응하는 방법에 대해 훈련하였다. 자세한 방법은 표 15-1 과 같다.

청능훈련을 실시할 때 가장 중요한 것은 무엇보다 아동의 상황이며 활동하면서 아동이 지치지 않도록 배려하고, 활동이 종료될 때마다 신체적 강화, 언어적 강화, 물질적 강화 등 아동에게 적절한 강화를 제공하는 것도 필요하다.

표 15-1 감지 단계의 사례 적용

<table>
<tr><td>아동명</td><td colspan="2">A</td><td colspan="2">보장구 유형</td><td>CI-24</td></tr>
<tr><td>연령</td><td>2세 1개월</td><td>보청기
착용 연령</td><td>1세 5개월</td><td>인공와우
착용 연령</td><td>2개월</td></tr>
<tr><td>목표</td><td colspan="5">소리의 유무에 적절한 반응하기</td></tr>
<tr><td>날짜</td><td colspan="4">청능훈련 학습내용</td><td>자료</td></tr>
<tr><td>○/○○</td><td colspan="4">• 징검다리 건너기
- 북소리가 들릴 때 징검다리 건너기
- 북소리가 들리지 않을 때 제자리에 멈추어 있기
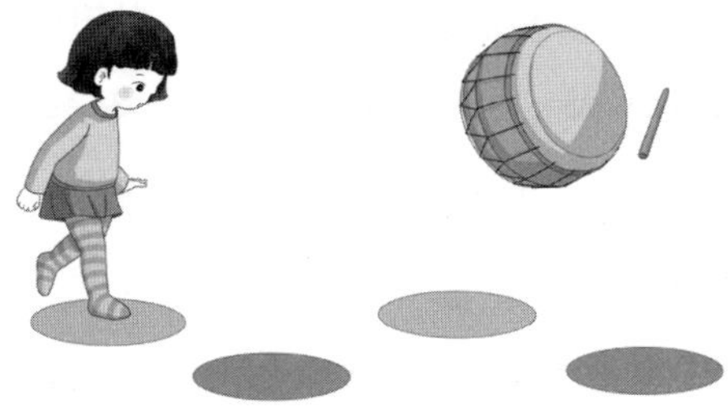
• 소리 나는 공과 소리가 나지 않는 공에 반응하기
- 소리 나는 공과 소리 나지 않는 공 탐색하기
- 소리 나는 공과 같은 소리를 들려주었을 때 소리 나는 공 쪽으로 보거나 손으로 가리키면 강화하기
</td><td>■ 소리상자
■ 소리 나는 공
■ 소리 나지 않는 공</td></tr>
<tr><td>응용방법</td><td colspan="5">■ 소리 듣고 고리 끼우기/스티커 붙이기
■ 노래 듣고 음의 유무에 맞추어 의자 뺏기 놀이하기
■ 눈 가리고 소리 나는 공을 든 술래잡기 놀이하기</td></tr>
</table>

2) 변별

소리의 유무를 감지하면 소리의 변별훈련을 실시한다. 소리의 변별은 2가지 이상의 소리를 듣고 제시된 소리가 같은 소리인지, 다른 소리인지를 알고 적절한 반응을 나타내는 것이다. 여기서는 제시되는 소리가 무슨 소리인지 아는 것이 중요하지 않다. 단지 제시되는 2가지의 소리가 같은 소리인지, 다른 소리인지 변별하는 것이 중요하다. 그 후 소리의 종류가 어떤 소리인지 알고 변별하는 단계로 넘어가게 된다. 소리의 변별에는 여러 가지 소리(교통기관, 동물, 악기, 사람 목소리, 환경음 등)의 변별, 소리의 강약 변별, 소리의 장단 변별, 소리의 고저 변별이 이루어진다. 이 단계는 일상생활에서 여러 가지 청각적 자극이 동시에 제시될 경우 소리의 차이를 구별하는 데 필수적인 단계이다.

B유아는 감음신경성 청각장애아동으로 보청기를 착용하고도 반응이 없어 인공와우 수술을 하게 되었으며 수술 후 소리에 대한 반응이 좋은 편이다. 변별훈련 중 의성어훈련을 실시 중이다. 자세한 방법은 표 15-2 와 같다.

변별에 활용되는 소리자극을 제시할 때 처음에는 차이가 많이 나는 자극을 제시한다. 예를 들어 동물 소리를 제시할 때 음절 수가 차이가 나는 멍멍멍－야옹야옹, 꿀꿀꿀－음매 등을 제시하여 변별이 바르게 이루어지면 그 다음으로 멍멍과 꿀꿀을 제시하여 변별하도록 한다. 음의 고저 변별 시에도 처음에는 도－높은 도, 도－솔을 제시하고 변별이 이루어지고 난 후 도－미, 도－레 등을 제시하도록 한다.

변별 단계의 아동은 소리 감지 단계를 바탕으로 하여 악기 소리(장단, 고저 등), 환경음, 사람의 목소리 등을 변별할 수 있도록 청능훈련을 구성하여야 한다.

표 15-2 변별 단계의 사례 적용

<table>
<tr><th>아동명</th><th colspan="2">B</th><th>보장구 유형</th><th colspan="2">CI-24</th></tr>
<tr><td>연령</td><td>2세 2개월</td><td>보청기
착용 연령</td><td>1세 5개월</td><td>인공와우
착용 연령</td><td>3개월</td></tr>
<tr><td>목표</td><td colspan="5">동물 소리 듣고 변별하기</td></tr>
<tr><td>날짜</td><td colspan="4">청능훈련 학습내용</td><td>자료 및 유의점</td></tr>
<tr><td>○/○○</td><td colspan="4">• 동물 소리 듣기
– 돼지인형을 제시하며 돼지 소리(꿀꿀꿀) 들려주기/흉내 내기
– 소인형을 제시하며 소 소리(음매) 들려주기/흉내 내기
– 돼지 소리를 반복해서 들려주며 돼지인형 움직이기
– 소 소리를 반복해서 들려주며 인형그림 움직이기
– 돼지 소리를 반복해서 들려주다가 소 소리를 들려주고 소리가 다름을 변별하여 반응하도록 유도하기
– 강화하기
</td><td>▪ 동물인형
동물을 선정할 때 음절 수가 차이 나는 동물(돼지–꿀꿀꿀/소–음매/강아지–멍멍멍/고양이–야옹)을 제시한 후 변별이 이루어지면 같은 음절 수의 동물 제시하기</td></tr>
<tr><td>응용방법</td><td colspan="5">▪ 가족사진을 보며 엄마/아빠 목소리 듣고 변별하기
▪ 동요 듣고 알맞은 노래판 들기
▪ 교통기관의 소리를 듣고 적절한 교통기관 붙이기
▪ 높이가 다른 악기 소리(피아노, 실로폰)를 듣고 계단 오르내리기
▪ 큰 소리에는 발 구르기, 작은 소리에는 손뼉치기
▪ 북소리/트라이앵글 소리(긴 소리)와 소고 소리/캐스터네츠 소리(짧은 소리) 변별하기</td></tr>
</table>

3) 확인

소리의 변별훈련 후 또는 변별활동과 함께 확인 단계를 진행한다. 소리의 확인 단계는 제시되는 소리를 듣고 그 소리가 무슨 소리인지 아는 단계이다. 확인 단계에서는 청각적 자극에 적절한 답을 찾을 수 있도록 보기를 제시한다. 보기 개수가 적고 단순한 것에서 개수가 많고 복잡한 것으로 과제를 제시하도록 한다.

C유아는 인공와우 수술을 한 후 소리의 감지, 변별 단계를 지나 확인 단계에 속해 있다. 유아의 연령이 낮기 때문에 놀이 위주의 수업을 주로 진행하고 있으며 표 15-3 에서도 동요를 활용해 청능훈련을 실시하고 있다. 평소 유아가 즐겨 듣는 작은 동물원 노래를 활용해 염소 소리가 들리면 염소그림을 붙이고, 돼지 소리가 들리면 돼지그림을 붙이는 활동이다. 먼저 동요판을 이용해 노래를 익힌 후 염소, 오리, 돼지 등의 보기를 제시하고 노래를 들으며 해당하는 동물의 그림을 그림판에 붙이도록 한다. 곰 세 마리 등의 동요를 활용해도 즐거운 활동이 될 수 있을 것이다. 자세한 방법은 표 15-3 과 같다.

확인 단계에서는 언어모방이 이루어지기 때문에 본격적인 언어훈련과 함께 병행하는 것이 필요하다.

표 15-3 확인 단계의 사례 적용

<table>
<tr><th>아동명</th><td colspan="2">C</td><th colspan="2">보장구 유형</th><td>CI-24</td></tr>
<tr><th>연령</th><td>2세 5개월</td><th>보청기
착용 연령</th><td>1세 5개월</td><th>인공와우
착용 연령</th><td>6개월</td></tr>
<tr><th>목표</th><td colspan="5">동물 소리 듣고 그림카드 찾기</td></tr>
<tr><th>날짜</th><th colspan="4">청능훈련 학습내용</th><th>자료 및 유의점</th></tr>
<tr><td>○/○○</td><td colspan="4">• 작은 동물원 노래 듣기
– 동요 집중해서 듣기
– 그림판을 활용해 동요에 나오는 동물 소리 흉내 내기
– 동물 소리를 들려준 후 해당하는 동물인형 찾기

작은 동물원
김성균 작사 · 작곡
삐악삐악 병아리
음매음매 송아지
따당따당 사냥꾼
뒤뚱뒤뚱 물오리
푸푸 개구리
집게집게 집게 가재
푸르르르 르르르
물풀 소라
</td><td>■ 동물인형
■ 그림판</td></tr>
<tr><th>응용방법</th><td colspan="5">■ 동물그림을 비밀주머니에 넣어두고 소리를 듣고 동물그림 꺼내기
■ ‘안녕하세요’, ‘잘 먹겠습니다’ 등의 생활용어를 듣고 그림 찾기</td></tr>
</table>

4) 이해

청능발달의 가장 높은 단계로 감지, 변별, 확인 단계를 실시한 후 이해 단계를 실시하게 된다. 이해 단계에서는 아동이 들은 소리가 무슨 소리인지 확인하고 그 의미도 이해하여야 한다. 이 단계에서는 질문을 이해하고, 대답하게 되는데 단순히 대답을 따라 하는 것이 아니라 스스로 생각하여 자극에 반응할 수 있도록 한다. 이때부터는 듣기뿐만 아니라 적절한 언어능력이 요구된다(윤미선, 2011). 그렇기 때문에 아동이 제시된 과제를 수행할 수 있는 언어능력(수용 · 표현언어)을 가지고 있는지 확인한 후 실시하도록 한다.

D유아는 인공와우기기를 착용한 지 10개월이 지났으며 청각적 자극에 대한 반응은 좋은 편으로 듣기 단계 중 마지막 단계인 이해 단계를 훈련하고 있다. 이 단계에서는 그림일기, 독후 감상활동 등을 통하여 훈련을 할 수 있다. 자세한 내용은 표 15-4 와 같다.

언어능력이 뒷받침되어야 하는 단계이므로 아동의 언어능력을 충분히 고려한 후 적절한 활동으로 구성하여야 한다.

표 15-4 이해 단계의 사례 적용

<table>
<tr><th colspan="2">아동명</th><th>D</th><th colspan="2">보장구 유형</th><th>CI-24</th></tr>
<tr><th>연령</th><td>2세 9개월</td><th>보청기
착용 연령</th><td>1세 5개월</td><th>인공와우
착용 연령</th><td>10개월</td></tr>
<tr><th>목표</th><td colspan="5">동화의 흐름에 맞추어 그림카드 배열하기</td></tr>
<tr><th>날짜</th><th colspan="4">청능훈련 학습내용</th><th>자료 및 유의점</th></tr>
<tr><td>○/○○</td><td colspan="4">• 할아버지와 순무
– 동화 듣기
– 동화에 나오는 등장인물에 대해 알아보기
– 동화내용 순서에 맞게 그림카드 배열하기
– 칠판에 동화에 나오는 동물그림 순서대로 말하기

출처: 통누리 명작 요술램프. 도서출판 아람.</td><td>▪ 동화자료
▪ 그림판</td></tr>
<tr><th>응용방법</th><td colspan="5">▪ 하루 일과를 생각하며 그림일기 쓰기
▪ 빠진 부분을 채워 넣기
▪ 반대말 말하기
▪ 소리 듣고 연상되는 단어 말하기
▪ 상황을 설명하고 관계된 질문하기</td></tr>
</table>

2. 언어교육 지도방법

여러 의사소통 방법 중 청각장애아의 음성언어를 증진시키기 위하여 이 절에서는 청각장애아의 호흡, 발성, 시각적 피드백기기를 활용한 공명지도 및 조음치료, 어휘 및 언어지도, 문해력지도에 활용할 수 있는 실질적인 지도방법에 대하여 알아보고자 한다.

1) 청각장애아 호흡지도방법

청각장애아는 의사소통 시 호흡의 조절에 어려움을 가진다. 대체적으로 호흡을 조절하지 못하고 한꺼번에 표현하려고 하거나 과도한 숨쉬기, 긴장된 소리를 내는 경우가 있다. 그러므로 올바른 호흡방법에 대한 연습을 통하여 청각장애아가 자연스럽게 의사소통할 수 있도록 지도하는 것이 필요하다.

호흡에는 복식호흡, 흉식호흡, 견식호흡 등이 있다. 이 중 복식호흡은 흉식호흡과는 달리 의식적으로 신경 써야 하기 때문에 번거롭고 불편한 단점이 있으나, 횡격막을 움직여서 폐활량을 증가시키며 청각장애아의 호흡과 발성에 도움이 되는 방법으로 특별히 정해진 장소 없이 편한 곳에서 수시로 연습할 수 있다.

복식호흡의 방법으로는 누운 자세, 앉은 자세, 서 있는 자세로 나누어서 복식호흡을 익힐 수 있는데 일반적으로 다양한 자세에서 발성을 자연스럽게 하기 위해서는 이 모든 단계에서 호흡이 조절되어야 한다. 표 15-5 는 자세에 따른 복식호흡방법을 정리해 보았다. 다음의 활동방법과 활동그림을 참고하여 숨을 들이쉬거나 내쉴 때 가슴이 움직이지 않도록 주의하도록 한다.

표 15-5 호흡지도방법

주제	복식호흡		
목표	올바른 호흡의 형태와 방법을 익혀 청각장애아가 말을 할 때 필요한 정상적인 호흡 조절을 유지할 수 있도록 호흡법을 익힌다.		
과정	**활용방법**	**활동그림**	**준비물**
누운 자세로 복식호흡 방법 익히기	▪ 편안한 자세로 바닥 위에 눕는다. ▪ 손을 배꼽 위에 올려놓는다. 이때 청각장애아일 경우 흥미를 끌 수 있는 공을 배 위에 올려도 좋다. ▪ 천천히 최대한 숨을 들이마신 후 가능한 만큼 숨을 잠시 멈춘다. ▪ '후~'하고 길게 숨을 내쉰다.		▪ 매트 ▪ 공 ▪ 책
앉은 자세로 복식호흡 방법 익히기	▪ 청각장애아를 의자에 앉힌 후 턱은 가슴 쪽으로 살며시 당겨준다. ▪ 천천히 마음속으로 '하나, 둘, 셋'만큼 숨을 들이마시고 잠시 숨을 멈춘다. ▪ '하나, 둘, 셋, 넷, 다섯'만큼 '스~'하고 숨을 내쉰다. ▪ 2명의 경우 서로를 마주 보고 앉아서 상대방의 배를 관찰해 준다.		▪ 의자
서 있는 자세로 복식호흡 방법 익히기	▪ 다리를 조금 벌리고 편하게 선다. ▪ 숨을 크게 들이쉬면서 배의 크기를 관찰한다. ▪ 숨을 들이쉬고, 멈췄다가 다시 내쉬기를 반복적으로 연습한다.		▪ 거울

호흡지도 응용방법

실생활에서 호흡은 매우 다양한 방법으로 활용될 수 있다. 청각장애아에게 쉽게 응용할 수 있는 활동으로는 색종이 조각 불기, 코끼리 코 불기, 생일파티 놀이, 비눗방울 놀이, 악기 불기, 향기 맡기 놀이 등이 있으며 다양한 방법에 따라 난이도가 달라질 수 있다. 이러한 활동을 통하여 호흡기능을 증진시키기 위한 연습을 할 수 있다. 이 중 몇 가지 활동을 자세히 설명하면 표 15-6 과 같다.

표 15-6 호흡지도 응용방법

놀이 활동	성취목표	방법	활동그림
생일파티 놀이	촛불의 위치와 개수를 늘려가며 연습함으로써 스스로 호흡을 조절하는 방법을 습득하며 호흡의 지속시간을 증진시킬 수 있도록 한다.	1. 생일 축하 노래를 마친 후 촛불을 끄도록 한다. 2. 케이크를 처음에는 가까이에 두었다가, 거리를 점차 멀리 하여 불어보도록 한다. 3. 촛불의 개수를 처음에 하나에서 시작해서 점차적으로 늘려가며 활동을 즐겁게 유도한다.	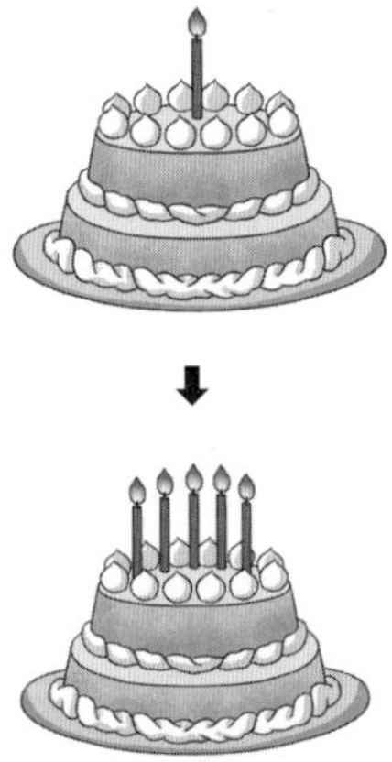
비눗방울 놀이	비눗방울 놀이를 통하여 숨을 내쉴 때 길고 부드럽게 내쉴 수 있도록 하며, 자연스럽게 호흡을 유지할 수 있도록 한다.	1. 비눗방울을 불 때 처음에는 가늘고 긴 빨대로 비눗방울 불기를 시작해서 점차 굵고 짧은 빨대를 제공하여 비눗방울 놀이활동을 응용하는 것도 좋은 활동방법이다. 2. 음악의 크기에 따라 크게 또는 작게 조절하여 불거나, 비눗방울이 터지지 않도록 유지할 수 있도록 한다.	

2) 청각장애아 발성지도방법

청각장애아는 건청아와 달리 청각적 피드백의 어려움으로 다양한 발성문제를 가지고 있다. 이를테면 짧은 발성길이나 부적절한 쉼이 나타난다. 이와 같은 문제를 해결하기 위하여 신 나는 놀이상황을 만들거나, 간지럼 태우기와 같은 활동을 통한 자연스러운 생리적 발성을 유도하는 방법으로 발성을 익힐 수도 있으며, 기본적인 자음과 모음에 대한 혀와 턱의 움직임을 연습함으로써 바르게 발성하는 방법들을 지도할 수 있다. 발성방법을 익힐 시에는 발성의 중요성을 항상 인식하여 연습을 게을리하지 않으며 자신감을 가지고 발성하는 것이 필요하다.

표 15-7 발성지도방법

주제	발성지도		
목표	모음과 자음의 올바른 발성법을 익혀 청각장애아의 자연스러운 발성을 습관화하도록 유도한다.		
과정	활용방법	활동그림	준비물
/아/ 모음 발성방법 익히기	▪ 숨을 들이쉬고 내쉬는 호흡훈련 후 입을 크게 벌리고 혀를 편편하게 바닥에 놓은 다음 소리를 낸다. 혀를 바르게 유지하지 못할 경우 설압자나 막대사탕으로 유지시키도록 하며, 정확한 발성이 나지 않을 경우 두 손으로 배를 눌러주며 '아~' 소리를 산출한다. ▪ 제시하는 구형도를 보고 같은 모양 만들기 연습을 한다. 만약 거울이 있으면 거울을 보고 반복 연습하여도 효과적이다. ▪ 손신호에 따라 높고 낮게 연습해 보거나 목에 손을 대고 발성 시 목울림 정도를 느껴보도록 한다. ▪ '아'음이 들어있는 그림이나 글자카드를 보며 연습해 본다(예 : 아기, 아빠, 강아지 등).	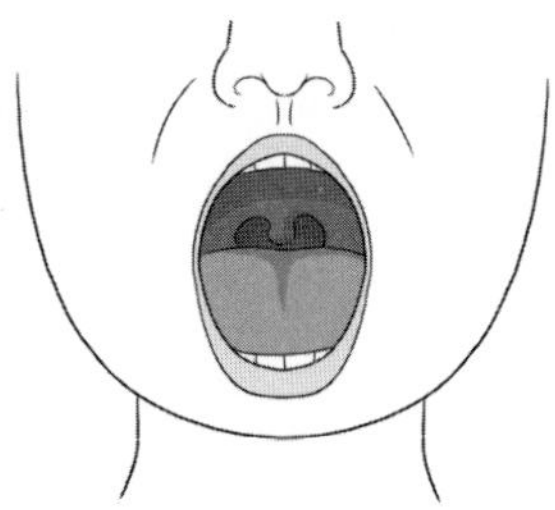 /아/	▪ 조음 단면도 ▪ 설압자 ▪ 거울 등

〈표 계속〉

과정	활용방법	활동그림	준비물
/요/ 이중모음 발성방법 익히기	▪입술을 조금 벌리게 한 다음 둥글게 하고 앞으로 내밀도록 연습한다. 두 손바닥으로 얼굴을 눌러주면 쉽게 입모양을 만들 수 있다. ▪자신의 손으로 엄지와 검지를 둥글게 만든 후 입술을 넣은 후 조금씩 앞으로 당기면서 /요/음을 유도할 수 있다. ▪미소 짓기를 하면서 /이/음을 먼저 연습한 후 입술을 둥글게 하고 /오/음을 산출하며, 입술을 펴고 오므리는 연습을 충분히 한다. ▪/이/+/오/ 두 음을 연결하여 반복 연습을 하며 자연스럽게 /요/음을 발성한다. ▪모음 연장하여 발성하기를 연습한다. ▪다양한 방법을 활용하여 발성을 쉽게 유도할 수 있도록 한다.	/이/ 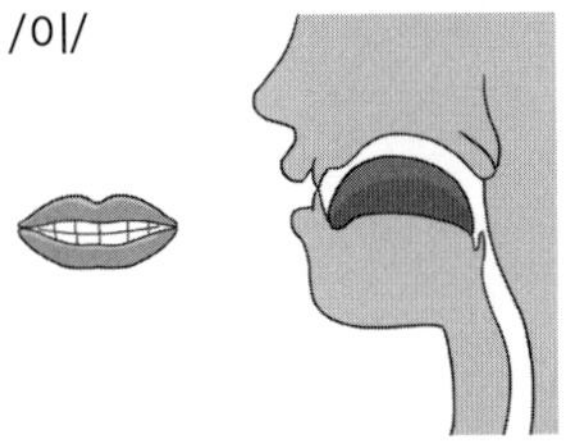 ⬇ /오/ 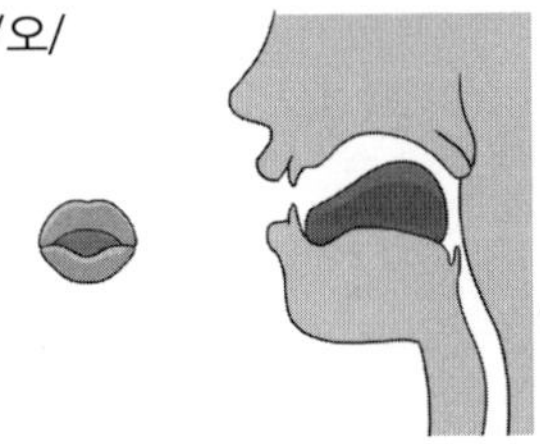	▪조음 단면도 ▪설압자 ▪거울 등

발성지도 응용방법

이규식 외(2001)는 청각장애아의 발성지도방법으로 밝은 소리를 내게 하기, 의성어와 의태어를 활용하기, 리듬감각을 길러 주기, 호흡훈련과 발성을 조화시키기 등으로 소개하였다. 이와 같은 발성지도방법을 응용할 때는 편안한 자세로 목에 부담을 주지 않을 정도로 적당히 연습하는 것이 효과적이다. 또한 그외 응용할 수 있는 활동으로는 놀이를 통한 모방 발성하기, 인디언 놀이하기, 노래 이어 부르기, 동물 소리 흉내 내기 등이 있으며, 이 중 몇 가지 활동을 자세히 그림으로 설명하면 표 15-8 과 같다.

●●● **표 15-8 발성지도 응용방법**

놀이 활동	성취목표	방법	활동그림
인디언 놀이	흉내 내기 놀이를 통하여 모방 발성을 연습할 수 있도록 한다.	1. 각자 인디언 옷과 인디언 모자를 쓴 후, 인디언 흉내를 내며 입술을 손으로 두드리면서 '아아아' 소리를 낸다. 2. 인디언 놀이는 크게 또는 작게 소리를 내거나 장단을 달리하여 놀이를 하면 더욱더 효과적이다.	
동물 소리 흉내 내기	소리를 스스로 조절하여 길게, 짧게, 크게, 작게 발성하도록 한다.	1. 아동과 함께 동물그림을 보며 울음소리를 음질과 성량을 조절하여 녹음한다. 2. 녹음기로 동물 소리를 들어보며 똑같이 또는 길게, 짧게, 크게, 작게 모방하도록 하여 효과적인 발성지도를 연습하는 데 활용할 수 있다.	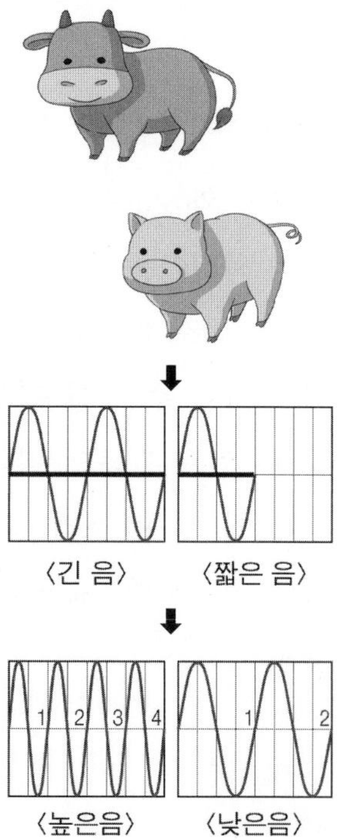

3) 청각장애아 공명지도방법

청각장애아는 과대비음 혹은 과소비음과 같은 부적절한 공명문제를 동반하고 있다. 이러한 문제의 개선을 위하여 공명훈련 연습을 유도하여야 하는데 이때 적용할 수 있는 공명지도방법으로는 운동을 통한 훈련방법, 음성촉진법을 활용한 훈련방법, 시각적 기기를 활용한 피드백을 통한 공명지도방법 등이 있다.

표 15-9 공명지도방법

주제	공명지도		
목표	공명훈련 연습을 통하여 자연스러운 공명의 사용으로 청각장애아의 음성 개선을 유도한다.		
과정	**활용방법**	**활동그림**	**준비물**
운동을 통한 공명방법 익히기	'가글링하기' 익히기 : 물이나 음료수를 입에 넣게 하여 가글링하기를 연습하도록 유도한다. '칼칼칼' 소리를 내도록 응용할 수 있으며 그외 침을 꿀꺽 삼키거나 '악' 소리 내는 연습을 통해 폐쇄운동을 통한 공명방법을 익히는 연습을 한다.		■ 물 ■ 음료수 ■ 컵
음성촉진법을 통한 공명방법 익히기	다양한 음성촉진법을 활용하여 공명방법을 익히도록 한다. 노래조로 말하기, 혀위치변경법, 하품한숨법, 손가락조작법, 청각적 피드백, 음성 배치 등을 활용할 수 있다.		■ 거울
시각적 기기를 통한 공명방법 익히기	■ Visi-Pitch : 음성의 기본주파수와 발성에서의 강도 변화를 표시해 주는 기기이다.	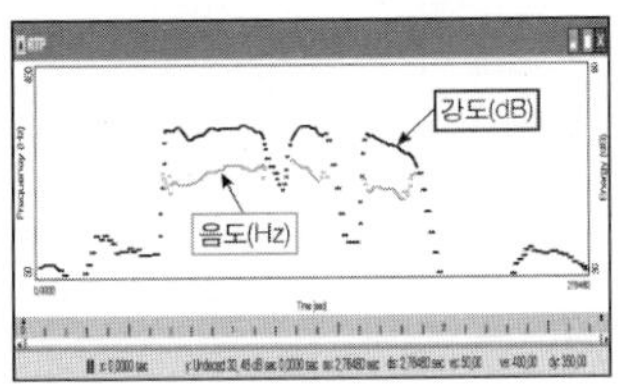	■ 시각적 기기

〈표 계속〉

과정	활용방법	활동그림	준비물
시각적 기기를 통한 공명방법 익히기	■ Doctor Speech : 기본주파수·공명주파수의 분석, 주파수변동률, 진폭변동률 등 여러 가지를 분석할 수 있다.	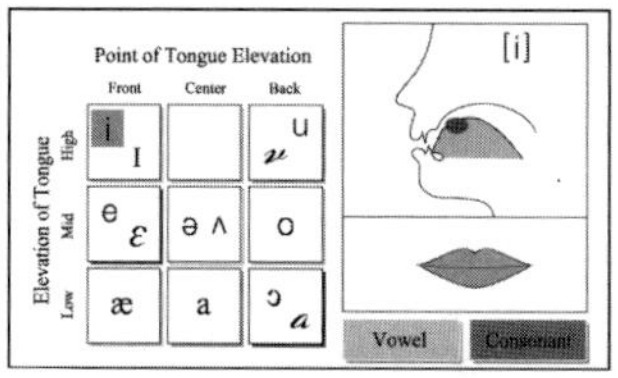	■ 시각적 기기
	■ Nasometer : 객관적인 과비음의 평가가 가능하고 자극을 시각적으로 제시한다.	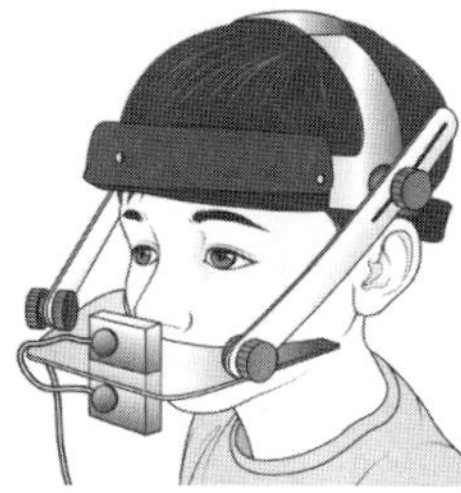	

공명지도 응용방법

청각장애아의 맹관공명, 과대비성, 무비성의 특징을 개선하기 위하여 공명훈련에서 쉽게 응용할 수 있는 방법으로는 동화책 읽기나 허밍하기 등이 있으며 그림으로 설명하면 표 15-10 과 같다.

표 15-10 공명지도 응용방법

놀이활동	성취목표	방법	활동그림
동화책 읽기	입 크게 벌리기를 통하여 구강 저항을 감소시켜 공명을 증가시킬 수 있도록 하며, 큰 소리로 말하기활동으로 비성을 감소시킬 수 있도록 한다.	1. 여러 책 중 아동이 좋아하는 동화책을 선택하도록 한 후 동화책의 제목 또는 이 책을 고른 이유 등을 이야기하도록 한다. 2. 아동에게 동화책을 읽도록 한다. 이때 일반적인 동화책 읽기활동보다는 입을 의도적으로 아주 작게 벌리면서 작은 목소리로 읽거나 반대로 입을 크게 벌려서 큰 목소리로 읽도록 한다.	■ 이 책의 제목은? ■ 왜 이 책을 골랐을까요? ■ 어떤 내용일 것 같나요? ⬇ 

〈표 계속〉

놀이 활동	성취목표	방법	활동그림
허밍하기	허밍 연습을 통하여 한 음에서 다른 음으로 부드럽게 연결할 수 있도록 유도한다.	1. 허밍하기 활동은 허밍으로 노래 제목 맞추기와 같이 여러 방법으로 응용이 가능하다. 우선 가볍게 허밍하는 방법을 모방하도록 유도한다. 2. 허밍으로 노래 맞추기 게임은 나누어준 카드에 적힌 노래를 아동이 허밍으로 부르면 교사가 노래의 제목을 맞추는 게임이다.	

4) 청각장애아 조음치료법

청각장애아는 두드러진 모음중성화, 조음 대치 및 생략과 같은 문제를 동반한다. 현재 조음 오류를 가진 아동의 조음치료방법을 몇 가지 정리해보면, ① 감각지각훈련, 확립, 안정, 전이 단계를 접근하는 전통적 기법, ② 핵심단어와 훈련단어를 짝지어 연습하는 짝짓기기법, ③ 환경중심법, 아동중심법과 같은 용어로 사용되는 의사소통중심접근법, ④ 변별자질에 기초해서 대조법에 의한 치료기법인 변별자질접근법, ⑤ 단어 수준에서 접근하는 단어단위접근법, ⑥ 음운인식능력을 길러서 조음능력을 개선시키고자 하는 상위음운 치료기법, 조음 조절 프로그램법 등이 있다.

그중에서도 전통적 기법은 일반적으로 많이 활용되는 조음치료방법 중 한 가지로 시각, 청각, 촉감각적 다양한 방법을 활용하여 목표음에 대한 인식능력을 향상시키는 것을 목표로 하기 때문에 청각장애아의 조음치료에 효과적일 수 있다.

표 15-11 조음치료방법

<table>
<tr><th>주제</th><td colspan="2">음의 감각과 지각훈련</td></tr>
<tr><th>목표</th><td colspan="2">목표음 /ㅅ/에 대한 기본적인 지각능력을 신장시키며, 발음을 위한 기본능력을 갖출 수 있도록 한다.</td></tr>
<tr><th>과정</th><th>활용방법</th><th>준비물</th></tr>
<tr><td>확인 단계
(identification)</td><td>목표음 /ㅅ/에 대한 인식능력을 신장시키기 위해 뱀이 '스르륵~'하고 지나가는 소리나, '스읍~'하고 침 삼키는 소리의 흉내 등을 사용하여 최대한 이해하기 쉽도록 설명하여야 한다. 그외에도 /ㅅ/ 음소를 손바닥에 대고 소리를 낼 때의 느낌이나, 거울 보고 조음동작 흉내 내기 등의 다양한 방법들로 활용할 수 있다.</td><td rowspan="4">■ 거울
■ 그림
■ 카드
■ 글자</td></tr>
<tr><td>분리 단계
(isolation)</td><td>목표음이 어느 위치에 있는지를 듣고 찾을 수 있도록 한다. 일반적으로는 어두 초성의 위치에서 가장 쉽게 찾을 수 있으므로 쉬운 위치의 단어부터 제시하는 것이 좋다.</td></tr>
<tr><td>자극 단계
(stimulation)</td><td>여러 가지 방법으로 목표음 /ㅅ/을 듣고 확인할 수 있도록 한다.</td></tr>
<tr><td>변별 단계
(discrimination)</td><td>단어와 회화 수준에서 정조음 목표음과 오조음 목표음을 들은 후 변별하여 찾도록 하고, 어떤 점이 틀렸는지, 그리고 어떻게 하여야 바르게 정조음할 수 있는지를 설명하도록 한다.</td></tr>
</table>

조음지도 응용방법

조음치료는 오조음에 대한 반복적 연습이 필요하다. 아동은 조음치료에 대해 지루한 활동이라는 부정적인 인식을 가지기도 한다. 따라서 적절한 자세로 긴장하지 않도록 다양한 게임을 활용한 조음치료방법을 활용한다면 아동들의 흥미를 이끌어 내며 적극적인 참여가 이루어지도록 할 수 있다. 응용할 수 있는 게임으로 보드게임, 빙고판 게임, 주사위 놀이나 역할 놀이를 활용한 방법 등이 있으며 그중 몇 가지를 그림으로 설명하면 표 15-12 와 같다.

표 15-12 조음치료 응용방법

놀이 활동	성취목표	방법	활동그림
주사위 놀이	게임활동을 활용하여 아동의 자발적 참여를 높이고 목표음을 바르게 산출할 수 있도록 한다.	1. 미리 준비된 밑판에 목표음을 적은 후 주사위를 던져서 나오는 숫자만큼 이동한다. 2. 도착한 곳의 목표음을 바르게 말하는 사람이 이기는 게임으로 여러 명이 그룹으로 실시하기 용이하며 일반화 단계나 복습용으로 가정에서 가족들과 함께 연습하기에 거부감이 적고 효과적인 방법이다.	
역할 놀이	역할 놀이를 통하여 다양한 상황에서 자연스럽게 정조음할 수 있도록 유도한다.	1. 역할 놀이를 통한 조음 연습을 위하여 구조화된 활동을 계획한다(예: 마트상황). 2. 아동은 자신이 맡을 역할을 선택하고, 교사는 목표음이 들어가는 대화를 유도한다. 3. 상대방과 역할을 바꾸어 보거나 서로 흉내 내기를 통하여 목표음을 반복 연습하도록 한다.	 ■ 점원(교사) : 손님 무엇이 필요하신가요? ■ 손님(아동) : 우유는 어디에서 파나요? ■ 점원(교사) : 우유가 필요하신 거군요! 우유는 냉장고에 있습니다.

5) 청각장애아 어휘 및 언어지도방법

청각장애아의 경우 연령이 높아지면서 어휘의 수가 증가되기는 하지만, 어휘가 가지고 있는 개념을 정확히 이해하는 것이라고 보기에는 어려움이 있다. 대부분의 청각장애아는 명사, 동사, 대명사의 사용빈도가 높으며 그에 비해 형용사나 전치사의 사용빈도가 낮다. 이와 같이 청각장애아의 어휘 및 언어능력을 지도하는 방법으로는 사전을 활용하여 어휘의 뜻에 중점을 두는 방법이나 상호작용적 책 읽기방법, 형태적 지식을 활용한 낱말학습전략, 언어로 놀기를 통해 낱말의 지각을 높이는 방법, 문맥 유추, 의미망지도방법 등이 있다(Alderete, Frey, McDaniel, Romero, Westby, et al., 2004).

표 15-13 어휘 및 언어지도방법

주제	어휘 및 언어지도		
목표	어휘 및 언어능력의 신장으로 청각장애아의 의사소통 능력의 향상을 유도한다.		
과정	**활용방법**	**활동그림**	**준비물**
사전적 정의 익히기 지도방법	이제까지 전통적으로 가장 많이 활용되어 온 방법으로 교사가 청각장애아에게 지도하고자 하는 낱말(예: 자주 사용되는 낱말)에 대하여 설명하거나 사전에서 낱말의 뜻을 찾아 쓰면서 어휘의 뜻을 이해할 수 있도록 지도하는 방법이다.		■ 사전
상호작용적 책 읽기 지도방법	■ Blank, Rose, Berline(1978)은 상호적인 책 읽기지도방법은 아동이 읽고 있는 책에 대한 대상, 등장인물, 사건을 파악하도록 단서를 제공하여 문맥에 사용된 낱말들의 의미를 말하게 하고 사건에 대한 질문에 대답하는 과정으로 이루어진다고 하였다. ■ 읽기 후 활동으로 문맥에서 나온 낱말과 그 낱말의 맥락적 의미에 대하여 집중적인 토의를 하도록 유도할 수 있다(김영태 외, 2012).		■ 책

〈표 계속〉

과정	활용방법	활동그림	준비물
의미망 지도방법	■ 교사가 핵심 개념을 나타낼 수 있는 하나의 단어를 쓰는 것부터 시작하여 청각장애학생이 핵심단어와 관련된 단어를 생각하도록 유도한다. ■ 단어는 교사가 미리 정해 둔 범주로 핵심단어를 중심으로 그룹을 만들거나 새로 만들어 낸 범주로 그룹을 만든다. 그 후 교사는 단어를 제시하고 새로운 단어가 지도의 어느 부분에 적당한지를 학생들에게 토의해 보도록 한다(이규식 외, 2013).	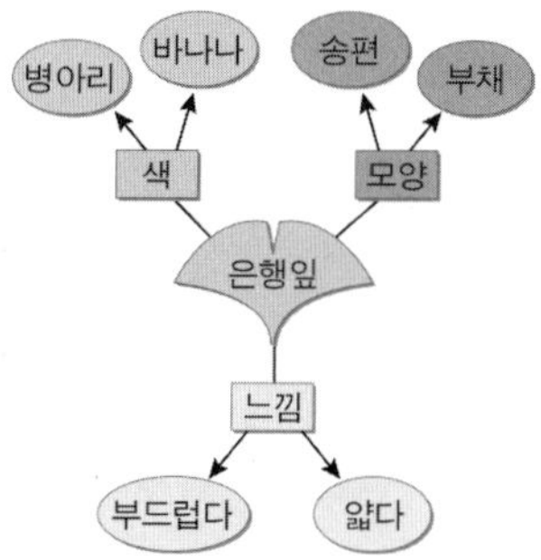	■ 필기구

어휘 및 언어지도 응용방법

청각장애아의 어휘 및 언어능력의 향상은 자신이 경험하고 이해한 사건들에 대하여 정확하게 전달하고 표현할 수 있게 하는 능력이다. 보다 효율적인 어휘 및 언어지도를 위해서는 아동의 현재 수준과 교육환경, 교육자료 등의 제반환경을 고려하여 이루어지는 것이 중요하다. 어휘 및 언어지도에 응용할 수 있는 방법으로는 낱말 게임이나 수수께끼, 비슷한 말 맞추기, 미술, 드라마, 동시 짓기 활동 등이 어휘 및 언어능력의 향상에 효과적이다(Atkindon & Longman, 1985; Hall, 1984). 그중 몇 가지를 그림으로 나타내면 표 15-14 와 같다.

표 15-14 어휘 및 언어지도 응용방법

놀이 활동	성취목표	방법	활동그림
수수께끼 놀이	일상생활에 필요한 다양한 어휘의 뜻을 정확하게 알고 바르게 사용할 수 있도록 한다.	1. 교사는 아동이 익혀야 하는 어휘가 답이 되도록 난이도를 조절하여 수수께끼 문제를 만든다. 2. 청각장애아에게 수수께끼 질문을 한 후 대답하도록 유도하며, 오답일 경우 실물카드를 제시하여 답을 확인시켜 준다. 교사와 아동이 순서를 바꿔가며 게임방법을 응용한다.	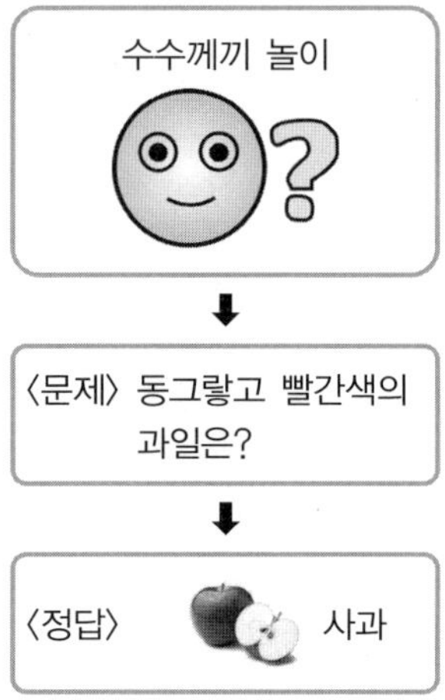
동시 짓기 놀이	다양한 어휘를 짧은 글이나 그림으로 자연스럽게 표현하도록 하여 어휘력을 향상시키도록 한다.	1. 동시는 어휘력이 부족하더라도 쉽게 접근할 수 있는 방법이며 상상력 향상에 매우 효과적이다. 청각장애아에게 동시를 제시한 후 빈칸에 적절한 낱말을 사용하여 동시를 완성하도록 유도한다. 2. 동시에 나오는 어휘와 비슷한 말, 반대말 외에 자신의 감정을 표현하거나 상상하여 동시로써 표현해 보도록 응용하여 활용할 수도 있다.	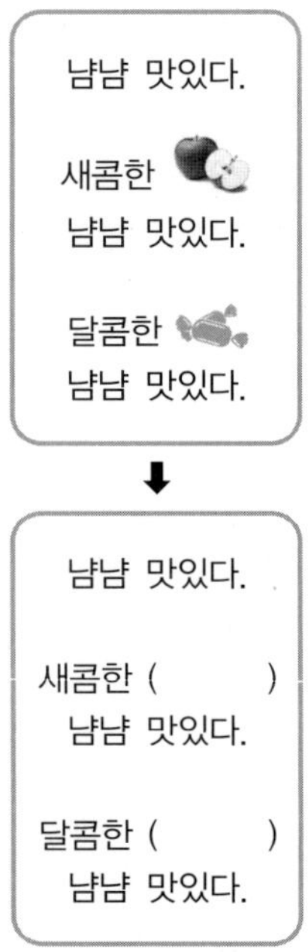

6) 청각장애아 문해력지도방법

읽기와 쓰기는 단순한 과정이 아니기 때문에 서로의 연관성을 배제할 수 없다. 아동에 따라 개인적 차이는 있지만 일반적인 읽기와 쓰기의 습득은 대부분 모방하기를 통해 간단한 자음, 모음, 단어 등을 익히고, 단어를 이해하는 방법을 배운다. 청각장애아의 경우는 글을 읽고 이해하는 능력이 부족하며 낮은 문장구성 능력으로 인하여 결과만을 나열하는 쓰기의 특징을 나타낸다. 이와 같이 부족한 문해력을 지도하기 위한 읽기지도방법으로는 바꾸어 말하기, 읽기환경 조성하기, 읽기전략 가르치기, 균형 있는 문해능력 증진시키기 등 다양한 접근법들이 있으며 쓰기지도방법으로는 시각적 자료를 활용하는 방법으로 벤다이어그램과 같은 도식조직자를 활용하거나 과정 중심 전략, 모방법, 철자교수 전략 등의 접근법을 활용할 수 있다. 이 중 직접적 · 간접적 읽기 · 쓰기지도방법은 표 15-15와 같다.

표 15-15 문해력지도방법

주제	읽기 · 쓰기지도		
목표	읽기와 쓰기에 대한 흥미를 높이고 청각장애아의 올바른 읽기, 쓰기능력의 향상을 유도한다.		
과정	**활용방법**	**활동그림**	**준비물**
주변 환경을 활용하는 읽기 · 쓰기 지도방법	▪ 읽기와 쓰기지도 시 일상적인 경험을 활용하여 읽기와 쓰기에 대한 자연스러운 흥미와 학습 동기를 가질 수 있도록 하는 방법으로는 일상에서 쉽게 접할 수 있는 간판이나 홍보지 그리고 그 외 메뉴판, 동요가사, 장난감 이름, 가족 이름, 과자나 아이스크림 포장지 등을 활용할 수 있다.		▪ 필기구 ▪ 간판사진 ▪ 과자 포장지 ▪ 장난감사진

〈표 계속〉

과정	활용방법	활동그림	준비물
주변 환경을 활용하는 읽기 · 쓰기 지도방법	■ 처음에는 청각장애아가 좋아하는 장난감 이름이나 음식을 보고 대화를 유도한다. 이후 대화내용이나 글자 또는 단어에 대하여 읽기와 쓰기를 자연스럽게 유도하는 것이다. 예를 들어 '이 과자 이름이 뭐지?'라고 질문한 다음 아동이 '감○○'이라고 대답하면, '우와! 아빠 이름에 감하고 똑같은 글자가 여기에 있었네. 우리 여기에 한 번 적어(읽어)볼까?'라고 반응을 촉진할 수 있다.	 ○○과자	■ 필기구 ■ 간판사진 ■ 과자 포장지 ■ 장난감사진
직접적인 읽기 · 쓰기 지도방법	읽기와 쓰기에 대한 직접적인 기술지도를 위해서는 글자에 대한 의미, 글자를 읽고 쓰는 방향, 그리고 페이지를 넘기는 방법까지 학습할 수 있도록 하여야 하며, 읽기와 쓰기의 이해하기 기능과 설명하기 능력도 향상시킬 수 있어야 한다. 또한 청각장애아에게 지나치게 읽기, 쓰기의 형식만을 강조하지 않고 그들의 특수성을 고려한 효과적인 지도방법을 활용하여야 한다.	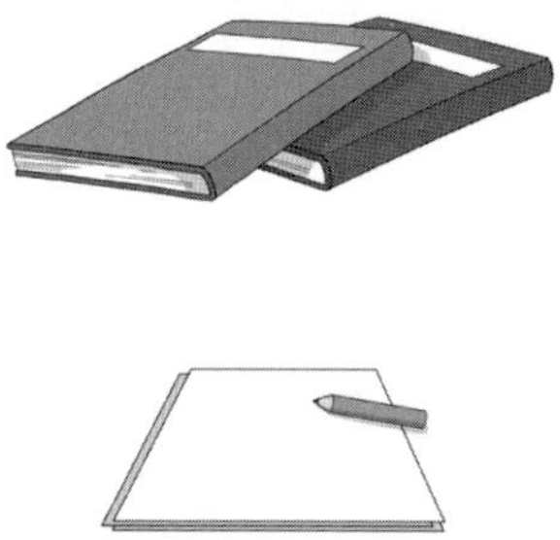	■ 책 ■ 필기구

문해력지도 응용방법

바르게 읽고 쓸 수 있는 능력을 키우기 위하여, 청각장애아에게 문해력지도는 매우 중요하다. 읽기, 쓰기의 실패경험은 부정적 학습태도로 연결되기 때문이다. 응용할 수 있는 방법으로는 신문을 이용한 방법, 컴퓨터 프로그램을 활용하는 방법, 교과서를 활용하는 방법, 보드게임, 빙고판 게임, 주사위 놀이나 역할 놀이를 활용한 방법 등이 있으며 그중 몇 가지를 그림으로 설명하면 표 15-16과 같다.

표 15-16 문해력지도 응용방법

놀이 활동	성취목표	방법	활동그림
액자 만들기	만들기활동을 통하여 자발적인 읽기, 쓰기 능력을 발휘할 수 있는 기회를 제공하여 문해능력을 증진시킬 수 있도록 한다.	1. 교사와 청각장애아는 종이액자를 만든 후 액자에 들어갈 사진이나 그림에 말풍선을 붙인다. 말풍선 안에 적절한 단어나 대화를 만들며 읽기, 쓰기를 연습할 수 있다. 2. 완성된 액자를 보며 '만약에~' 라는 말로 시작하는 말풍선을 붙여서 좀 더 긴 내용으로 읽기, 쓰기를 연습할 수 있도록 한다.	 
편지 쓰기	스스로 자신의 생각을 글로 구상하고 정리하는 활동을 통하여 문해능력을 능숙하게 사용할 수 있도록 한다.	1. 편지 쓸 대상을 정한 후 어떠한 주제에 대한 이야기를 전할지 간단히 정리한 내용을 메모한 후 편지 쓰기를 한다. 2. 처음에는 짧은 문장에서 시작해서 다양한 표현으로 확장시킬 수 있도록 하며, 일상생활에서 사용되는 간단한 대화에서부터 여러 다양한 표현들까지 활용할 수 있도록 한다. 3. 편지 주고받기의 상호작용을 통하여 의견을 교환하는 활동이나 초대장 보내기, 일기 쓰기 등으로 활용할 수도 있다.	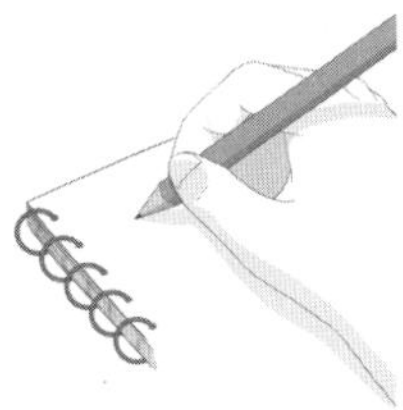 

참고문헌

고도흥 외 (2001). **음성 및 언어분석기기 활용법**. 서울: 한국문화사.

김영태 외 (2012). **언어장애**. 서울: 시그마프레스.

석동일 (1999). **조음 및 음운장애 치료**. 대구: 대구대학교 출판부.

윤미선 (2011). **와우 이식 청각장애인을 위한 듣기연습**. 서울: 군자출판사.

이규식 외 (2013). **청각장애아 교육**. 서울: 학지사.

Alderete, A., Frey, S., McDaniel, N., Romero, J., Westby, C., & Roman, R. (2004). *Developing vocabulary in school*. Philadelpfia: American Speech-Language-Hearing Association Annual Convention.

Atkindon, R. H., & Longman, D. G. (1985). Sniglets: Give a twist to teenage and adult vocabulary instruction. *Journal of Reading*, *29*, 103-105.

Blank, M., Rose, S. A., & Berlin, L. J. (1978). *The language of learning: The preschool years*. New York: Grune & Stratton.

찾아보기

저자소개

최성규
미국 볼주립대학교 대학원 특수교육전공 교육학박사
현, 대구대학교 초등특수교육학과 교수

허명진
대구대학교 대학원 특수교육전공 문학박사
현, 부산가톨릭대학교 언어청각치료학과 교수

박찬희
대구대학교 대학원 특수교육전공 문학박사
현, 박찬희심리언어발달센터 원장

김정규
대구대학교 대학원 특수교육전공 문학박사
현, 대구대학교 특수교육대학원 특수교육학과 겸임교수
울산메아리학교 교사

박찬영
대구대학교 대학원 특수교육전공 문학박사
현, 대구대학교 특수교육대학원 특수교육학과 겸임교수
부산동암학교 교사

김미희
대구대학교 대학원 특수교육전공 박사수료
현, 비고츠키 특수교육연구소 원장

박은주
대구대학교 대학원 특수교육전공 박사과정
현, 칠곡교육지원청 특수교육지원센터 교사

송혜경
대구대학교 대학원 특수교육전공 문학박사
현, 구미대학교 언어재활과 겸임교수

이수연
대구대학교 대학원 특수교육전공 박사수료
현, 경상북도 경산자인학교 교사

이정우
대구대학교 대학원 특수교육전공 문학박사
현, 대구덕희학교 교사

정승희
대구대학교 대학원 특수교육전공 문학박사
현, 경동대학교 중등특수교육학과 교수

주미영
대구대학교 대학원 특수교육전공 박사수료
현, 대구대학교 청각언어장애클리닉 교사

박비주
대구대학교 대학원 특수교육전공 문학박사
현, 영동대학교 초등특수교육학과 교수

신지현
대구대학교 대학원 특수교육전공 문학박사
현, 대구대학교 정서학습장애 임상부 교사
경인여자대학교 유아교육학과 외래교수

쉽게 풀어가는 **청각학과 언어**

1판 1쇄 인쇄 2015년 3월 2일
1판 1쇄 발행 2015년 3월 5일

저 자 | 최성규 · 허명진 · 박찬희 · 김정규 · 박찬영 · 김미희 · 박은주 송혜경 · 이수연 · 이정우 · 정승희 · 주미영 · 박비주 · 신지현

발 행 인 | 박철용
발 행 처 | 양서원
주 소 | 경기도 파주시 직지길 522(문발동 499-4) 파주출판도시
전 화 | 031-955-8000(代)
팩 스 | 031-955-8005
홈페이지 | www.yswpub.co.kr
이 메 일 | yswpub@chol.com
출판등록 | 1987년 11월 24일 제 406-2003-037 호

ISBN 978-89-994-0396-5

정가 18,000원